Vandana Shiva · Leben ohne Erdöl

Vandana Shiva

Leben ohne Erdöl

Eine Wirtschaft von unten
gegen die Krise von oben

Aus dem Englischen
von Lotta Suter

Rotpunktverlag

Die englische Originalausgabe erschien 2008 unter dem Titel *Soil not Oil: Environmental Justice in a Time of Climate Crisis* bei South End Press, 7 Brookline Street #1, Cambridge, MA 02139-4146. www.southendpress.org

Umschlagfoto: Tatiana Cardeal
Druck und Bindung: fgb · freiburger graphische betriebe · www.fgb.de
ISBN 978-3-85869-405-8
1. Auflage 2009

Inhaltsverzeichnis

Einleitung
Dreifache Krise, dreifache Chance

Zweihundert Jahre lang haben wir nun fossile Energie genutzt und verbrannt. In dieser Zeit haben die CO_2-Emissionen einen Treibhauseffekt verursacht, der zur Erwärmung der Erdatmosphäre und zu einer Klimakrise führte. Es ist nur allzu wahrscheinlich, dass sich die Temperaturen weltweit um drei bis fünf Grad Celsius erhöhen werden. Als Folge davon werden die Polkappen und Gletscher schmelzen, und die Überflutungen, Trockenzeiten und Wirbelstürme werden sich vermehren. Einige dieser Auswirkungen sind bereits spürbar. Wenn wir den Temperaturanstieg nicht aufhalten, wird die Klimakrise unser Leben dramatisch verändern. Unser Handeln in dieser Sache wird darüber entscheiden, ob wir überhaupt am Leben bleiben oder aber zugrunde gehen.

Abgesehen vom problematischen »Geschenk« des Klimachaos sieht sich das Erdölzeitalter noch mit einer anderen Grenze konfrontiert – Peak Oil, die Erreichung des Ölfördermaximums. Der Begriff »Peak Oil« wurde 1956 vom US-Geologen Marion King Hubbert geprägt und beschreibt den Punkt, an dem die Welt das höchstmögliche Niveau bei der Ölproduktion erreicht. Danach nimmt die Ölförderung unweigerlich ab.[1] Abnehmende Produktion bedeutet steigende Preise. Der beispiellose Anstieg der Ölpreise im Jahr 2008 kündet eine beginnende Ölkrise an. Ölexperten wie Jeremy

Leggett und Colin Campbell von der Arbeitsgruppe ASP (Association for the Study of Peak Oil) sind der Meinung, dass wir das Ölfördermaximum vielleicht bereits erreicht haben. Doch selbst wenn es bis dahin noch ein paar Jahre dauern sollte, Peak Oil *wird* einmal kommen.Oder mit den Worten des amerikanischen Umweltjournalisten Richard Heinberg: »Schluss mit lustig! Die Fete ist vorbei.«[2]

Die drohende Ölverknappung und das Ende des billigen Erdöls machen eine Änderung unserer Lebensweise unumgänglich. Wir müssen das Erdölzeitalter hinter uns lassen. Wir müssen die Gesellschaft, die Technologie und die Ökonomie neu erfinden. Wir müssen es rasch und wir müssen es auf kreative Art und Weise tun. Zusammen können wir es schaffen.

Das Klimachaos und die Ölknappheit treffen mit einer dritten Krise zusammen – der Hungerkrise. Die Hungerkrise ist eine Folge der Industrialisierung und Globalisierung der Landwirtschaft. Dieselben Kräfte und Vorgänge, welche uns billige Nahrung versprochen haben, bewirken nun, dass Nahrung für viele Menschen unerschwinglich wird. Die Nahrungsmittelpreise steigen weltweit an. In Dutzenden von Ländern gab es bereits Hungeraufstände.

Anfang Juni 2008 wurde von der UNO ein dringliches Treffen zum Thema Klimaveränderung und Hungerkrise einberufen. Wie zu erwarten war, haben dort die gleichen Wirtschaftskreise, welche die beiden Krisen geschaffen haben, versucht, die Krankheit als Kur anzubieten. Sie plädierten für noch mehr Kunstdünger, der mit Erdöl produziert wird; für noch mehr genetisch modifiziertes hybrides Saatgut, das im zweiten Jahr nicht wiederausgesät werden kann und außerdem auf intensive chemische Bearbeitungsmethoden angewiesen ist; und sie wollten noch mehr unternehmerische Kontrolle über Nahrungsmittel und noch mehr globalisierten Handel.

Die Hungerkrise weist auf eine noch tiefere Krise hin – auf die Schaffung von »überzähligen« oder entbehrlichen Menschen, und damit von einem Potenzial für Gewalt und für soziale und politische Instabilität.

Die Wegwerfmentalität gegenüber Menschen zeigt sich, wenn Millionen von Menschen Nahrung vorenthalten wird oder wenn bäuerliche Existenzen dadurch zerstört werden, dass man menschliche Arbeitskraft mit erdölbetriebenen Maschinen ersetzt. Produktivität wird im industriellen Paradigma sehr einseitig als Leistungsproduktivität definiert: Ein Prozess ist um so »produktiver«, je weniger Menschen in der Produktion involviert sind. Das gilt sogar dann noch, wenn in diesem maschinellen Prozess bei vergleichbarem Energie- und Ressourcen-Input mehr Energie und mehr Ressourcen verbraucht werden und gleichzeitig weniger produziert wird als mit Menschenarbeit.

Ausgedehnte Kriege, Kolonialismus und Sklaverei haben schon in der Vergangenheit viel menschliches Leid und Zerstörung verursacht. Doch erstmals in unserer Geschichte bedroht das menschliche Handeln die Existenz der gesamten Menschheit. Wir sehen uns heute einer dreifachen Krise gegenüber, von denen jede einzelne unser Überleben gefährdet:

- Klima: Die Erderwärmung gefährdet unser Überleben als Gattung.
- Energie: Peak Oil bedeutet das Ende des billigen Brennstoffs, welcher die Industrialisierung der Produktion und die Globalisierung des Konsumismus antrieb.
- Nahrung: Die Hungerkrise entsteht als Folge des Zusam-

mentreffens von Klimaveränderung, Peak Oil und Globalisierung, welches die Rechte der Armen auf Nahrung und eine menschenwürdige Existenzgrundlage bedroht.

Von diesen drei Krisen stellt die Hungerkrise die unmittelbarste Gefahr für das Überleben der Armen dar. Die Hungerkrise hat ihren Ursprung in zwei historischen Prozessen. Der geschichtlich länger andauernde Trend ist die Industrialisierung der Landwirtschaft und die Vertreibung der Kleinbauern und ihrer Familien vom Land. Neueren Datums sind die negativen Auswirkungen der Globalisierung und der Handelsliberalisierung der Agrarwirtschaft auf die Nahrungssicherheit und die Nahrungssouveränität. Die Gefahren der Klimaveränderung für die landwirtschaftliche Produktion werden durch offensichtlich falsche Lösungen für das Problem des Klimawandels noch verschärft: Wenn als Erdölalternative industrielle Biobrennstoffe angeboten werden, welche den Armen Nahrung und Land wegnehmen und diese Ressourcen den nicht nachhaltigen Energiebedürfnissen der Reichen zuführen, verschlimmert das die Hungerkrise noch.

Wir können und müssen kreativ auf die dreifache Krise antworten und die Entmenschlichung, die ökonomische Ungleichheit und die ökologische Katastrophe gleichzeitig überwinden.

Die Energie- und Klimaveränderungskrise bedeutet eine einzigartige soziale und ökologische Herausforderung. Erstens ist nichts weniger als das Überleben der menschlichen Gattung als Gattung bedroht. Zweitens ist keine andere Bedrohung so global. Es gibt kein Entrinnen. Drittens wird der Klimawandel durch die unterschiedlichsten menschlichen Tätigkeiten beeinflusst. Es kommt darauf an, wie wir einkaufen, wie wir uns fortbewegen, wie wir leben, was wir essen. Lösungen können sich daher nicht auf einen oder zwei Lebensbereiche beschränken. Sie müssen alle Aspekte unseres Daseins berühren. Verbesserungen und Anpassungen müssen überall in unserem Alltag passieren. Viertens ist der Klimawandel eine Folge unseres Umgangs mit dem Boden, und der Klimawandel verändert seinerseits wieder den Boden. Luft, Wasser, Boden, Artenvielfalt und Energie sind eng verflochtene Elemente des Klimawandels – sie sind alle Teil der Ursache und Teil der Lösung. Fünftens leiden diejenigen, die am wenigsten zur Klimaveränderung beigetragen haben, am meisten unter deren Folgen. Bauern und Bäuerinnen, indigene Völker und Handwerker, die außerhalb der industrialisierten und globalisierten Ökonomie leben und die der Erde sowie andern Völkern kaum je Schaden zugefügt haben, werden vom Klimachaos am härtesten heimgesucht. In den letzten Jahren ereigneten sich über 96 Prozent aller Katastrophentodesfälle in Entwicklungsländern. Im Jahr 2001 wurden weltweit 170 Millionen Menschen von Katastrophen getroffen, 97 Prozent der Ereignisse waren klimaabhängig.[3] Sechstens kommt der Widerstand gegen die grenzenlose Zerstörungskraft der industrialisierten und globalisierten Wirtschaft ausgerechnet von denjenigen Menschen, die für den Klimawandel am wenigsten verantwortlich sind, nämlich von den Frauen und den Straßenhändlern, welche sich der Dampfwalze der erdölbetriebenen, energie- und ressourcen-intensiven »Entwicklung« entgegenstellen. Diese Menschen weigern sich, vertrieben und abgeschrieben zu werden, und sie bieten uns ein anderes Paradigma und eine andere Weltanschauung für Macht und Reichtum, Natur und Kultur an.

Der Klimawandel gebietet, dass wir den Verbrauch von fossilen Brennstoffen und den CO_2-Ausstoß drosseln. Er gebietet auch, dass wir mittels dezentralisierter und sparsamerer Nutzung energiemäßig herunterfahren. Die Verknappung und Verteuerung des Erdöls erfordert einen Paradigmenwechsel in unserer Definition des menschlichen Fortschritts – wir müssen uns ausdenken, wie wir ohne Erdöl besser leben können. Heute schon gibt es eine Milliarde Menschen, denen ihr Recht auf Nahrung verweigert wird und die zu Hunger und Fehlernährung verurteilt sind. Die sich gegenwärtig entwickelnde Hungerkrise wird eine weitere Milliarde hungriger Menschen hinzufügen. Die herrschende Wegwerfmentalität und die Unmenschlichkeit gegenüber den Armen und Randständigen zwingen uns dazu, unsere Aufmerksamkeit auf die Würde der Arbeit und die Wichtigkeit der ökologischen Arbeit zu richten. Das vorherrschende Modell für Entwicklung und Globalisierung ist strukturell gewalttätig, denn es verweigert den Armen ihr fundamentales Recht auf Nahrung, Land und eine Existenzgrundlage. Wenn wir menschenwürdige Arbeit wieder einführen – Arbeit, welche sich auf menschlicher Energie und lebendigen Ressourcen abstützt –, dann können wir den Klimawandel abschwächen und den Übergang zu einer erdölunabhängigen Gesellschaft schaffen. Und gleichzeitig auch noch Nahrungmittelsicherheit und gute Nahrung für alle gewährleisten.

Um die notwendige Wende herbeizuführen, müssen wir deshalb:

- den Energie- und Ressourcenverbrauch herunterfahren,
- die kreative und produktive menschliche Energie und die kollektive demokratische Energie hochfahren.

Leider nutzen diejenigen Kräfte, welche uns die Klimakrise beschert haben, diese Krise, um die soziale Ungleichheit noch zu verschärfen. Sie nehmen den Armen auch noch den letzten Bissen Nahrung und das letzte Stück Land weg – Nachhaltigkeit können sie so aber nicht erreichen.

Wir haben die Wahl: Entweder streben wir einen menschen- und naturgerechten Übergang in eine Zukunft ohne fossile Energie an; eine Zukunft mit sinnvoller Arbeit und einem anständigen und würdigen Leben für alle. Oder aber wir bleiben auf unserem gegenwärtigen Weg zu einer ganz und gar marktzentrierten Zukunft, die die Krise für die Armen und Randständigen vertiefen und den Reichen einen vorläufigen Ausweg bieten wird. Der erste Teil dieses Buches beschäftigt sich mit den Pseudolösungen. Der zweite Teil stellt Lösungen vor, die auch von unten und vom globalen Süden aus gesehen gerecht und dauerhaft sind.

Die meisten Diskussionen und Verhandlungen über den Klimawandel haben sich auf das kommerzielle und absatzorientierte Energieparadigma beschränkt, das seine Wurzeln in einer reduktionistischen und mechanistischen Weltsicht und einer einseitigen Konsumkultur hat. In diesem Paradigma gibt es nur zwei Lösungsansätze: erstens die Herangehensweise der Weltwirtschaft, vor allem der Unternehmen, welche die Erdölökonomie angetrieben haben, und zweitens die Vorschläge derjenigen, welche die energieintensive Konsumkultur mit erneuerbaren Alternativen aufrechtzuerhalten versuchen.

Dieses Paradigma, welches vor zweihundert Jahren bei der Industrialisierung des Westens seinen Anfang nahm und das sich durch die Globalisierung auf Länder wie Indien ausbreitete, hat uns entbehrliche Menschen, Hunger, Armut, eine Kultur der Angst und Unsicherheit sowie das Klimachaos beschert.

Erdölabhängige Industriezweige und Unternehmen haben anfänglich versucht, die Verbindung zwischen der Klimaveränderung und ihrer profitorientierten Wirtschaftsweise nach Möglichkeit zu verleugnen. Als der Zusammenhang aufgrund von wissenschaftlichen Daten und der Erfahrung der Leute unübersehbar wurde, hat die Wirtschaft sich etwas Menschlichkeit zugelegt und »Lösungen« angeboten. Diese Pseudolösungen machen die Sache jedoch bloß noch schlimmer. Sie beinhalten Undinge wie die Förderung von unnachhaltigen Energiealternativen – etwa nuklearer Energie und industriellem Biotreibstoff; CO_2-»Ausgleich«; Handel mit Schadstoffemissionen und schließlich riskante und abenteuerliche Technologien. Riesige Reflektoren am Himmel und metallverseuchte Müllhalden im Meer sind verzweifelte Versuche zur Kontrolle von Kohlendioxid, die die ökologischen Prozesse noch mehr stören.

Solche Lösungen sollen die energieintensiven Systeme der industrialisierten Gesellschaften erhalten. Die vorgeschlagenen Energiereformen funktionieren in einem begrenzten Kontext – sie funktionieren in reichen Ländern, und sie garantieren den Erhalt von Systemen, welche in einem größeren Kontext ungerecht und nicht nachhaltig sind. Sie funktionieren, indem sie die Belastung für die Armen und den Planeten vergrößern. Der Umstieg auf Biobrennstoffe ist eine beispielhaft fehlplatzierte »Lösung«. Die vermehrte Produktion von Biobrennstoffen verschlimmert die Hungerkrise, weil den Menschen Land und Nahrung weggenommen wird, um »Rohstoff« für den unersättlichen Appetit der fossilen Infrastruktur und die dafür erforderliche Konsumption zu schaffen. Aus der Sicht der Armen und des Planeten ist es höchste Zeit, dass wir den Paradigmenwechsel vom puren Energieverzehr zu einem nachhaltigen und regenerativen Energiekonsum vornehmen, einen Wechsel von kapitalintensiver Energie zu kostengünstiger Energie, von einer Energie, die Arbeitsplätze aufhebt, zu einer Energie, die Lebensgrundlagen schafft. Mit anderen Worten: Der Energieumstieg, der den Armen nützt, vergrößert die Möglichkeiten für sinnvolle Arbeit und verringert den Verbrauch von fossilem Brennstoff. Ein Umstieg, der die Menschen in die Versorgungsökonomie *(sustenance economy)* zurückbringt, hilft den Armen, weil er ihre Existenzsicherheit erhöht und ihnen mehr Ressourcen zur Verfügung stellt. Ein solcher Umstieg hilft auch dem Planeten, weil der CO_2-Ausstoß vermindert wird.

Im mechanischen Paradigma, welches die Natur als Maschine und nicht als lebendigen Organismus betrachtet, wird Energie als Arbeitsleistung definiert. Die Menschen jedoch werden je länger je mehr von ihrer Rolle als Energieerzeuger und Arbeitskräfte entfremdet. Die Armen sind dreifache Opfer des erdölabhängigen industriellen Systems. Zuerst werden sie von ihrer Arbeit vertrieben. Dann tragen sie zu einem unverhältnismäßigen Teil die Kosten des Klimachaos; sie sind es, die am meisten unter Dürren, Überflutungen und Wirbelstürmen leiden. Und schließlich verlieren sie noch ein drittes Mal, wenn Pseudolösungen wie die industriellen Biobrennstoffe ihr Land und ihre Nahrung beanspruchen. Ob industrielles Agrobusiness oder industrielle Biobrennstoffe, Autofabriken oder Superautobahnen – die Vertreibung und zwanghafte Umsiedelung der indigenen Bevölkerung und der Bauern und Bäuerinnen von ihrem Land sind die unvermeidbare Folge eines Wirtschaftsmodells, welches

Wachstum nur durch Missachtung und Aufhebung von Menschenrechten schaffen kann.

Dieselben Strategien, die den Anspruch der Armen auf ihr Land und ihre Existenzgrundlage respektieren, vermindern auch unsere Erdölabhängigkeit. Sie helfen uns dabei, das Klimachaos zu entschärfen und uns an die Veränderungen anzupassen. Wer Armut, soziale Gleichstellung und Gerechtigkeit auf unserem kleinen und endlichen Planeten thematisiert, wird gleichzeitig auch Peak Oil und die Klimakatastrophe ansprechen müssen.

Die kreativste und notwendigste Arbeit, die wir Menschen tun, ist die Bearbeitung des Bodens in Zusammenarbeit mit der Natur. Die Anstrengungen und das Wissen der Menschen bezüglich Kultivierung des Bodens verhindern und korrigieren die Verwüstung der Erde, welche so vielen historischen Gesellschaften zum Verhängnis wurde.[4] Die Erhaltung und der Wiederaufbau eines fruchtbaren Bodens bilden die Grundlage jeglicher nachhaltigen Nahrungsproduktion und jeglicher Nahrungssicherheit. Es gibt keine Alternative zum fruchtbaren Boden, um das Leben – auch das menschliche Leben – auf Erden zu erhalten. Und es ist, wie ich in diesem Buch zeigen werde, unsere Arbeit mit der lebendigen Erde, welche uns nachhaltige Alternativen zur dreifachen Krise von Klima, Energie und Nahrung bietet. Egal wie viele Songs man auf dem iPod speichern kann, wie viele Autos man in der Garage hat oder wie viele Bücher auf dem Büchergestell – die Grundlage von allem ist die Fähigkeit der Pflanzen, Sonnenenergie aufzunehmen. Was wäre das Leben ohne fruchtbaren Boden?

Der Umstieg vom Erdöl zur Erde ist ein multidimensionaler Prozess, der Wirtschaft, Politik und Kultur umfasst.

Zuerst ist es ein wirtschaftlicher Umstieg weg von einer erdölabhängigen, globalisierten Wirtschaft – einer Wirtschaft, die Unternehmen begünstigt, indem sie Erdöl subventioniert und Kosten externalisiert – hin zu einem Netzwerk von lokalen Wirtschaften, die mit erneuerbarer Energie betrieben werden und die im veränderten Klima Bestand haben. Diese lebendigen Ökonomien sind erdverbunden – und zwar im metaphorischen wie im wortwörtlichen Sinn. Sie sind örtlich begrenzt, was unseren ökologischen Fußabdruck auf dem Planeten verkleinert und gleichzeitig unser Wohlergehen fördert. Erdverbundene Wirtschaftsweisen setzen die Natur und die Menschen ins Zentrum. Ihre Antriebskraft ist die Erhaltung des heutigen und des zukünftigen Lebens. Ihre Währung ist nicht Geld, sondern das Leben selbst.

Zweitens ist der Umstieg vom Erdöl zur Erde eine politische Angelegenheit. Es ist der Umstieg von undemokratischen politischen Strukturen – welche einer Gesellschaft Globalisierung und eine fossile Infrastruktur aufzwingen und eine massive Vertreibung von Bauern und indigenen Völkern verursachen – zu einer dezentralisierten Demokratie. In dieser Demokratie können die lokalen Gemeinden mitbestimmen, was mit ihrem Land und ihrem Leben geschehen soll. In diesem Sinn ist Erde auch eine Metapher für eine dezentralisierte Demokratie. Über ihr Gegenteil schreibt David Bosshart, Direktor des schweizerischen Gottlieb Duttweiler Instituts: »Die Konsumentendemokratie ist der Treibstoff für den Bulldozer der Globalisierung.«[5] Die Konsumentendemokratie ist eine Pseudodemokratie, die der wirtschaftlichen Diktatur nahesteht; sie verwüstet den Boden der wirklichen Demokratie. Echte Demokratien wachsen wie Pflanzen von unten nach oben. Sie werden durch die Mitwirkung des Volkes genährt.

Drittens ist der Umstieg vom Erdöl zur Erde auch ein kultureller Wandel – von einem tödlichen Konsumismus zu einer Wiedergewinnung unserer rechtmäßigen Position als Mitschöpfer und Mitproduzentinnen mit der Natur. Das Shoppingcenter und der Supermarkt sind Tempel des Konsumismus, in denen uns die globalen Unternehmen zur Mittäterschaft verführen. Wir beteiligen uns an der Zerstörung unserer eigenen produktiven Fähigkeiten, unserer ökologischen Rechte und unserer Verantwortung als Bürgerinnen und Bürger dieses Planeten. Die Erde lehrt uns wieder Erdenbürger zu sein. Und für diejenige Hälfte der Menschheit, welche den Boden landwirtschaftlich bearbeitet, bietet die Erde auch Schutz. Während die Globalisierung die Bäuerinnen und Bauern gewaltsam von ihrem Land vertreibt, bleibt die Erde Symbol für eine andere Kultur. Sie steht für eine Kultur der Gewaltlosigkeit und der Dauerhaftigkeit, eine Kultur der würdevollen Arbeit und eine aktive Kultur, welche das Leben schützt und erneuert.

Das Zusammenkommen der drei Krisen bringt auch das Zusammenkommen von drei Chancen mit sich – die Schaffung von lebendigen Wirtschaftsweisen, lebendigen Demokratien und lebendigen Kulturen. Die Erddemokratie wächst und gedeiht auf dem fruchtbaren Boden, der durch die Erde selbst, den menschlichen Erfindungsgeist und die Arbeit der Menschen geformt wird.

Das Erdölzeitalter stand für die Herrschaft des Kapitals, für zentralisierte Kontrolle und das Regieren mit harter Hand; es war ein Symbol für Umweltverschmutzung und Nichtnachhaltigkeit, für Ungerechtigkeit und Ungleichheit, für Krieg und Gewalt. Das Zeitalter der Erde hingegen symbolisiert die Muttergöttin Gaia, eine blühende Vielfalt, Demokratie, Gerechtigkeit, Nachhaltigkeit und Frieden.

Wir werden entweder einen demokratischen Umstieg vom Erdöl zur Erde schaffen, oder aber wir werden untergehen. Die Armen, Schwachen, Ausgeschlossenen und Marginalisierten sind bereits heute bedroht. Kurzfristig können wir die Profite und den Konsumismus der Privilegierten weiterhin maximieren, wenn wir die Armen noch mehr berauben. Aber bald werden nicht einmal mehr die Reichen und Mächtigen der Rache von Gaia und der Rache der Milliarden von Ausgebeuteten entgehen können. Wir werden entweder zusammen Gerechtigkeit, Nachhaltigkeit und Frieden erreichen. Oder wir werden alle in der ökologischen Katastrophe, im sozialen Chaos und Konflikt versinken.

Die Erde, nicht das Erdöl, gibt den Rahmen ab, in dem wir die drohende ökologische Katastrophe und menschliche Brutalisierung in eine Chance umwandeln können, unsere Menschlichkeit und unsere Zukunft zurückzugewinnen.

1. Die Politik des Klimawandels

Die Klimaveränderung ist real

Der Weltklimarat (Intergovernmental Panel on Climate Change, IPCC) hat festgestellt, dass sich die menschlichen Aktivitäten ab 1750 auf das Klima der Erde als Erwärmung ausgewirkt haben. Die Gewissheit, dass der Klimawandel anthropogen bedingt ist, hat sich von 66 Prozent auf über 90 Prozent erhöht.[1] Der IPCC-Bericht von 2007, zu dem über 2500 Wissenschaftlerinnen und Wissenschaftler aus über 130 Ländern einen Beitrag geleistet haben, bestätigte, dass der von Menschen verursachte Klimawandel das Leben auf der Erde bedroht: »Die Erwärmung des Klimasystems ist eindeutig, wie aufgrund der erhöhten Luft- und Wassertemperaturen, des großflächigen Schmelzens von Schnee und Eis und des gestiegenen Meeresspiegels beobachtet werden kann.«[2]

Das sich verändernde Klima ist ein Resultat der Luftverschmutzung durch Treibhausgase (THG). Noch einmal der IPCC-Bericht: »Die globalen THG-Emissionen sind seit prähistorischer Zeit gewachsen, mit einer durchschnittlichen Zunahme von 70 Prozent zwischen 1970 und 2004.«[3] Kohlendioxid (CO_2) ist das wichtigste anthropogene Treibhausgas. Der jährliche Ausstoß von CO_2 hat sich zwischen 1970 und 2004 um 80 Prozent vermehrt, von jährlich 21 auf 38 Gigatonnen. Im Jahr 2004 war die CO_2-Belastung durch fossile Brennstoffe für 77 Prozent der Treibhausgasemissionen verantwortlich. Weitere relevante Treibhausgase sind Methan

(CH_4) und Distickstoffmonoxid oder Lachgas(N_2O).[4] Die größte Zunahme des Schadstoffausstoßes wurde durch Energiebedarf, Verkehr und Industrie verursacht.

Die Analyse von Eisbohrkernen, welche Tausende von Jahren alt sind, erlaubte es den Wissenschaftlern, die Geschichte der Umweltverschmutzung nachzuzeichnen. Die CO_2-Konzentration in der Atmosphäre wuchs von einer prä-industriellen Konzentration von 280 Teilen pro Million Teile Luft zu 379 Teilen pro Million Teile Luft im Jahr 2005. Weltweit hat die CH_4-Konzentration von 715 Teilen pro Milliarde in präindustrieller Zeit auf 1774 Teile pro Milliarde im Jahr 2005 zugenommen. Die globale atmosphärische Konzentration von N_2O, hauptsächlich aufgrund der landwirtschaftlichen Kunstdüngung, wuchs von 270 Teilen pro Milliarde zu 319 Teilen pro Milliarde im Jahr 2005.[5]

Die Auswirkungen dieser atmosphärischen Verschmutzung sind bereits spürbar. 1998 bis 2007 ist das wärmste Jahrzehnt, das je aufgezeichnet wurde. Die 11 wärmsten Jahre seit Beginn der Oberflächentemperaturmessung im Jahr 1850 haben alle in den letzten 13 Jahren stattgefunden.[6] Mit dem Anstieg der Temperaturen schmilzt mehr Eis, was wiederum zu einem Anstieg des Meeresspiegels führt. Weltweit stieg der Meeresspiegel von 1961 bis 2003 um 1,8 Millimeter pro Jahr an; von 1993 bis 2003 betrug der durchschnittliche Anstieg pro Jahr 3,1 Millimeter.[7]

Satellitenaufnahmen zeigen, dass das Eis in der Arktis seit 1978 jedes Jahrzehnt um 2,7 Prozent geschmolzen ist. Weltweit verzeichnen die Gletscher und Schneefelder der Berge weniger Akkumulation und mehr Schwund.[8] Die Eisschicht Grönlands, welche sich über 1,3 Millionen Quadratkilometer erstreckt und eine durchschnittliche Dicke von 2 Kilometern aufweist, könnte vollständig schmelzen, wenn die Durchschnittstemperaturen global um 1,9 bis 4,6 Grad Celsius zunehmen würden. Eine solche Schmelze würde den Meeresspiegel um 7 Meter ansteigen lassen.[9] Die daraus resultierende Dislozierung der Bevölkerung von Küstenregionen und Inseln wäre eine menschliche Tragödie unvorstellbaren Ausmaßes.

Die Gletscher, welche viele große Flüsse dieser Welt mit Wasser versorgen, gehen zurück. Wenn sie ganz verschwinden, werden diese Flüsse austrocknen.

So sieht der Klimawandel aus

Der Klimawandel ist nicht bloß ein Problem der Zukunft. Er beeinflusst uns bereits jetzt jederzeit und überall. Der Klimawandel bringt mehr Trockenzeiten, mehr Überflutungen und mehr Stürme – das, was wir »extreme Naturereignisse« nennen. Diese Entwicklung hat bereits begonnen. Die Intensität und Häufigkeit der Orkane und Zyklone nimmt zu. Im Herbst 1999 suchte der Supersturm Orissa Asien heim und tötete 30000 Menschen. Im November 2007 brauste der Zyklon Sidr mit einer Windgeschwindigkeit von 260 Stundenkilometern durch Bangladesh; er tötete 4400 Menschen und machte 4 Millionen obdachlos. Im Mai 2008 verwüstete der Sturm Nargis Burma. 84537 Menschen wurden getötet und weitere 53836 wurden vermisst. Die Heftigkeit des Hurrikans Katrina, welcher im August 2005 die US-amerikanische Golfküste verwüstete, wird ebenfalls mit dem Klimawandel in Verbindung gebracht.[10] Je heftiger ein Sturm weht, desto verheerender die Verwüstung. Weltweit waren Stürme der

Kategorie 4 und 5 zwischen 1990 und 2004 um 50 Prozent häufiger als zwischen 1975 und 1989.[11]

Eine Hitzewelle im August 2003 führte zum vorzeitigen Tod von 50000 Menschen in Europa, 13000 Opfer waren es allein in Frankreich. 900 starben in England, über 1300 in Portugal, 8600 in Spanien, 4600 in Holland und rund 1000 in Deutschland und der Schweiz. Italien, das ursprünglich 8000 Hitzeopfer vermeldete, erhöhte die Zahl der Toten später auf 20000.[12]

Im Januar 2008 wurde China durch beispiellose Schneestürme lahmgelegt. 60 Zentimeter Schnee lagen in Xinjiang. Über 100000 Menschen mussten evakuiert werden, weil ihre Häuser unter dem schweren Schnee zusammenbrachen. Die Temperaturen fielen auf minus 43 Grad Celsius. 21 Personen starben; 5000 erlitten Erfrierungen.

Extreme Trockenzeiten, extreme Überschwemmungen und extreme Wirbelstürme sind Teil der Destabilisierung des Klimas durch die Treibhausgase.

Die globale Erwärmung wirkt sich bereits auf die Gletscher des Himalaja aus. Der Pindari-Gletscher zieht sich 13 Meter im Jahr zurück; und der Gangotri-Gletscher, der den Fluss Ganges speist, schmilzt gar 30 Meter pro Jahr. In 13 Jahren ist er um einen Drittel Kilometer kürzer geworden. In einigen Jahrzehnten wird es kein Gletscherschmelzwasser mehr geben, das die Himalajaflüsse im Sommer mit Wasser versorgen kann, und das wird die Trockenheit vergrößern.[13]

Extreme Regengüsse haben im letzten halben Jahrhundert in großen Teilen Zentralindiens sowohl quantitativ wie qualitativ zugenommen. Die Beobachtung der Regenfälle während der Monsunzeiten von 1951 bis 2000 auf einer Fläche von 1,4 Millionen Quadratkilometern in Zentralindien zeigt, dass die Episoden mit »starkem« Regen (10 Zentimeter oder mehr Regen pro Tag) in jedem Jahrzehnt um 10 Prozent zugenommen haben. Fälle von »sehr starkem« Regen (15 Zentimeter oder mehr Regen pro Tag) haben sich zwischen 1951 und 2000 mehr als verdoppelt. Dazu kommt, dass sich die durchschnittliche Niederschlagsmenge der vier stärksten Regenfälle jeder Saison von 18 Zentimetern im Jahr 1951 auf 26 Zentimeter im Jahr 2000 erhöht hat. Diese empirischen Ergebnisse sind von der Wetterforschungsstation Indian Institute of Tropical Meteorology in Pune in Modellen vorweggenommen worden, und sie passen bestens zu den theoretischen Voraussagen zum Thema Klimawandel.[14]

Aber nicht bloß die Regenfälle nehmen zu, sondern auch die Trockenperioden. Bundelkhand, eine zentralindische Region, welche zwischen Uttar Pradesh und Madhya Pradesh aufgeteilt wird, hat in den letzten fünf Jahren lediglich 350 bis 500 Milliliter Niederschlag im Jahr gemessen; das ist viel weniger als die früher üblichen 1000 Milliliter pro Jahr.[15] Die jährliche Niederschlagsmenge hat sich verringert, und die verbleibenden Regenfälle konzentrieren sich auf weniger Tage. Heftiger Regen verursacht heftige Überschwemmungen. Auch haben sich die Regenfälle jahreszeitlich verschoben, weg von dem Zeitpunkt, der für die Pflanzungen am günstigsten ist.

Die gegenwärtige Trockenperiode in der Region ist die längste und schwerste Dürre in der aufgezeichneten Geschichte der Region. Die Akten der Regierung zeigen, dass Bundelkhand während dem 19. und dem 20. Jahrhundert insgesamt bloß zwölf Jahre Trockenzeit erlebt hat. Aber gegenwärtig leidet die Region bereits seit fünf Jahren an einer Dürre.

75 Prozent der Menschen in Bundelkhand sind von der Landwirtschaft abhängig. Und mehr als 80 Prozent der

Landwirte sind kleine und randständige Bäuerinnen und Bauern. Wegen der andauernden und extremen Trockenheit hat die Landwirtschaft praktisch aufgehört zu existieren. Verschlossene und verlassene Häuser sind ein gewohnter Anblick geworden. In den letzten fünf Jahren haben Missernten und Schulden über 400 Bauern der sieben Distrikte, welche den Uttar-Pradesh-Teil von Bundelkhand bilden, in den Selbstmord getrieben. Auch Hungertode wurden gemeldet.[16]

Der 85-jährige Ram Khilawan, ein Bewohner von Bundelkhand, sagt, er habe in seinem Leben noch nie eine derartige Dürre gesehen. Er besitzt eine halbe Hektare Land; das war genug, um seine ganze Familie zu ernähren und mit dem Verkauf seiner Produkte noch 75 000 Rupien (etwa 1200 Euro) im Jahr dazuzuverdienen. Fünf Jahre Trockenzeit haben seine Familie ohne Nahrung und ohne Existenzgrundlage zurückgelassen.

Fünf Jahre Trockenzeit heißt fünf Jahre ohne Ernte und ohne Nahrung aus Eigenproduktion. Das bedeutet Mangelernährung und Hunger. Die Menschen überleben mit Roti, einem Fladenbrot, belegt mit Salz und Zwiebeln. Der Konsum von Gemüse, Bohnen und Milchprodukten ist so gut wie verschwunden. Früher hatten die Leute Chhach (Buttermilch) oder Lassi im Überfluss. In der Trockenzeit gibt es kein Futter für die Tiere, also kein Milchvieh und keine Milchprodukte. Gemäß einer Feldstudie der Navdanya-Stiftung haben über 95 Prozent der in Bundelkhand untersuchten Bevölkerung nicht genug zu essen.[17]

– Im Monsunregen von 2007, dem schwersten seit 30 Jahren, starben mehr als 1900 Menschen in Südasien in den Fluten. Über 12 Millionen wurden allein im indischen Staat Bihar obdachlos; 30 Millionen waren es in den zwanzig vom Unwetter betroffenen Staaten. In Indien starben zwischen Juni und Anfang August dieses Monsunjahres 1500 Menschen. 68 000 Stück Vieh gingen zugrunde. Der gesamte Verlust betrug 12 Milliarden Rupien (180 Millionen Euro).

- Am 26. Juli 2005 erhielt Mumbai 94,4 Zentimeter Niederschlag innert 24 Stunden. 25 Menschen ertranken in ihren Autos, über 100 weitere kamen sonst wie in den Fluten um. Der öffentliche und der private Verkehr brachen zusammen. 5000 Soldaten wurden entsandt. Der finanzielle Verlust betrug 17 Milliarden Rupien (252 Millionen Euro).
- Jaisalmer, eine Stadt in der Thar-Wüste des nordwestindischen Bundesstaates Rajasthan, erhält normalerweise 165 Millimeter Regen im Jahr. In 2005 waren es bloß 148,1 Millimeter, was die Regierung dazu zwang, einen Trockennotstand zu erklären. Im August 2006 dann hatte Jaisalmer 411 Millimeter Niederschlag, 207 Millimeter davon fielen innert bloß drei Stunden. Im Barmer Distrikt, der in der Thar-Wüste liegt, fielen gar 700 Millimeter in 36 Stunden. 800 Dörfer mit zwei Millionen Menschen wurden überschwemmt. Und während die Wüste überschwemmt wurde, litt Cherrapunji, einer der nassesten Orte auf Erden, unter Trockenheit.

Die Menschen von Rajasthan und Bihar trugen nicht zum Klimawandel bei. Aber sie sind seine Opfer. Die katastrophalen Auswirkungen des Klimawandels werden nicht erst in der fernen Zukunft spürbar sein. Sie sind bereits Realität.

Die bedrohliche Klimakrise ist eine Folge der fast zweihundertjährigen Abhängigkeit der Industrieländer von fossilen Brennstoffen. Die Industrialisierung kann förmlich mit dem Übergang zu fossilen Energieträgern gleichgesetzt werden. Leider hat man auch jegliche Entwicklung als Industrialisierung definiert.

In der Biologie bezieht sich der Begriff »Entwicklung« auf eine selbstgesteuerte, selbstregulierende und sich selbst organisierende Evolution von innen. In der Begrifflichkeit der chilenischen Wissenschaftler Humberto Maturana und Francisco Varela sind Systeme, die sich selbst organisieren, autopoetische Systeme.[18] Und mit den Worten von David Pimentel, Professor für Ökologie und Landwirtschaft an der Cornell University im Staat New York, gründen sich autopoetische Systeme auf endosomatische, das heißt im Innern des Organismus produzierte, oder metabolische, das heißt stoffwechselbedingte Energie. Könnte die Ökonomie Entwicklung auf die gleiche Art und Weise begreifen, würde das zu einer blühenden biologischen und kulturellen Vielfalt führen. Diese Art Entwicklung würde Ressourcen und Energie sparen und gleichzeitig das Wohlergehen und die Wohlfahrt der Menschen verbessern.

Leider hat Entwicklung in der Wirtschaftslehre eine ganz andere Bedeutung. In der Ökonomie ist Entwicklung ein von außen getriebener Prozess. Die Ökonomie bezeichnet selbstgesteuerte und selbstregulierte Systeme als »unentwickelt« und »unterentwickelt« und rät dazu, sie von externem Input abhängig zu machen – von fremden Ressourcen, fremder Energie und fremdem Kapital. Lebendige Systeme, lebendige Gesellschaften und lebendige Kulturen werden auf diese Weise in mechanische Systeme umgewandelt oder, wie Maturana und Varela sagen würden, in allopoetische Systeme – Systeme, die von ihrer Umwelt und von äußeren Kräften bestimmt sind. Solche Systeme sind auf exosomatische, also von außen zugeführte Energie angewiesen. Systeme, die autopoetisch und endosomatisch sind, brauchen keinen äußeren Energie-Input. Sie organisieren und generieren sich selbst. Sie sind Modelle für die Zukunft ohne Erdöl.

Indigene Gemeinschaften sind sich der authentischen Bedeutung des Begriffs »Entwicklung« bewusst. Vor Jahren arbeitete ich mit Menschen, welche sich gegen ihre Vertreibung aus dem Stammesgebiet von Jharkhand durch den Dammbau am Fluss Suvernarekha wehrten. Niti Mai, eine der Ureinwohnerinnen, sagte über die Dämme als Entwicklungsfaktor Folgendes: »Wirkliche Entwicklung geschieht nur, wenn die Menschen ihre Rechte behalten und ausüben können. Wir sollten nicht unsere Rechte für das Wohl anderer aufgeben müssen. Wir wollen Entwicklung, nicht Zerstörung.«

Entwicklung kann nicht von den Kolonialisten definiert werden, nicht von denjenigen, welche der Gesellschaft aus Eigennutz allopoetische Systeme wie Macht und Profit aufzwingen. Entwicklung muss autopoetisch, von innen her, definiert werden. Die Gemeinschaften vor Ort müssen bestimmen, was für sie Entwicklung ist. Wenn die Straßenverkäufer Wal-Mart ablehnen, dann sollte ihre Definition von gutem Einzelhandel Geltung haben und nicht diejenige von Wal-Mart. Wenn die Bauern gegen die Einrichtung von Sonderwirtschaftszonen sind und die einheimische Bevölkerung keine Bergwerke will, dann sollten diese direkt betroffenen Menschen Entwicklung bestimmen und nicht die Autoindustrie, die Immobilienhändler oder die Bergbauunternehmen. Das war immer schon ein Gebot der Gerechtigkeit. Jetzt ist es auch noch ein Gebot des Klimaschutzes.

In einer Zeit der drohenden Ölverknappung und des Klimawandels müssen wir Entwicklung und Industrialisierung entkoppeln. Wir müssen Entwicklung vom Erdölkonsum ablösen. Und wir müssen Entwicklung wieder in Verbindung bringen mit der Versorgung von lebendigen Systemen mit lebendigen Energien. Wir müssen Entwicklung wieder mit der Erde verknüpfen. Wir müssen das nicht allein zwecks Abschwächung des Klimawandels tun. Wir brauchen diese Entwicklung auch zur Anpassung an die veränderten Bedingungen. Wir müssen diesen Weg gehen, um soziale und ökologische Gerechtigkeit zu schaffen.

Selbstgesteuerte und autopoetische Systeme sind vielfältig und multidimensional. Sie weisen strukturelle und funktionelle Diversität auf. Sie verfügen über Selbstheilungskräfte und können sich an veränderte Umweltbedingungen anpassen. Mechanisch gesteuerte Industriesysteme sind von außen entworfen worden. Sie sind strukturell uniform und funktional eindimensional. Mechanisch organisierte Systeme können sich nicht selber heilen oder sich anpassen. Sie brechen unter Stress zusammen. Wenn der Zweig eines Baumes bricht, dann kann der Ast die Wunde schließen. Wenn ein Autoteil bricht, kann sich der Wagen nicht selber reparieren. Man muss ihn zum Mechaniker bringen.

Die mechanisch-industriellen Systeme sind verantwortlich für die Zunahme der Treibhausgase in der Atmosphäre und für die abnehmende Fähigkeit von Gesellschaften und Ökosystemen, sich an den resultierenden Klimawandel anzupassen.

Das mechanisch-industrielle Paradigma für die Produktion und Distribution von Nahrung, Kleidung und anderen Grundbedürfnissen wurde im Süden ursprünglich von der Weltbank und dem IWF als »Entwicklungshilfe« eingeführt. Dann wurde es von Weltbank/IWF als Strukturanpassungsprogramm durchgesetzt. Dazu kam die Welthandelsorganisation WTO mit ihren Regeln für den sogenannten freien Handel; diese Regeln geben im Grunde genommen die Freiheit, Ressourcen zu zerstören, Energie zu erschöpfen und die Atmosphäre zu verschmutzen.

Globalisierung ist in Wirklichkeit die Globalisierung der energieintensiven, Ressourcen verschleißenden, erdölgetriebenen Industrialisierung unserer Produktions- und Konsumptionsweise. Globalisierung zwingt der Welt Unnachhaltigkeit auf. Die Akteure sind nicht die einzelnen Bürgerinnen und Bürger oder die einzelnen Länder. Es sind die globalen Unternehmen, welche ihre Produktionsabteilungen weltweit dahin verschieben, wo sie mit den niedrigsten Kosten die höchsten Profite erzielen können.

Angesichts des Klimawandels raten die globalisierten Unternehmen zum *business as usual* – weitermachen wie gewohnt: Den Unternehmen soll erlaubt werden, die Kontrolle über die Ressourcen der Erde – Energie, Wasser, Luft, Land und Artenvielfalt – noch zu verstärken und die industrialisierte, globalisierte Wirtschaft weiterzuführen. Dieser Pfad kann bloß noch ein paar Jahrzehnte lang gegangen werden, und das zu einem sehr hohen sozialen, ökonomischen und ökologischen Preis. Ich nenne es den Pfad des Ökoimperialismus, und es ist eine total unerwünschte Lösung.

Der Ökoimperialismus hat eine äußerst komplexe Dynamik. Er kontrolliert alle Wirtschaftsformen dieser Welt mittels Wirtschaftsglobalisierung. Und er macht alle Ressourcen und Ökosysteme der Welt zum Ausgangsmaterial für die industrialisierte und globalisierte Ökonomie. Öko-imperialistisch sind die Ölkriege, die im Nahen Osten, in Zentralasien und Afrika gekämpft werden; und ökoimperialistisch sind auch die neuen Kriege um Land und Nahrung, welche durch die neuen industriellen Biobrennstoffe ausgelöst werden. Ökoimperialismus kennzeichnet die Außen- und Sicherheitspolitik bestimmter Länder; ein gutes Beispiel dafür ist das Nuklearabkommen der USA mit Indien. Und ein Ausdruck von Ökoimperialismus ist schließlich auch der Versuch, unseren Planeten ganz und gar technisch zu manipulieren.

Der Ökoimperialismus ist ein mechanistisches Paradigma, basierend auf industriellen Technologien und Ökonomien, die von einem grenzenlosen Wachstum ausgehen. In der realen Welt der begrenzten Ressourcen sind es arme Menschen und gefährdete Arten, welche durch die Übernutzung der Reichen und Mächtigen ihren Anspruch auf die Ressourcen der Erde verlieren. Das imperialistische Projekt kennt keine Rücksicht und keine Grenzen, es versucht die privatwirtschaftliche Kontrolle über Ressourcen noch zu vergrößern. Der Ökoimperialismus kann die Freiheit und Souveränität des andern – seien es andere Gemeinschaften, andere Länder oder andere Spezies – nicht tolerieren. Im aktuellen Kontext von Globalisierung, Peak Oil und Klimawandel können ökoimperialistische Vorschläge das Problem des Klimachaos nicht lösen. Im Gegenteil, sie erlauben großen Unternehmen und reichen Ländern, den Armen ihre Ressourcen und ihren politischen Handlungsspielraum wegzunehmen.

Der CO_2-Handel – ein Supermarkt der Verschmutzung

Die Verschmutzung der Atmosphäre kommt einer Einhegung der Allmende gleich.[19] Was einst eine allgemein zugängliche Ressource war, nämlich die Luft, die uns umgibt, wurde durch die Erdöl- und Kohleindustrie, die Automobilfirmen und Stromlieferanten privatisiert und zur Abfallhalde für Schadstoffe gemacht. Die Konzentration von CO_2 aufgrund der Verbrennung von Kohle und Erdöl hat die Menschen und Tiere ihres Anspruches auf saubere und unverschmutzte Atemluft beraubt. Die Armen, also diejenigen Menschen, die am wenigsten zur Verschlechterung der Atmosphäre und zur Zerstörung ihres CO_2-Kreislaufs beigetragen haben, zahlen den höchsten Preis.

In der Folge dieser ersten Vereinnahmung der Atmosphäre erleben wir nun bereits eine zweite Privatisierungsrunde – die als »Lösung« für die erste angeboten wird. Diese zweite Einhegung der Allmende geschieht durch den Handel mit CO_2-Emissionen, der vom Kioto-Protokoll und vom Stern-Bericht als hauptsächliche Gegenmaßnahme empfohlen wird. In einer der meistgelesenen und -diskutierten Untersuchungen über die wirtschaftlichen Folgen der globalen Erwärmung schrieb Sir Nicholas Stern, ehemaliger Chefökonom bei der Weltbank: »Die Grundlage des Emissionshandels ist die Zuteilung von Eigentumsrechten an Emissionsverursacher, denen dann erlaubt wird, mit diesen Rechten Handel zu treiben.«[20] Larry Lohmann, der Autor des Buches *Globaler Emissionshandel. Wie Luftverschmutzer belohnt werden*, präzisiert: Egal ob es sich um US-amerikanische Zertifikatsprogramme, um das Kioto-Protokoll oder um Emissionshandelspläne der EU handelt, Marktlösungen zum Klimawandel vergeben »Eigentumsrechte« an der Atmosphäre stets an »eine Auswahl notorischer Verschmutzer – reiche Länder und Unternehmen – und erst noch umsonst«.[21]

Daniel Cole, Rechtsprofessor an der University of Indiana, bemerkt: »Die Zuordnung von vermarktbaren Verschmutzungsrechten bedeutet eigentlich eine Form von begrenzter Privatisierung, denn die Regierung tritt privaten Akteuren ein begrenztes Anrecht auf die Nutzung der öffentlichen Atmosphäre ab.«[22] Die Firma PricewaterhouseCoopers ist berüchtigt für die Art und Weise, wie sie mit der Weltbank zusammenarbeitet, um Delhis Wasser zu privatisieren; ein Vorhaben, das dank einer massiven Mobilisierung von Bürgerbewegungen gegen die Privatisierung und für Wasserdemokratie abgewehrt wurde. Ebendieser rücksichtslose Konzern sagt: »Der CO_2-Emissionen-Handel kann mit der Übertragung vergleichbarer Rechte gleichgesetzt werden, etwa Urheberrechte, Patente, Lizenzen und kommerzielle sowie industrielle Handelsmarken.«[23]

Das Kioto-Protokoll erlaubt den Industriestaaten, die zugeteilten CO_2-Emissionen untereinander frei zu handeln (Paragraf 17). Es erlaubt dem »Investor« eines Industriestaates, ob Regierung oder Privatunternehmen, unter anderem in ein förderungswürdiges Projekt zur Verminderung von CO_2-Ausstoß in einem Entwicklungsland zu investieren; als Gegenleistung erhält dieser »Investor« kompensatorische Emissionszertifikate, die Certified Emission Reduction Units genannt werden. Diese CERs können vom Investor zur »Reduktion« der Treibhausgaswerte in seinem eigenen Unternehmen oder Land eingesetzt werden, was bedeutet, dass er selber mehr Abgase ausstoßen darf. Wer in der Ferne

»grün« fördert, erhält eine Gutschrift zur Verschmutzung im eigenen Land. Dieser Tausch wird im Paragraf 12 des Kioto-Protokolls als »Mechanismus für umweltverträgliche Entwicklung« (Clean Development Mechanism, CDM) bezeichnet. Das Kioto-Protokoll vergab Emissionsrechte an diejenigen 38 Industrieländer, die historisch gesehen die schlimmsten Umweltverschmutzer sind. Der EU-Emissionshandel (European Emissions Trading Scheme, ETS) gewährte 11 428 industriellen Betrieben Emissionsrechte. Der Emissionshandel, stellt Larry Lohmann fest, »macht die Fähigkeit der Erde, das Kohlendioxid in einem Kreislauf aufzubereiten, zu einer Art Eigentum. Es fällt mehr und mehr in die Hände derjenigen, die am meisten Macht und das größte finanzielle Interesse haben, sich solche Rechte anzueignen.«[24] Dass solche Pläne mehr mit der Privatisierung der Atmosphäre zu tun haben als mit der Abschwächung des Klimawandels, wird schon durch die Tatsache klar, dass die Emissionsbewilligungen, die das Kioto-Protokoll ausstellte, den Schadstoffpegel um ein Vielfaches überstiegen, der eingehalten werden muss, um eine Erwärmung der globalen Temperaturen um zwei Grad zu verhindern.[25]

Bisher brachten Patente der Pharmaindustrie und dem Agrobusiness Superprofite ein. Nun schaffen die Emissionsrechte zusätzliche Superprofite für die Umweltverschmutzer. Der EU-Emissionshandel gewährte 10 Prozent mehr Emissionsgutschriften als die für 2005 zugelassene Höchstmenge für Schadstoff. Das hatte 150 Millionen Tonnen »überschüssiges« CO_2 zur Folge. Bei einem durchschnittlichen Preis von 7,23 Dollar pro Tonne macht das über eine Milliarde Dollar aus, ein schöner Extragewinn.

Die englische Regierung teilte der Industrie ihres Landes

736 Millionen Tonnen CO_2 zu – was keine Reduktion der Emissionen notwendig macht. Solange von den Industrieemittenten des Nordens keine Schadstoffreduktion verlangt wird, so lange werden sie weiter verschmutzen, und es wird keine Abnahme des CO_2-Ausstoßes geben.

Die Marktlösungen in Form von Emissionshandel verstoßen gegen das grundlegende ökologische Verursacherprinzip. Durch den Emissionshandel erhalten private Umweltschädiger mehr Rechte und mehr Kontrolle über die Atmosphäre, welche von Rechts wegen allem Leben auf diesem Planeten zusteht. Die »Lösung« des Emissionshandels belohnt den Verursacher.

Der CO_2-Handel ist ungerecht, weil er ein Allgemeingut – die Allmende – privatisiert und weil er die Ressourcen der ärmeren Menschen und Regionen als »Ausgleich« einsetzt. Auf dem globalen Markt schätzt man, es sei 50 bis 200 Mal billiger, in den armen Ländern Bäume anzupflanzen, welche CO_2 absorbieren, als die Schadstoffe an der Quelle, also in den Industriestaaten, zu reduzieren.[26] Der Stern-Bericht sagt es deutlich: »Der Emissionshandel kann die kostengünstigsten Emissionsreduktionen liefern, weil die Reduktionen da vorgenommen werden, wo sie am billigsten sind.«[27] Mit anderen Worten: Die Bürde der Schadstoffbeseitigung wird den Armen auferlegt. Gemäß den Berechnungen des Marktes mag das effizient scheinen. Für die ökologische Buchhaltung wäre es viel effizienter, die Schadstoffe gleich an der Quelle zu reduzieren. Und aus der Perspektive einer Umweltgerechtigkeit ist es pervers, die Armen gleich doppelt zu belasten: Erst werden ihnen die externalisierten Kosten und Klimakatastrophen aufgebürdet, welche durch die Umweltverschmutzung der Reichen und Mächtigen verursacht wurden; und dann halst man ihnen auch noch die Sanierung dieser Umweltverschmutzung auf.

Nur zwei Prozent der »Mechanismen für umweltverträgliche Entwicklung« des Kioto-Protokolls beziehen sich auf Projekte zur erneuerbaren Energie. 72 Prozent der Vorhaben beschäftigen sich mit der CO_2-Abtrennung (Carbon Capture), also mit dem Auffangen und sicheren Speichern von unerwünschtem Kohlendioxid, und 21 Prozent widmen sich der Bioenergie. Auf diese Weise wird die Problemlösung für die Luftverschmutzung zu einer Landnahme. Wie Lohmann treffend schreibt: »Für ihre neuen CO_2-Deponien eignen sich die großen Schadstoffemittenten meistens das Land, das Wasser und die Zukunft von anderen Menschen an.«[28] Weil das Land und die Biomasse, welche sich die Emissionshändler aneignen wollen, lebenswichtige Funktionen für die lokale Bevölkerung erfüllen, ist dieser Schadstoffhandel nicht bloß Diebstahl am Allgemeingut Luft; er raubt den Menschen auch ihr Land und die Artenvielfalt. Das geschieht zum Beispiel mit den Biobrennstoffplantagen. Erst verloren die Armen ihre Klimasicherheit, und jetzt verlieren sie auch noch ihre Lebensgrundlagen, weil der Klimawandel mit Marktlösungen angegangen wird.

Der Stern-Report ist sich über das Ausmaß des Klimawandels im Klaren: »Der Klimawandel ist eine ernsthafte globale Bedrohung, und er verlangt dringend eine globale Lösung.« Die »dringliche globale Lösung«, die Stern vorschlägt, ist jedoch der Emissionshandel. »Die Erweiterung und Vernetzung der wachsenden Zahl von Emissionshandelsmechanismen rund um die Welt ist eine wirksame Methode, um kostengünstige Schadstoffreduktionen voranzutreiben und Bewegung in die Entwicklungsländer zu bringen:

Starke Sollvorgaben in den reichen Ländern könnten jährlich mehrere Dutzend Milliarden Dollar in die Unterstützung umweltverträglicher Entwicklung umlenken.«[29]

Dieser Lösungsvorschlag hat zwei Schwachstellen. Erstens stützt sich der Stern-Report weiterhin auf Marktmechanismen, obwohl das Versagen des Marktes die Klimakrise herbeigeführt hat. Zweitens ist der Bericht auf den Begriff »Kohlenstoff« fixiert, ohne zwischen dem toten Kohlenstoff in fossilen Brennstoffen und dem lebendigen Kohlenstoff der Biodiversität und der erneuerbaren Energien zu unterscheiden. Stern konzentriert sich auf die CO_2-Emissionen, statt den Kohlenstoffzyklus als Ganzes anzugehen. Der Bericht unterscheidet nicht zwischen der hohen CO_2-Konzentration, die entsteht, wenn Steinkohle verbrannt wird, und der Wiederaufbereitung von CO_2, die durch Fotosynthese in den Pflanzen und in der Nahrungskette geschieht. Diese beschränkte Sicht auf die Schadstoffemissionen erlaubt einer ökologisch unstabilen Technologie wie der Atomenergie und der hydroelektrischen Energie, die große Dämme erfordert, sich als »CO_2-arme Entwicklung« anzubieten.

Der Stern-Bericht konzentriert sich auf das, was fürs Geschäft gut ist, und kümmert sich nicht um das Wohl des Planeten und der Armen. Deshalb empfiehlt er den Reichen und Mächtigen, so weiterzumachen wie bisher. Die CO_2-Gutschriften des EU-Emissionshandels (ETS) sind Gutschriften für die Unternehmen. Sie sind nicht Gutschriften für alle Menschen. Stern hat ETS »den größten Treibhausgasemissionsmarkt der Welt« genannt.

Einen Markt für Umweltverschmutzung zu schaffen, ist ethisch pervers. Es gibt Güter, die nicht vermarktbar sein sollten – Wasser und Artenvielfalt beispielsweise sind zu wertvoll, als dass man sie zur Ware degradieren könnte. Andere Dinge, wie Giftmüll und Treibhausgase, sollten gar nicht erst produziert werden. Wenn man sie aber in Tauschware umwandelt, stellt man sicher, dass sie weiterhin produziert werden. Statt sauberer Luft einen Wert zu geben, bewertet der Emissionshandel die Verschmutzung. Der europäische Markt für den Handel mit schädlichem CO_2 wird für die Dreijahresperiode von 2005 bis 2007 auf 115 Milliarden Dollar geschätzt. Statt das Recht aller Bürgerinnen und Bürger auf saubere Luft und Klimasicherheit zu verteidigen, verteidigt der Emissionshandel das Recht der Unternehmen, die Luft zu belasten und das Klima zu destabilisieren.

Die Marktfundamentalisten haben sich ganz und gar der Verteidigung und Erweiterung der Märkte verschrieben. Sogar dann noch, wenn klar wird, dass der Klimawandel eine radikale Änderung unseres Denkens, unserer Produktionsweisen und unseres Konsumverhaltens erfordert, sorgen sie sich um den Schutz der Marktmechanismen und kümmern sich nicht um die ökologischen Methoden der Erdgöttin Gaia. Die Marktfundamentalisten konstruieren ihren Supermarkt der Verschmutzung, während die Gletscher und Eiskappen schmelzen, während die Hurrikane und Tornados die küstennahen Ökosysteme zerstören und die Temperaturen steigen.

Der CO_2-Handel ist auch ökologisch pervers. Die drohende Klimakrise verlangt, dass wir postfossile und postindustrielle Alternativen für die Produktion und den Konsum von Gütern und Dienstleistungen finden. Doch der Handel mit Emissionen und CO_2 fördert die Abhängigkeit von fossilen Brennstoffen und industrielle statt ökologische Methoden.

Der CO_2-Handel erlaubt den Umweltverschmutzern, die Umwelt weiterhin zu verschmutzen, indem sie sich Emissionszertifikate kaufen. Diese Gutschriften belohnen nicht das möglichst schadstofffreie Verhalten, sondern sie entschädigen überaus großzügig bloß kosmetische Korrekturen in einem insgesamt stark mit Schadstoff belasteten Unternehmen. Diese Gutschriften können unter anderem auch an einen Interessenten verkauft werden, der damit die Umwelt über seine ursprüngliche CO_2-Zuteilung hinaus verschmutzen darf. Fabriken und Firmen, die der Umwelt übermäßig schaden, müssen nun Kredite kaufen, aber sie müssen nicht unbedingt ihren Schadstoffausstoß reduzieren.

Ökologisch gesehen ist der CO_2-Handel in jeder Hinsicht eine falsche Lösung. Diese Lösung setzt nicht bei Maßnahmen und Gesetzen an, welche saubere, nicht umweltverschmutzende Methoden der Produktion, Distribution und Konsumption schützen und unterstützen. Im Gegenteil, ökologische Alternativen sind gar nicht präsent im »CO_2-Markt«. Der »Handel« findet zwischen Umweltverschmutzern statt – zwischen denen, die weiterhin verschmutzen, und denen, welche ihren Schadstoffausstoß zum Teil reduziert haben. Nichtverschmutzer sind zum vorneherein vom Geschäft ausgeschlossen. Wirtschaftlichen Akteuren, welche die Umwelt nie verschmutzt haben, wurden auch nie Emissionszertifikate zugeteilt. Sie können dieselben also auch nicht verkaufen. Es gibt im CO_2-Handel nichts, das eine nachhaltige Entwicklung wirklich fördert.

Der CO_2-Handel macht die ethische und ökologische Aufgabe der Reduktion unseres CO_2-Fußabdruckes zu einem Geschäft, das Milliardengewinne verspricht. 2006 war der CO_2-Markt 30 Milliarden Dollar wert, und er könnte noch in diesem Jahrzehnt auf eine Billion Dollar anwachsen. Louis Bradshaw, ein Bankfachmann des britischen Finanzunternehmens Barclay, meint: »CO_2 wird der größte Rohstoffmarkt der Welt werden und vielleicht sogar der größte Markt überhaupt.«[30] Die Ökonomie der Natur ist in Vergessenheit geraten. CO_2 zirkuliert nur noch an der Wall Street, nicht mehr in einem Kohlenstoffkreislauf.

Emissionszertifikate wurden von den europäischen Regierungen via ETS vorab an fünf sehr schmutzige Industriezweige vergeben – Elektrizität, Erdöl, Metallverarbeitung, Baumaterialien und Papier. Weitere Verschmutzungsgutschriften wurden durch die umweltverträglichen Entwicklungsmechanismen des Kioto-Protokolls, die sogenannten CDMs, zugeteilt. Das CDM-Programm will die Treibhausgase durch die Förderung grüner und effizienterer Technologien in den Industrieländern reduzieren und den Entwicklungsländern gleichzeitig Anreize zur Verbesserung ihrer Technologien liefern. Die CDMs gewähren einem Entwicklungsland für jede Tonne reduzierten Schadstoff Emissionsgutschriften, die dann durch die Kanäle des freien Marktes angeboten werden. Die entwickelten Länder können nun, statt ihren eigenen Schadstoffausstoß zu verringern, diese CDM-Zertifikate kaufen, um die Zielsetzungen der internationalen Klimaverträge einzuhalten.

2006 belief sich der CO_2-Markt wie gesagt auf 30 Milliarden Dollar; das ist eine enorme Zunahme, denn 2005 waren es noch 11 Milliarden. Gemäß Weltbank stammten 5 Milliarden dieses Geschäfts von den CDMs.[31] Aber die Unternehmen, welche diesen Handel beleben, etwa die industrielle Landwirtschaft in Brasilien oder die Kühlschrankproduktion in China, sind im Grunde höchst umweltschädigend.

Der Abfall, den die Agrofabriken produzieren, vergiftet das Wasser und das Land. Aber auch die Luft verschmutzen diese Betriebe mit ihrem Methanausstoß. Bunge, ein Unternehmen, das den Agrofabriken Futter verkauft, verdiente sich Emissionszertifikate, indem es dieses Methangas zur Herstellung von Elektrizität nutzte. Bunge besitzt 40 solche »CO_2-Kredit«-Projekte in Brasilien und plant nach Mexiko, Guatemala, Peru und den Philippinen zu expandieren. Bei dieser Methannutzung wird der CO_2-Ausstoß zugegebenermaßen etwas verringert. Das ändert aber nichts an der grundlegenden Perversion, die in den Emissionshandel fest eingebaut ist: Der CO_2-Handel fördert die Entwicklung umweltschädigender Industrien, weil er den leicht angegrünten Unternehmen erlaubt, vom Verkauf von Emissionsrechten an noch schmutzigere Industrien zu profitieren. Es ist ein System, das die Schadenverursacher belohnt statt die wirklich »saubere« Produktion. Diese Gutschriften wirklich verdienen würde der kleine Bauer, der Schweine mit Auslauf aufzieht, und nicht die schadstoffbelasteten Schweinemästereien von Bunge.

China hat den Großteil des Startkapitals für den Handel mit Emissionsrechten zugeteilt erhalten. Ein umstrittenes chinesisches CDM-Projekt ist die Zerstörung von HFC-23; HFC-23 ist ein starkes Treibhausgas, dessen Auswirkung, Tonne für Tonne, 11 700 Mal schädlicher ist als Kohlenstoffdioxid. HFC-23 ist ein Nebenprodukt des Kühlmittels HCFC-22. Die CDM-Behörde der UNO hat sechzehn HFC-23-Projekte aufgelistet, die meisten in China; diese Projekte bringen potenziell den Gegenwert von 65 Millionen Emissionszertifikaten pro Jahr ein. Es kostet nicht viel, HFC-23 zu zerstören, und das schädliche Gas, das dabei als Nebenprodukt entsteht, hat sich alles in allem als profitabler erwiesen als das eigentliche Produkt. Es gibt keinen Anreiz, saubere Technologien zu entwickeln.

Dazu kommt: Solange die Zerstörung von HFC selbst Emissionsgutschriften einbringt, macht es keinen Sinn, HFC zu verbieten. Ein solches Denken unterläuft die Absicht des Protokolls von Montreal, welches die Verwendung von HFC im Süden bis zum Jahr 2010 auslaufen lassen wollte. Wie Lohmann zu Recht feststellt: «Die Mechanismen für eine nachhaltige Entwicklung haben jetzt einen perversen Anreiz zur Ankurbelung des HFC-Ausstoßes geschaffen, um auf diesem Umweg möglichst viel Geld durch den Verkauf von Emissionsgutschriften machen.«[32]

Während China am meisten Emissionsrechte erhielt, ist Indien weltführend in Sachen CDM-Projekte. Im August 2006 waren in Indien 82 solche Projekte registriert, 350 weitere standen kurz vor der Realisierung. Eine nationale CDM-Studie im Auftrag der indischen Regierung prognostiziert für Indien einen Anteil von 10 bis 15 Prozent am globalen CDM-Markt. Aber diese Projekte sind nicht »sauber«, noch ist die indische Bevölkerung Empfängerin der Entschädigungen. Die Gelder werden an Unternehmen ausbezahlt. Die Giganten der Wirtschaft – Reliance, Tata, Birla, Ambuja, ITC – lassen ihre schmutzigen Industrien als »sauber« beglaubigen.

Die Eisenschwammindustrie ist ein weiterer Produktionszweig, der von den CDM als »sauber« etikettiert wurde. Jindal Steel und Power Ltd (JSPL) im zentralindischen Bundesstaat Chhattisgarh bauen zurzeit einen der weltgrößten CDM-Betriebe. Eine gesundheitsschädliche, schmutzige, giftige Eisenschwammfabrik, die sich über 320 Hektaren erstreckt – und die das Dorf Patrapati zerstört, den Fluss privatisiert und die Wälder vernichtet hat –, gilt auf einmal als »nachhaltiger Entwicklungsmechanismus«.

Eisenschwamm erhält man, indem man dem Eisenerz Sauerstoff entzieht, ein Prozess, der eine große Menge Wasser und Erdöl- oder Kohleenergie braucht. In Chhattisgarh, Orissa und Jharkhand sind Hunderte von Eisenschwammbetrieben gebaut worden, was eine Vergiftung des Trink- und des Grundwassers zur Folge hatte. Eisenschwammfabriken verunreinigen auch die Luft. Gemüse wird wegen der Luftverschmutzung rötlich, und die Reisfelder haben aufgehört zu keimen – das in einer Region, die das hauptsächliche Zentrum für Indica-Reis ist (und die vor der Grünen Revolution rund 200000 Reissorten kannte).

Nachdem das Kioto-Treffen Stahlherstellung als eine der Hauptquellen der Umweltverschmutzung ausgemacht hatte, wurde Eisenschwamm ein starker Kandidat für die CDMs. Zwar kann durch die Substitution von Stahl mit Eisenschwamm der CO_2-Ausstoß direkt reduziert werden, aber die Kosten für die Schädigung des Landes und des Wassers werden nicht in die Gleichung mitaufgenommen. Im Vergleich zur Stahlproduktion im Hochofen ist Eisenschwamm in der Produktion kostengünstiger und profitabler. Das Metall kann auch in kleinerem Maßstab produziert werden, womit Umweltvorschriften umgangen werden können. Innert ein oder zwei Jahren kann eine Firma ihre Investitionen zurückgewinnen.

30 Prozent von Indiens Eisen wird nun in Eisenschwammbetrieben produziert, ein Anteil, der in den nächsten zehn Jahren auf 50 Prozent anwachsen wird. Die Produktion ist von weniger als 1 Million Tonnen in 2001 auf 19 Millionen

Tonnen im Jahr 2006 gesteigert worden. Indien produziert heute 20 Prozent allen Eisenschwamms der Welt; das heißt, dass die ortsansässige Bevölkerung von Orissa, Jharkhand und Chhattisgarh in diesem Fall den Preis für den »sauberen« CO_2-Handel bezahlt.

Eigentlich sollten diese Stammesgemeinschaften die Adressaten der CDMs sein. Etwa die Töpferei, welchen Gharas und Suharis herstellt, Gefäße, welche das Wasser kühl halten. Die Bäuerinnen, die auf ihren Märkten frisches Gemüse verkaufen, müssten als saubere Entwicklung gesehen und belohnt werden, nicht die HCFC-Fabriken, welche bloß den Gebrauch von Energie fressenden Kühlmethoden fördern.

Das Problem des reduktiven marktindustriellen Modells ist, dass es echte Alternativen gar nicht erst berücksichtigt. Statt auf saubere technologische Methoden, welche CO_2-Ausstoß in jeder Phase des Produktionsprozesses vermeiden, konzentriert man sich auf immer noch schädliche technologische Muster, die die Emissionen in einer bestimmten kurzen Phase ein wenig vermindern können. Die Abläufe, die von den CDMs gefördert werden, sind nicht sauber, wenn man sie mit ökologischen Alternativen vergleicht. Sie sind bloß dann sauber, wenn man sie neben ihre eigene schlimmste Variante stellt.

CDM-Projekte in Indien fördern nicht die ökologische Landwirtschaft, welche darauf hinarbeitet, den Klimawandel zu mildern und sich an die veränderten Bedingungen anzupassen. Sie beziehen keine Menschen mit ein, welche Papier von Hand produzieren, und keine kleinbäuerlichen Ölpressen – diese Projekte kommen ganz ohne fossile Treibstoffe aus, verursachen keine Umweltverschmutzung und produzieren qualitativ hochstehende Produkte für ein qualitativ hochstehendes Leben. CDM-Projekte berücksichtigen hingegen mit Kohle gefeuerte Elektrizitätswerke und Autoproduzenten, die Stahl verarbeitende Industrie und Eisenschwammfabriken, die Papier- und Zellstoffindustrie, Distillerien, die Petrochemie und andere Chemiebetriebe, die Zementhersteller und die Zuckerfabriken – alles Unternehmen, die der Umwelt schaden und die Ressourcen und Energie fressen.

Der Emissionshandel reduziert die Emissionen nicht. Die Lösung für das Klimachaos wird nicht von den verzerrten Märkten der Globalisierung kommen. Sie wird aus dem Engagement und dem Bekenntnis zur Erddemokratie wachsen. Vielleicht nützt der Emissionshandel der Marktökonomie, aber er zerstört die Ökonomie der Natur, weil er die Umweltverschmutzung noch steigert. Und er zerstört die Wälder und die Artenvielfalt, welche den toten umweltschädigenden Kohlenstoff in einen lebendigen Kohlenstoff umwandelt, der die Atmosphäre reinigt.

Die von den CDMs anerkannten Technologien umfassen keine nicht industriellen Alternativen, an denen gerade der Süden sehr reich ist. Es gibt keinen CDM-Anreiz, um ökologisch nachhaltige Technologien und Produktionssysteme zu schützen und zu erhalten.

Die wirkliche Auseinandersetzung findet aber nicht zwischen den reichen und den armen Ländern statt. Direkt gegenüber stehen sich vielmehr die Wirtschaftsunternehmen des Nordens und die Bäuerinnen und Bauern, die indigenen Völker und die verletzlichen Gemeinschaften. Unternehmen im Norden und im Süden haben sich zusammengetan, und die Unternehmen des Südens müssen nun die Umwelt erst tüchtig verschmutzen und dann die Verschmutzung reduzieren, damit sie und ihre Geschäftspartner im Norden kostbare Emissionsgutschriften erhalten. Das Resultat dieses Anreizes ist ein Anstieg der Umweltverschmutzung insgesamt, wenn man es mit möglichen ökologischen Alternativen vergleicht. Aber die nicht verschmutzenden, nicht industriellen Tätigkeiten geraten nicht einmal ins Blickfeld der CDM. Will man von Kioto als sauber wahrgenommen werden, muss man sich zuerst schmutzig gemacht haben.

Atomenergie – weder sauber noch nachhaltig

Angesichts der Umweltbelastung durch CO_2 ist die Kernenergie plötzlich wieder als »saubere« Energie aufgetaucht. Die Regierungen fördern diese Technologie. Das französische Unternehmen Areva, der größte Atomkraftwerkbauer der Welt, prognostiziert, dass bis zum Jahr 2030 weltweit 150 bis 300 neue Reaktoren gebaut werden. Mindestens 50 davon werden in China oder Indien stehen. Die *International Herald Tribune* nennt das eine »nukleare Renaissance«.[33] Sogar James Lovelock, der in den 1960er-Jahren die Gaia-Hypothese von der Erde als lebendigem Organismus entwickelt hatte, beschreibt die Kernenergie als »Gaia-freundliche Energiequelle«.[34] Aber diese Haltung ist kurzsichtig.

In einer Studie zur ökologischen Auswirkung der Kernenergie stellte der *Ecologist* fest, dass beim Bau eines jeden Reaktors 20 Millionen Tonnen CO_2 ausgestoßen werden. Der Abbau von Uranium verursacht ebenfalls Umweltverschmutzung. Weil die meisten Uraniumablagerungen von niedriger Qualität sind, müssen beinahe 100000 Tonnen Gestein abgebaut werden, um eine Tonne Uranium zu produzieren. Ein durchschnittlicher Reaktor benötigt etwa 100 Tonnen Uranium. Die Umwandlung und Anreicherung des Urans braucht halogenhaltige Verbindungen, welche 10000 Mal schädlicher sind als das Treibhausgas CO_2. Wenn man alle Faktoren berücksichtigt, schreibt Jon Hughes im *Ecologist*, dann sind »der Abbau und die Bearbeitung von Uranium unökonomisch und brauchen letztlich mehr Energie für die Gewinnung, als das gewonnene Uranium dann produziert«[35].

Auf der ganzen Welt ist die Krebshäufigkeit unter den Meschen, die in der Nähe eines Atomkraftwerkes leben, höher als im Rest der Bevölkerung.[36] Und das Risiko beschränkt sich nicht auf das Atomkraftwerk selbst. Der Abfall, der da produziert wird, enthält 95 Prozent der Radioaktivität, und jedes 1000-Megawatt-Atomkraftwerk produziert etwa 30 Tonnen hoch radioaktiven Abfall im Jahr. Die Kosten für die Endlagerung von Atommüll wurden für England auf 108 Milliarden Dollar veranschlagt. In den USA wurden die Konsumenten von atomar produzierter Elektrizität mit 18 Milliarden Dollar belastet, um den radioaktiven Abfall zu entsorgen.[37]

Die gesamte Uran-Menge Indiens stammt aus einer einzigen Verarbeitungsanlage in Jaduguda, in der ostindischen Singhbhum-Region, welche von den Stammesgemeinschaften der Ho und Santhali bewohnt wird. Dieses Bergwerk in Jaduguda, betrieben von der Uranium Corporation of India Ltd (UCIL), wurde 1967 eröffnet. Es beeinträchtigt 30000 Menschen aus 15 Dörfern, welche in einem 5-Kilometer-Radius des Komplexes wohnen. Das Bergwerk liegt im stark bewaldeten Einzugsbereich des Flusses Suvarnarekha – was Strahl des Goldes bedeutet. Die Anlage besteht aus drei unterirdischen Minen, welche 500 bis 700 Meter unter der Erdoberfläche liegen. Von den Jaduguda-Stollen wird das Urangemisch Yellowcake (zu 80 Prozent Uranoxid oder U_3O_8) zu dem Kernenergiekomplex in Hyderbad gebracht, wo daraus Brennstäbe hergestellt werden. Yellowcake enthält nur etwa 0,7 Prozent reines Uranium-235, welches das wichtigste Rohmaterial für Atomkraftwerke darstellt. Um die Konzentration auf die benötigten 3 bis 5 Prozent zu erhöhen, wird Yellowcake mit Fluor gemischt und erhitzt. Die leichteren U-235-Moleküle werden so von den schwereren U-238-Molekülen getrennt. Dieses angereicherte Uranium wird für Brennstäbe verwendet. Die verbliebenen 85 Prozent sind abgereichertes Uran.

Das Erz wird zu einem feinen Pulver zermahlen und dann chemisch behandelt, um das Uranium herauszulösen. Nach der Uraniumgewinnung werden 99,94 Prozent des Materials als Abfall zurückgelassen. Jaduguda verarbeitet 1000 Tonnen Uranium pro Tag und produziert jedes Jahr 200 Tonnen Uranium in Form von Yellowcake. Ungefähr 350000 Tonnen Felsen werden in Jaduguda jedes Jahr abgebaut, zermahlen und als Müll abgeladen.

Dieses zerkleinerte Felsenmaterial, die Uranium-Aufbereitungsrückstände, enthalten mehr als ein Dutzend radioaktiver Stoffe, darunter Thorium-230, Radium-226 und das Gas Radon-222. Wenn diese Rückstände an der Erdoberfläche bleiben und austrocknen, dann können sie vom Wind zu weit entfernten Pflanzungen getragen werden. So findet radioaktives Material seinen Weg in die Nahrungskette. Oder aber es wird in die Flüsse und Seen geschwemmt und verseucht die Wasserversorgung.[38] In Jaduguda werden die groben Abfälle in die Bergwerksschächte zurückgebracht, und die feineren Rückstände werden mit Wasser gemischt und via Rohrleitung zu den Absetzbecken in der Nähe des Dorfes Jaduguda geleitet.

Die drei Absetzbecken enthalten Millionen Tonnen von radioaktivem Abfall und bedecken etwa 40 Hektaren Land. Zusätzlicher Atommüll, der in ganz Indien produziert wird – in den Atomanlagen in Hyderbad, im Bhabha Atomic Research Centre von Mumbai und weiteren Betrieben –, wird ebenfalls in Jaduguda abgeladen. Dieser Müll hat das Wasser und die lebensnotwenigen Ressourcen in der ganzen Region vergiftet.

Eine Studie über Menschen, die in einem Ein-Kilometer-Umkreis der Absetzbecken leben, hat ergeben, dass 47 Prozent der Frauen Menstruationsprobleme entwickelt haben; 18 Prozent der Frauen hatten Spontanaborte oder gebaren ein totes Kind. 30 Prozent klagten über andere Fruchtbarkeitsprobleme. Die Kinder, die in dieser Gegend geboren werden, leiden an Missbildungen, Leukämie, verformten Schädelknochen und beschädigten Organen.[39] Die mehr als 7000 Bergleute waren ebenfalls andauernd dem radioaktiven Risiko ausgesetzt.

Die lokale Bevölkerung hat sich gegen den Uranabbau und seine Gefahren organisiert. Einige der Forderungen dieser Protestbewegung lauten:

- Stopp der Atommülllagerung in der Region
- Einhaltung der internationalen Vorschriften im Umgang mit Atommüll
- eine Umsiedlung der Dörfer nahe bei den Absetzbecken
- medizinische Betreuung und Behandlung der Opfer der radioaktiven Risiken

Was den Ho und den Santhals in Jaduguda geschieht, ist auch den Navajo in den USA passiert. Joe Shirley junior, der Stammespräsident der Navajo, hat den Abbau von Uranium als »Genozid« bezeichnet. Robert Stewart senior, ein Navajo, der fünf Jahre lang im Uranium-Bergwerk gearbeitet hat, sagt: »Wenn man sich auf der Reservation umschaut, sieht man sehr viele ältere Menschen, die zum Krüppel gemacht worden sind und kaum mehr atmen können.«[40]

Im Jahr 2005 bannten die Navajo den Abbau auf ihrer Reservation, welche 70000 Quadratkilometer in den US-Bundesstaaten Arizona, New Mexico und Utah umfasst. In Australien, wo die größten Uraniumvorkommen der Welt liegen (40 Prozent der 3,5 Millionen Tonnen, deren Existenz gesichert ist), haben Umweltbewegungen die Unternehmen dazu gebracht, den Abbau auf 10 Prozent des Vorkommens zu beschränken. Und die australische Regierung hat das Vetorecht der Aborigines bezüglich Uranabbau auf ihrem Land anerkannt.[41]

»Sauberkeit« kann nicht nur am CO_2-Ausstoß gemessen werden. Sie muss alle ökologischen Risiken von der Wiege bis zum Grab miteinschließen. Der Umstand, dass erhöhter CO_2-Ausstoß den Klimawandel verursacht, macht die Kernenergie nicht auf einmal sicher. Wir müssen uns Energiealternativen zuwenden, welche ganzheitlich und langfristig sicher sind und welche die Möglichkeit zur Dezentralisation bieten.

Atomenergie ist weder sauber noch billig. In den USA kostet eine Einheit Atomenergie 0,067 Dollar, verglichen mit 0,042 Dollar für Kohlenenergie und 0,038 bis 0,056 Dollar für Erdgas. In Indien kostet die Erdgasenergieeinheit 1,2 Rupien, und die Atomenergieeinheit wird 30 Rupien kosten. Und auch wenn alle geplanten AKWs in Indien gebaut werden, wird die Atomenergie bloß 6,7 Prozent des Energiebedarfs des Landes decken – heute sind es 3 Prozent.

Um die fossilen Treibstoffe mit Atomenergie zu ersetzen, müsste die Welt in den nächsten 60 Jahren jede Woche einen neuen Reaktor bauen.[42]

Indien, eine Zivilisation, deren Tradition auf erneuerbare Energie und Artenvielfalt gründet, steht vor dem Scheideweg: Wird die Nation den Pfad der erneuerbaren Energie fortsetzen, der auf Artenvielfalt und Energieausgleich basiert, oder wird sie den nicht nachhaltigen Energieweg des Westens wählen, welcher nicht ohne fossile Energieträger und Atomenergie auskommt?

Historisch ist Indien nicht unter den CO_2-Verschmutzern der Welt zu finden. Die indische Kultur und Wirtschaftspolitik bevorzugte lokale, dezentralisierte und arbeitsintensive Wirtschaftsweisen. Die Globalisierung und die neoliberale Reform jedoch ersetzen das Erneuerbare durch Nichterneuerbares; die Menschen werden durch fossile Treibstoffe abgelöst; dezentralisierte und vielfältige Systeme werden im Verkehr, in der Produktion und in der Landwirtschaft durch zentralisierte und von Großunternehmen kontrollierte Monokulturen verdrängt. Dieser Trend erhöht nicht bloß die Risiken des Klimawandels, er besetzt auch den ökologischen Raum der indigenen Völker, Kleinbauern und Frauen.

1973 studierte ich Nuklearphysik. Eine meiner interessantesten Zeiten erlebte ich bei der Arbeit am Atomic Research Centre in Bombay mit dem experimentellen Schnellen Brüter. Aber ich gab die Karriere in Kernphysik auf, nachdem meine Schwester Mira, Ärztin von Beruf, mich auf den Boden der Realität zurückholte. Sie wies darauf hin, dass ich zwar über all die minutiösen Details der Energieumwandlung und Kettenreaktion Bescheid wusste, aber, was die atomaren Risiken anging, eine völlige Analphabetin war. Es war diese Lektion in Sachen Bescheidenheit, welche meiner beruflichen Umorientierung vorausging. Ich bewegte mich weg von den Wissenschaften, die Leben vernichten, und hin zu Wissenschaften, welche das Leben verteidigen. Die Verbindung zwischen Wissen und Macht wurde mir bewusster. Ich sah, wie soziale Unverantwortlichkeit in eine kriegs- und profitorientierte Wissenschaft fest miteingebaut war. Und ich erkannte, wie das ganze Fachgebiet die sozialen Konsequenzen der Forschung verschleierte und damit jede demokratische Kontrolle der gefährlichen Technologien verunmöglichte.

Das Kernenergieabkommen zwischen den USA und Indien, welches als Abkommen über »saubere Energie« angepriesen wird, ist eine Erweiterung der Kernkraft und des Verkaufs von Kernbrennstoff an Indien. Es ist auch eine Umkehr der 32-jährigen Isolation Indiens an der atomaren Front. In dem Vertrag, der 2005 unterzeichnet und 2006 während eines Besuchs von Präsident Bush in Indien endgültig abgesegnet wurde, verpflichten sich die USA zur Zusammenarbeit mit Indien, um diesem Land zur vollen zivilen Atomenergienutzung zu verhelfen; auch sollen Verbündete zum Nuklearhandel mit Indien ermuntert werden. Die Atomarisierung von Indiens Energie ist aber auch die Atomarisierung seiner militärischen Optionen. Die Atomkraft wird als »saubere Energie« angeboten, weil der Verbrennungsprozess nicht direkt CO_2 in die Atmosphäre entlässt. Der Atommüll bleibt in dieser Rechnung ebenso unberücksichtigt wie die wachsende Gefahr eines nuklearen Krieges. Im Grunde genommen besagt das Abkommen, dass ein nuklearer Winter besser sei als eine globale Erwärmung. Für eine zukunftsfähige Welt brauchen wir aber andere Alternativen, und diese Alternativen werden von den erneuerbaren Energien kommen.

Als Resultat des Abkommens erwarten US-Unternehmen Geschäftsabschlüsse im Wert von 100 Milliarden Dollar; Ziel ist die Produktion von 60 000 zusätzlichen Megawatt bis zum Jahr 2030. Unter dem Hyde Act, dem US-Gesetz, welches das US-indische Abkommen regelt, ist es Indien nicht erlaubt, nukleare Technologien selbst zu entwickeln. Indien ist lediglich Empfängerin dieser nuklearen Technologien und ihrer Energie. Die Nuklearwissenschaftler Indiens befürchten, dass das Land damit die Wahl seiner strategischen Möglichkeiten verlieren wird. Der Hyde Act besagt, dass die USA das Recht haben, alle nuklearen Betriebsanlagen und alles nukleare Material, das auf diesen Anlagen produziert wurde, zu konfiszieren, falls Indien einen nuklearen Sprengkörper detoniert. Diese Beschränkung bedroht Indiens Eigenständigkeit in der Frage der nuklearen Abrüstung und unterwirft die Interessen des Landes den Zielen der USA.[43]

Der störendste Teil des Abkommens zwischen den USA und Indien ist der Paragraf 123a(4). Er besagt: »Mit Ausnahme einer abgesprochenen Kooperation zwischen atomar bewaffneten Staaten gilt, dass die USA berechtigt sind, alles gemäß Abmachung gelieferte nukleare Material und alle Produktionsanlagen sowie alles nukleare Material, welches mithilfe dieser Anlagen produziert wurde, zurückzufordern, wenn der Vertragspartner einen atomaren Sprengkörper zündet.«

Diese viel diskutierte Vertragsklausel hebt de facto die Trennung in zivile und militärische Atomanlagen auf, welche den Kern des ursprünglichen indisch-amerikanischen Vertragswerkes zur Atomenergie ausmachte, dem sowohl Premierminister Manmohan Singh wie Präsident Bush zugestimmt hatten. 2007 beendeten die USA und Indien die Verhandlungen über den endgültigen Text des 123er-Abkommens. Entgegen früheren Versprechungen gegenüber dem indischen Parlament wurden die Verhandlungen ohne Beistimmung der Legislative abgeschlossen. Die wichtige Frage der Souveränität der Entscheidungsfindung war ganz klar geopfert worden. Die USA behalten sich die Rückforderung von nuklearer Technologie und nuklearem Material vor, wenn Indien einen atomaren Test ausführt. Bezüglich atomarer Tests der USA gibt es keine Vorschriften. In Wirklichkeit werden die USA die atomaren Entscheidungen Indiens kontrollieren. US-Unterstaatssekretär Nicholas Burns sagte in einem Interview:

»Zur Frage des Rückforderungsrechtes: Natürlich hat der US-amerikanische Präsident gemäß unserem Atomenergiegesetz das Recht, nukleare Brennstoffe und nukleare Anlagen zurückzuverlangen, wenn ein Test stattfindet. Dieser Rückforderungsanspruch ist, wie es unser Recht verlangt, vollständig erhalten worden. An der Art und Weise, wie wir die Rechte des amerikanischen Präsidenten und der amerikanischen Regierung verstehen, hat sich absolut nichts geändert. Es wird hier voll und ganz respektiert.«[44]

Nicht nur ist es den USA gelungen, Indien zu ihrem nuklearen Satelliten zu machen; sie sehen Indien auch als großen Absatzmarkt für das Waffengeschäft. Der indische Außenminister Shivshankar Menon bestritt zwar, dass Tür und Tor für den Waffenhandel geöffnet wurden, und sagte: »Dies ist ein Energieabkommen, wir haben über nichts anderes verhandelt.« Doch der indische Sicherheitsberater M.K. Narayanan, der ganz oben am Verhandlungstisch saß, deutete die Sache anders: »Ich nehme an, das Resultat des Nuklearabkommens ist eine veränderte Beziehung zwischen den beteiligten Staaten, und dies wiederum führt zu weiterer Zusammenarbeit.«

Der oben genannte Burns meinte zuversichtlich: »Ich denke, nun, da wir die zivile Nutzung der Kernenergie zwischen uns bereinigt haben, werden wir in Zukunft auch eine sehr viel engere militärische Zusammenarbeit zwischen den USA und Indien sehen, gemeinsame Ausbildungsmanöver zum Beispiel. Wir erhoffen uns auch Verkäufe von US-amerikanischer Militärtechnologie an die indische Armee.«[45]

Unter der Schutzbehauptung, »saubere Energie« zur Bewältigung des Klimawandels zu liefern, versuchen die USA, allfällige Ambitionen Indiens, ein Imperium von globaler Bedeutung zu werden, in Schach zu halten und gleichzeitig die atomare Aufrüstung voranzutreiben. Gemäß dem Nuklearabkommen wird der Spaltstoff aus Dhruva, der Produktionsstätte für waffenfähiges Plutonium, aus der Urananreicherungsanlage in der Nähe von Mysore und aus dem in Bau befindlichen prototypischen Schnellen Brüter zusammen mit acht weiteren Anlagen fähig sein, 1250 Kilogramm waffenfähiges Plutonium im Jahr zu liefern. Das ist genug, um 250 Bomben des Nagasaki-Typs zu bauen, wie die Expertenkommission International Panel on Fissile Materials bestätigt.[46]

Im indisch-amerikanischen Abkommen geht es nicht um Energie. Es ist ein Vehikel des nuklearen Rüstungswettlaufs – und die USA sitzen am Steuer. Der Vertrag behandelt ganz offensichtlich nicht bloß Energiefragen. Es geht auch um Außen- und Sicherheitspolitik. Und letztlich stehen Souveränität und Demokratie auf dem Spiel.

Geo-Engineering – mechanistische Lösungen für ein mechanisches Zeitalter

Fossile Energieträger trieben das mechanische Zeitalter an. Als die Maschinen, die mit nicht erneuerbarer Energie betrieben wurden, die erneuerbare Menschen- und Tierenergie ersetzten, geriet der Kohlenstoffzyklus der Atmosphäre aus dem Gleichgewicht. CO_2, das während Millionen von Jahren in fossilen Lagerstätten aufgehoben war, wurde auf einmal in die Luft entlassen. Während weniger Hundert Jahre verbreitete sich die Nutzung fossiler Brennstoffe von der Textilindustrie in alle Produktionszweige. Und da »Entwicklung« geradezu durch die Nutzung von fossiler Energie definiert wurde, wurden Gesellschaften, welche sich ursprünglich auf erneuerbare Energien stützten, zunehmend in die Abhängigkeit von fossilem Brennstoff gedrängt.

Die Ansammlung von Kohlendioxid in der Atmosphäre führte zu einem klimatischen Ungleichgewicht. Die mechanische Denkart, welche das Problem des Klimawandels verursacht hat, wendet jetzt dieselben mechanistischen Problemlösungsmethoden an, um den Klimawandel abzuschwächen. Diese mechanistischen Interventionen drohen noch mehr ökologische Verwerfungen und Störungen in die fragile Biosphäre zu bringen.

Eingriffe in die Prozesse von Gaia liegen dem Klimawandel zugrunde. Kurzsichtige Wissenschaftler bieten nun noch gewagtere Eingriffe als Lösungen an – in Unkenntnis der Auswirkungen, welche ihre technologischen Notlösungen auf die Stratosphäre und die Ozeane haben werden. Noch mehr Umweltverschmutzung ist für diese Wissenschaftler die Lösung des Problems.

An solchen Plänen herrscht kein Mangel. In einem Memorandum, das die US-Regierung an den Weltklimarat (IPCC) sandte, beschrieb Präsident Bush die »Modifizierung der Sonneneinstrahlung« als »wichtige Sicherheitsmaßnahme« angesichts der Gefahren des Klimawandels.[47] Ein Wissenschaftler aus Deutschland schlug vor, winzige sulfathaltige Aerosole zu versprühen, die das Sonnenlicht zurückspiegeln und so die Atmosphäre kühlen. Gemäß diesem Plan würden höhenlufttaugliche Ballone und Artilleriegeschosse Schwefeldioxid in die Atmosphäre bringen, wo sich das Schwefeldioxid in Sulfatteilchen umwandeln würde. Die Blockierung des Sonnenlichts würde 50 Milliarden Dollar im Jahr kosten. Die ökologischen Kosten wären noch viel höher. Jeder vernünftige Mensch, könnte man meinen, fände ein solches Basteln am Klima unverantwortlich. Doch der Atmosphärenchemiker und Präsident der US-amerikanischen Wissenschaftlervereinigung National Academy of Sciences, Ralph J. Cicerone, unterstützt solche Technologien: »Wir sollten diese Ideen wie jeden anderen Forschungszweig behandeln und ernst nehmen.«[48] Eine andere Idee, welche Cicerone ernst nimmt, ist die Installation von Billionen von Spiegeln, jeder mit etwa 60 Zentimeter Durchmesser, um das Sonnenlicht abzulenken. (Wenn einflussreiche Wissenschaftler die Idee des Geo-Engineering unterstützen, dann wird aus dem Absurden das Akzeptable.)

Diese Vorschläge behandeln die Sonne als Problem statt die industrielle Tätigkeit. Die Blockierung des Sonnenlichts wird das Wachstum der Pflanzen und die Fotosynthese beeinflussen. Partikelverschmutzung durch Sulfat wird ernsthafte Gesundheitsprobleme zur Folge haben. Solch reduktionistische technologische Notlösungen werden das

Klimachaos noch verschlimmern; sie schaffen keinen Klimaausgleich. Die Klimakrise, der wir gegenwärtig gegenüberstehen, ist das Resultat unbeabsichtigter Nebenwirkungen einer auf fossilen Brennstoffen basierenden Ökonomie. Wenn wir die Atmosphäre noch mehr verschmutzen, werden wir nur noch mehr unerwünschte Nebenwirkungen haben. Diese Technologie wird das Problem nicht lösen, sie wird neue Probleme schaffen. Die ETC Group, eine internationale Umweltschutzvereinigung mit Hauptsitz in Ottawa, Kanada, welche sich hauptsächlich mit der sozial verantwortlichen Technologieentwicklung befasst, stellt fest: » Das Geo-Engineering der Stratosphäre erlaubt der Wirtschaft, weiterhin die Atmosphäre zu verschmutzen. Aber es verschärft das potenzielle Problem, indem es absichtlich und massiv zur Teilchenverschmutzung beiträgt.«[49]

Andere Wissenschaftler, welche »die Verschmutzung als Lösung« propagieren, wollen Eisenpartikel in den Meeren platzieren, um so CO_2 abzuscheiden. Die Theorie besagt, dass das Eisen das Wachstum von Phytoplankton fördern wird; Phytoplankton besteht aus Mikroorganismen an der Meeresoberfläche, welche CO_2 durch Fotosynthese an sich binden. Phytoplankton oder Meeresalgen schlucken heute etwa die Hälfte allen Kohlendioxids, welches jährlich aus der Atmosphäre absorbiert wird. Die Befürworter der »Eisen-Pläne« denken, dass die Vermehrung des Phytoplanktons jährlich etwa 2 bis 3 Milliarden zusätzliche Tonnen CO_2 binden wird – das heißt 30 bis 50 Prozent des CO_2-Ausstoßes von Industrien und Autoverkehr. Die ETC-Gruppe berichtet, dass die von den USA geleiteten Geo-Engineering-Experimente Ironex I und Ironex II, welche etwa 64 Quadratkilometer des Meeres in der Nähe der Galapagosinseln mit Eisenpartikeln ausgelegt hatten, tatsächlich zu einem massiven Algenblühen geführt hatten. Ein anderes Projekt namens SOIREE (Southern Ocean Iron Release Experiment Expedition) verbreitete die Eisenteilchen über 50 Quadratkilometer, aber das daraus resultierende Phytoplanktonaufkommen ging weit über die Testfläche hinaus und erstreckte sich über 1100 Quadratkilometer des Meeres.[50]

Diese Millionen Tonnen Eisen werden das Algenwachstum fördern, aber sie könnten dabei anderes Meeresleben töten. Die SOIREE-Forscher mussten eingestehen: »Eisendüngung im großen Stil würde vermutlich wesentliche Änderungen der natürlichen Ökosysteme in der ursprünglichen Umwelt bewirken.«[51] John Martin, ein Wissenschaftler an den Moss Landing Maritime Laboratories in Kalifornien, welcher 1991 als Erster die »Eisen-Hypothese« vertrat, sagte einmal, mit einem halben Tankschiff voll Eisen könnte er eine neue Eiszeit schaffen. Aber ist eine manipulierte Eiszeit wirklich die Antwort auf die globale Erwärmung? Noch während John Martin für die Eisenteilchen warb, kündigte Kenneth Coale, der Leiter des Experiments, an, dass die Eisendüngung theoretisch Teile des Pazifiks steril, also unfruchtbar machen könnte.[52] Ohne Rücksicht auf dieses Risiko plant die Firma Green Sea Ventures einen groß angelegten Versuch, bei dem Eisen über 13 000 Quadratkilometer Meeresoberfläche verteilt wird, um schließlich 100 000 bis 200 000 Tonnen CO_2 binden zu können. Green Sea Ventures hat die Eisendüngung des Meeres zwecks CO_2-Abscheidung sogar patentieren lassen. Eine weitere kalifornische Firma, Climos, verkauft die Eisendüngung des Meeres sogar unter dem Etikett »CO_2-Ausgleich«.

Die Unternehmen, welche diese Projekte vorantreiben, erwarten einen jährlichen Gewinn von bis zu 75 Milliarden

Euro. Doch wie mit allen reduktionistischen Technologien und Marktlösungen schließt diese Rechnung die negativen Auswirkungen auf die Nahrungsketten und die biogeochemischen Kreisläufe der Gaia nicht mit ein. Wer am Meer oder an der Stratosphäre herumbastelt, tut einen weiteren Schritt in Richtung Privatisierung der öffentlichen Güter dieser Erde. Um die Erde vor Geo-Engineering zu schützen, hat die ETC-Gruppe die UNO gebeten, die Umweltschutzgesetzgebung (Environmental Modification Treaty), die 1978 von der Generalversammlung beschlossen worden war, zu bestätigen und auszuweiten. An der 9. UNO-Konferenz zum Artenschutz im Jahr 2008 wurde einstimmig ein »de-facto-Moratorium« in Sachen Meeresdüngung unterzeichnet. Obwohl 191 Staaten einem Stopp dieser Aktivitäten zugestimmt haben, fördern die USA, welche nicht Unterzeichner der Konvention sind, weiterhin die Meeresdüngungsforschung.[53]

Mit Gaia herumzuspielen wie mit Legoklötzchen, das kann nicht die angemessene Antwort auf Umweltprobleme sein in einer Zeit, in der die menschlichen Ein- und Übergriffe auf die lebendigen Systeme der Erde unser Überleben akut bedrohen. Das mechanische Denken kann die Probleme des mechanischen Zeitalters nicht lösen.

Globalisierung als Auslagerung der Schadstoffbelastung

Die Liberalisierung des Handels und die wirtschaftliche Globalisierung tragen hauptsächlich auf zwei Arten zur Klimaveränderung bei. Erstens ziehen ressourcen- und energieintensive und schadstoffbelastete Industrien in Länder wie Indien ein. In Indien sehen wir beispielsweise ein explosionsartiges Wachstum bei der Produktion von Stahl, Aluminium und Eisenschwamm, ebenso in der Automobilherstellung und bei der petrochemischen Industrie – alles Produktionszweige, die zu einem Anstieg des CO_2-Ausstoßes führen. Zweitens sehen wir eine Zerstörung der lokalen Ökonomien und der lokalen Produktion. Als Resultat davon wird mehr Kohlendioxid in die Atmosphäre entlassen, um dieselben menschlichen Bedürfnisse zu erfüllen. Die Bürde der globalen industriellen Produktion wird heute von Schwellenländern wie Indien getragen, und dank einer verzerrten Perspektive dient die zunehmende Umweltverschmutzung auch noch als Beweis für Indiens »positive« Entwicklung. Diese Politik ist Teil einer neuen globalen ökologischen Apartheid, in der schädliche und schmutzige Industrien in den Süden verschoben werden. Das war schon Lawrence Summers' Plan, als er Chefökonom bei der Weltbank war.

1991 schrieb Lawrence Summers in einem Memorandum an die Spitzenleute der Weltbank: »Unter uns gesagt: Sollte die Weltbank nicht vermehrt die Verlagerung von schmutzigen Industrien in die weniger entwickelten Länder fördern?«[54] Summers begründete die ökonomische Logik der Verschmutzung von Drittweltländern dreifach. Erstens: Weil die Löhne im Süden tief sind, werden auch die durch die Verschmutzung verursachten ökonomischen Kosten – zunehmende Krankheiten und Todesfälle – in den ärmsten Ländern am tiefsten ausfallen. Gemäß Summers ist »die ökonomische Logik hinter der Entsorgung einer Ladung giftigen Abfalls im Land mit den niedrigsten Löhnen untadelig, und wir sollten uns dazu Gedanken machen.« Zweitens: In vielen Teilen des Südens ist die Schadstoffbelastung immer noch gering, und es macht deshalb für Summers ökonomisch Sinn, die Umweltverschmutzung da einzuführen. Er schreibt: »Ich bin immer davon ausgegangen, dass unterbevölkerte Länder in Afrika in beträchtlichem Ausmaß unterverschmutzt sind, das Ausmaß ihrer Luftverschmutzung ist vermutlich vernachlässigbar, verglichen mit Los Angeles oder Mexiko City.« Und schließlich, argumentiert er, seien die Armen arm und würden sich deshalb kaum um Umweltprobleme Sorgen machen. »Die Bedenken wegen eines Wirkstoffs, der mit einer Wahrscheinlichkeit von eins zu einer Million Prostatakrebs verursacht, sind offensichtlich viel höher in einem Land, in dem die Leute überhaupt lange genug leben, um an Prostatakrebs erkranken zu können, als in einer Region, wo 200 von 1000 Kindern sterben, bevor sie 5 Jahre alt sind.«

Summers befürwortete den Transfer von risikoreichen und schädlichen Industrien in den Süden, weil in einem engen ökonomischen Denken das Leben selbst in den armen Ländern billiger ist. Doch egal wie die Ökonomen das Leben bewerten, alles Leben ist wertvoll. Es ist ebenso wertvoll für die Reichen wie für die Armen, für die Weißen wie die Schwarzen, die Männer wie die Frauen.

Die Auslagerung der schmutzigen Industrien nach Indien erhöht den Druck auf das Land, das Wasser und die Wälder; Ressourcen, von denen die Kleinbäuerinnen und die indigene Bevölkerung abhängig sind. Und wie der Aufstieg der indischen Unternehmer Lakshmi Mittal, Mukesh und Anil Ambani und K.P. Singh – sie sind nun unter den reichsten Personen der Welt – zeigt, macht diese Entwicklung bloß die Reichen reicher. Diese Großindustriellen haben ihren Reichtum durch Landraub von den Armen vermehrt. Während das Reichtumsgefälle zwischen den Unternehmern des Nordens und des Südens reduziert wird, nimmt die Ungleichheit in der ganzen Welt und in Indien selbst zu.

Globalisierung, Gerechtigkeit und Klimawandel

Der aktuelle Klimawandel hat globale Ursachen und globale Auswirkungen. Die Wirtschaftsglobalisierung hat die energieintensive Produktion in Länder wie China verschoben, das nun die Gestelle der westlichen Supermärkte mit billiger Ware füllt. Die Unternehmen und die Konsumentinnen und Konsumenten des Nordens tragen also die Verantwortung für die zunehmenden Emissionen in den Ländern des Südens.

In einer globalisierten Wirtschaft hilft es wenig, die Schadstoffbelastung mittels Emissionswerten für jedes einzelne Land zu regeln. Oft sind es gar nicht die Bürger und Bürgerinnen eines Landes, welche die Umweltverschmutzung hauptsächlich verursachen. Als Folge seiner Rolle als Weltfabrik ist in China der Anteil des CO_2-Ausstoßes am Welttotal von 13,8 Prozent im Jahr 2005 auf 22 Prozent im Jahr 2006 gestiegen. China hat die USA überholt und ist jetzt der größte CO_2-Produzent. 6,2 Milliarden Tonnen CO_2 wurden 2006 in China ausgestoßen; in den USA waren es 5,75 Milliarden Tonnen. Pro Kopf der Bevölkerung gerechnet waren es in den USA jedoch 22 Tonnen CO_2, verglichen mit 4,7 Tonnen in China.[55]

Ein Großteil von Chinas 5,75 Milliarden Tonnen CO_2-Ausstoß könnte als USA-Emissionen ausgelegt werden. Schließlich haben US-Firmen die Produktion nach China ausgelagert, und zwar die Produktion von Dingen, welche am Ende in den USA konsumiert werden. Wal-Mart ersteht die meisten seiner Verkaufsgüter in China. Der Journalist Charles Fishman berichtet:

»Wal-Mart, ein Unternehmen, das seine Ware in den 1990er-Jahren unter dem Slogan ›Kauf amerikanisch‹ anbot, verdoppelte seine Importe aus China zwischen 1997 und 2002 auf 12 Milliarden Dollar. In den nächsten zwei Jahren steigerte Wal-Mart die chinesischen Importe nochmals um 50 Prozent. Im Jahr 2004 brachte der Detailhändler und seine Zulieferer chinesische Güter im Handelswert von 18 Milliarden Dollar in die USA.«[56]

Konsumausgaben machen zwei Drittel der US-Wirtschaft aus, und Wal-Mart dominiert den Einzelhandel. Zwischen 1997 und 2004 verringerte sich die Zahl der Arbeitsstellen in der Produktion in den USA um 20 Prozent. Im gleichen Zeitraum nahmen die chinesischen Importe bei Wal-Mart um 200 Prozent zu.[57] Die Amerikanerinnen und Amerikaner konsumieren sich um ihre Jobs. Und die »täglich tiefsten Preise« bei Wal-Mart rechnen die Kosten des Klimawandels und die Kosten für die Belastung von Land, Wasser und Luft in China nicht mit ein. Im Juni 2007 sagte Qin Gang, ein Sprecher des chinesischen Außenministeriums: »China ist jetzt die Produktionsstätte der Welt. Entwickelte Länder haben einen Großteil ihrer Produktion nach China verlagert. Die Kleider, die viele westliche Konsumenten tragen, ihre Wohnungseinrichtungen und sogar ihr Essen werden in China hergestellt.«[58] Die Auslagerung der Produktion lagert auch die Umweltverschmutzung aus, aber nicht die Profite. Der CO_2-Fußabdruck sollte gegen die Gewinne der produzierenden Unternehmen aufgerechnet und nicht dem Land zugeteilt werden, das die Bürde der Schadstoffbelastung trägt.

Im Umweltbericht »Coming Clean: Revealing the UK's True Carbon Footprint« der britischen Entwicklungsorganisation Christian Aid steht: »Während bloß 2,3 Prozent der weltweiten CO_2-Emissionen aus der landesansässigen Wirtschaft Großbritanniens stammen, wird durch den Prozess der Globalisierung im Auftrag Großbritanniens CO_2 in China, Indien, Afrika und sonst wo ausgestoßen.«[59] Niemand vermag den globalen CO_2-Fußabdruck der britischen Großunternehmen exakt zu benennen, aber man schätzt, dass der Schadstoffausstoß, der dem weltweiten Konsum der 100 wichtigsten britischen Wirtschaftsprodukte angelastet werden kann, etwa 12 bis 15 Prozent des Welttotals beträgt.[60] Die armen Landbewohner in China und Indien verlieren ihren Boden und ihre Existenzgrundlagen, um einer energieintensiven Industrialisierung Platz zu machen. Diese Menschen als Verschmutzer anzuprangern, wäre doppelt kriminell. Unternehmen, nicht Nationen, sind die richtige Adresse für die Regelung der Verschmutzung der Atmosphäre in einer globalisierten Wirtschaft.

Bisher hat der Emissionshandel die Verschmutzer belohnt, indem ihnen Emissionsgutschriften zugeteilt wurden. Und diese Zertifikate haben ihnen erlaubt, ihre Emissionen noch zu erhöhen, statt sie zu reduzieren.

Wir brauchen eine CO_2-Steuer für Unternehmen – sowohl für ihre Produktionsstätten, unabhängig davon, wo die Anlagen stehen, wie auch für den Transport. Die globale Wirtschaft zerstört die lokale Produktion und führt dazu, dass alles und jedes über lange Distanzen transportiert wird. Der Güterverkehr wird subventioniert, während die lokale CO_2-arme Produktion und Verteilung benachteiligt wird. Die hohen Schadstoffbelastungen durch den Langstreckengüterverkehr sind im Kioto-Protokoll ganz und gar vernachlässigt worden. Die Welthandelsorganisation WTO hat mit der Förderung des Langstreckengüterverkehrs eine riesige Zunahme von CO_2-Schadstoffen verursacht. Das ist eine Entwicklung, die unter den Vorgaben zur Schadstoffreduktion nicht einmal aufgeführt wird.

Wir brauchen uns nicht um das unvermeidliche Geschrei der Wirtschaft zu kümmern, die behauptet, dass Regulierungen den Markt zerstören. Schließlich spielt die Regierung auch bei »Marktlösungen« wie dem Emissionshandel eine Rolle. Der CDM-Teil dieses Emissionsgeschäfts, der sich auf umweltfreundliche Entwicklung bezieht, ruft sogar nach der UNO. Statt den Handel mit Schadstoffen zu regulieren (also fröhlich fiedeln, während Rom brennt), könnten die Regierungen und die UNO eine Steuer auf die Nutzung von fossilen Brennstoffen erheben und Anreize für die Verwendung erneuerbarer Energie anbieten. Wir können entweder die Bedingungen für menschliches Leben auf unserem Planeten zerstören, indem wir uns an die fundamentalistische Idee des »freien Marktes« klammern. Oder wir können unsere Zukunft sichern und Klima-Gerechtigkeit schaffen, indem wir fordern, dass sich die Geschäftswelt an die Gesetze der ökologischen Nachhaltigkeit und der sozialen Gerechtigkeit hält.

Der globale Fußabdruck auf Indiens Boden

In dem Ausmaß, wie der Ressourcenbedarf der Globalisierung zunimmt, hat sich der Boden, der Landbesitz, als Schlüsselkonflikt entpuppt. In Indien sind 65 Prozent der Bevölkerung direkt abhängig vom Land. Zur gleichen Zeit beansprucht die globale Wirtschaft, angetrieben durch die Finanzspekulation und den grenzenlosen Konsumismus, dasselbe Land für den Bergbau und die industrielle Produktion, für Städte, Autostraßen und die Biobrennstoffplantagen. Die spekulative Ökonomie der globalen Finanzwirtschaft ist mehrere Hundert Mal so groß wie der Wert der realen Güter und Dienstleistungen, die auf der ganzen Welt produziert werden. Das Finanzkapital sucht hungrig nach Investitionsmöglichkeiten und will Gewinne aus diesen Investitionen sehen. Es muss alles und jedes auf diesem Planeten in Ware umwandeln – Boden und Wasser, Pflanzen und Gene, Mikroben und Säugetiere. Die Kommodifizierung von Boden treibt den unternehmerischen Landraub in Indien voran – sei es durch die Schaffung von Sonderwirtschaftszonen oder durch ausländische Direktinvestitionen in Grund und Boden.

Dazu kommt, dass die globale Wirtschaft, die sich auf grenzenlosen Konsum gründet, einen unersättlichen Appetit auf natürliche Ressourcen hat. Als Folge der Handelsliberalisierung hat sich dieser Landhunger zunehmend den Ländern des Südens zugewendet. Und im Süden selbst ist das Land der indigenen Bevölkerung und der Bäuerinnen und Bauern am meisten gefragt. Wenn die Globalisierung den Luxuskonsum der Reichen mehrt, steigt auch die Nachfrage nach Autos. Mehr Autos bedeuten mehr Autofabriken, mehr Eisen- und Bauxit-Abbau und mehr Stahl- und Aluminiumproduktion. Die Landnahme für den Bergbau und die industrielle Produktion hat große Konflikte ausgelöst. Man denke etwa an den Bauxit- und Eisenerzabbau und die Stahlwerke in Orissa oder an die Automobilfabriken von Ford in Tamil Nadu und Tata in Westbengalen.

2007 kündigte Indiens Premierminister einen Zehnjahresplan in Sachen Autoproduktion an. Ziel war es, Indien zu einer globalen Drehscheibe für die Automobilproduktion sowie das Design und die Herstellung von Autoteilen zu machen. Angepeilt wurde ein Umsatz von 145 Milliarden Dollar bis ins Jahr 2016. Sonderzonen für den Fahrzeugbau, sogenannte Automotive Zones, sollen nach dem Vorbild der bisherigen wirtschaftlichen Sonderzonen in Chennai, Mumbai und Kolkata entstehen.

Der Plan sieht eine Steigerung der Autoproduktion von 10 Millionen auf 50 Millionen Fahrzeuge pro Jahr vor (gegenwärtig beläuft sich die jährliche Autoproduktion weltweit auf 66 Millionen).[61] Angesichts von Klimakrise und Peak Oil müssten wir andere Optionen ins Auge fassen als Öl und Privatverkehr. Doch die Globalisierung stürzt Indien kopfvoran in das Autogeschäft. Einerseits soll Indiens Elite selber zu einem Markt für Privatfahrzeuge werden, und andererseits sollen indischer Boden, indische Bodenschätze, indische Produktionskraft und Energie als »ökologische Subvention« für die globale Produktion herhalten. Wenn schon die heutigen Stahlwerke in Orissa und die Automobilfabriken in Kolkata und Chennai große Landkonflikte auslösen, wie viel mehr solche Konflikte wird es geben, wenn Indien seine Automobilproduktion in diesem Jahrzehnt tatsächlich verfünffachen sollte?

Die Befürworter der »Industrialisierung« müssen begreifen, dass wir fünf Planeten brauchen würden, wenn die ganze Welt Ressourcen und Energie auf US-amerikanischem Niveau konsumieren wollte. Die indischen Bäuerinnen und Bauern können den ökologischen Fußabdruck eines nicht nachhaltigen Modells globaler Produktion und globalen Konsums unmöglich alleine tragen.

Die proindustriellen Kräfte liefern zwei falsche Argumente, um den Landraub zu rechtfertigen. Das erste besagt, die Landwirtschaft sei unrentabel geworden und die Bauern sollten ihr Land verlassen. Doch für die Bäuerinnen und Bauern ist das Land kein Gefängnis, aus dem sie zu einem industriellen Job entfliehen müssten. Das Land ist ihr Rückhalt, ihre Lebensgrundlage, ihre Sicherheit, ihre Identität. Der prekäre Zustand, in dem sie sich befinden, ist die Folge der Industrialisierung der Landwirtschaft. Die hohen Preise für Input wie Saatgut und Kunstdünger treiben die Produktionskosten hinauf. Gleichzeitig drückt der liberalisierte Handel auf die Preise für die Erzeugnisse. Das Resultat ist eine negative Ökonomie, mit Betriebskosten, welche die Erträge übersteigen und die Bauern in Schulden und Selbstmord stürzen. Es gibt jedoch Alternativen zu dieser negativen Ökonomie – die Produktionskosten lassen sich durch eine selbstbestimmte Nutzung von Saatgut und ökologische Anbaumethoden reduzieren. Auch lassen sich die Erträge durch einen fairen und gerechten Handel erhöhen. Wir haben dies mit unserer Landwirtschaftsvereinigung Navdanya erreicht. Es gibt keinen Grund, weshalb den Bauern der Wohlstand und die Würde vorenthalten werden sollten, die sie als unsere Annadatas, unsere Nahrungslieferanten, verdienen.

Das zweite Argument zur Rechtfertigung des Landraubs besagt, Indien müsse sich »industrialisieren«, um wirtschaftliches Wachstum zu haben. Der indische Aktivist Jayaprakash Narayan schrieb: »Mit der Verringerung des Bruttoinlandprodukts werden eine stärkere Industrialisierung und eine Verschiebung der beruflichen Schwerpunkte zwingend nötig. Indien kann nicht weiterhin eine weitgehend ländliche Wirtschaft pflegen, wenn es ehrgeizige Ziele bezüglich schnellem Wachstum und globaler Machtposition hat.«[62] Die Finanzzeitschrift *Economist* folgerte, die indischen Kleinbauern könnten dem Selbstmord entkommen, wenn sie »dem Boden entkommen können«.[63] Doch das heutige Wirtschaftswachstum ist ein stellenloses Wachstum, es ist nicht arbeitsintensiv und bringt kaum neue Arbeitsplätze. Indien wird keine »Supermacht« sein, wenn Millionen von Menschen durch den Landraub mittellos gemacht worden sind. Die Sonderwirtschaftszonen, ein bevorzugtes Mittel der Industrialisierungsbefürworter, dienen den Immobilienhändlern und Bauherren und dem Sektor Informationstechnologie. Das sind alles bereits wachsende Industriezweige, die keine Grundbedürfnisse abdecken. Doch keine Gesellschaft kann eine Post-Nahrungsgesellschaft werden. Wenn Indien sein fruchtbares Land zubetoniert und das Kleinbauerntum zugunsten einer spekulativen Wirtschaft aufgibt, dann gibt es in andern Ländern nicht genug Land, um Indiens Bevölkerung, eine Milliarde Menschen, zu ernähren. Land ist nicht ausdehnbar. Fruchtbares Land ist eine sehr wertvolle und sehr knappe Ressource. Sie muss geschützt und erhalten werden: als Guthaben der Bauern und als nationales Erbe, das zukünftigen Generationen übergeben werden kann. Es darf nicht zerstört werden in einer Springflut von kurzfristiger Profitgier und Spekulation, welche den unternehmerischen Landraub antreibt. Der Klimawandel und die drohende Ölverknappung sollten uns aufrütteln und hellhörig machen für die Folgen, die wir durch die Zerstörung von lokalen Nahrungswirtschaften anrichten.

Obwohl die Umsiedlung schmutziger Industrien in den Süden eine Strategie des Nordens ist, wird sie in Indien als

»unabhängige« und »autonome« Entscheidung angepriesen. Buddhadeb Bhattacharya, Oberster Minister von Westbengalen, zum Beispiel sagt: »Dass 63 Prozent der Bevölkerung weiterhin von der Landwirtschaft als Existenzgrundlage abhängig sind, ist ein Zeichen für Rückständigkeit. Sollten wir zufrieden sein mit ›nur‹ 62 Prozent Landwirtschaftsland und 24 Prozent Land für Industrie und Städtebau? Wollen wir nicht neue Städte und neue Fabriken? Von der Landwirtschaft zur Industrie, von den Dörfern zur Stadt – das ist der Weg der Zivilisation.«[64]

Doch eigentlich ist nichts Unvermeidliches oder Evolutionäres am Umzug der Menschen vom Dorf in die Stadt: Brasilien zum Beispiel gab die Kleinbauern auf, während Indien Maßnahmen zur Erhaltung kleiner Bauernbetriebe beschloss. Dass 60 Prozent der indischen Bevölkerung immer noch auf dem Land leben, ist die Folge einer bewussten und aufgeklärten Politik und nicht ein »Zeichen für Rückständigkeit«. Im Gegenteil, angesichts von Klimaveränderung, Peak Oil und dem Ende der billigen fossilen Treibstoffe diskutieren Menschen in der industrialisierten Welt über eine »Re-Ruralisierung«, eine Rückkehr zum Land; wenn so die Nahrungstransporte verkürzt werden könnten, würden auch die Schadstoffemissionen und die Abhängigkeit vom Erdöl reduziert. Wir können nicht ohne Nahrung leben. Wenn wir uns den Transport von Lebensmitteln über Tausende von Kilometern nicht mehr leisten können, dann ist die Lokalisierung der Nahrungsmittelproduktion die einzige Alternative. Wo die ortsansässigen Bauern durch die Industrialisierung der Landwirtschaft vertrieben wurden, ist die Wiederbelebung von kleinen lokalen Bauernbetrieben ein Kernstück jeder Politik, die auf Nahrungsmittelsicherheit, Umweltsicherheit und Energiesicherheit abzielt. Indiens lokale, dezentrale und ländliche Wirtschaftsweisen verschaffen dem Land einen Vorsprung beim Übergang in eine postfossile Energienutzung und der ökologischen Eindämmung und Anpassung an das veränderte Klima.

Indien befindet sich heute energiepolitisch an einem Scheideweg. Entweder nutzt diese große Zivilisation ihre verschiedenen erneuerbaren Energien – ihre kulturelle Energie, die Energie ihres Volkes, die Sonnenenergie, die Energie der Tiere, die Energie, die aus der Artenvielfalt und der Biomasse gewonnen werden kann. Oder aber Indien wird durch die Sucht nach fossilen Brennstoffen verzehrt, und seine Elite geht Hand in Hand mit der globalen Elite daran, die ländlichen Gemeinschaften zu entwurzeln, was die Klimakrise noch verschärfen wird.

Indem Länder wie Indien und China die Ressourcen ihrer eigenen Bevölkerung – Land, Wasser, Artenvielfalt – und die Arbeitskraft ihrer Bevölkerung einsetzen, um für den globalen Supermarkt zu produzieren, subventionieren sie diese globale Produktion und den globalen Konsum sowohl ökologisch als auch sozial. Diese Subventionen umfassen das Land, das den Bauern weggenommen wurde; die Wälder, aus denen die indigene Bevölkerung vertrieben wurde; die Souveränität und Demokratie, die den Bürgerinnen und Bürgern geraubt wurde. Doch weil die Regierungen des Südens – wie diejenigen des Nordens – so sehr durch die wirtschaftlich Mächtigen und das Kapital beeinflusst werden, präsentieren sie im Interesse dieser Unternehmen »das Recht auf Emissionen« als »Recht auf Entwicklung«.

Ma Kai, Vorsitzender des chinesischen Wirtschaftsplanungsgremiums, sagte, dass eine verbindliche Obergrenze für den Schadstoffausstoß eine Barriere für den Fortschritt und die Industrialisierung von Entwicklungsländern darstellen würde. Für China sei »die erste und vorherrschende Sorge die wirtschaftliche und gesellschaftliche Entwicklung und die Beseitigung von Armut«.[65]

Auch in Indien hat »Wachstum« höchste Priorität. Indien strebt mittels Wirtschaftsglobalisierung eine jährliche Wachstumsrate von 10 Prozent des Bruttoinlandprodukts an. Doch der Klimawandel, der durch solches Wachstum mitverursacht wird, könnte 9 Prozent des BIP kosten und somit das Wachstum selbst und vieles mehr zunichtemachen.

Indien kann die Welt auf dem Weg zu einer »Post-Erdöl«-Zukunft mit niedrigem CO_2-Ausstoß anführen, gerade weil es eine noch weitgehend ländliche Wirtschaft mit vielen Kleinbauern hat. Ein Großteil von Indiens Energie ist heute noch erneuerbar. Doch durch den Druck der Globalisierung stürzt sich Indien kopfvoran in eine Erdölwirtschaft und zerstört die auf Artenvielfalt gründende Wirtschaftsweise der ländlichen Gegenden und Menschen. Statt bei der Eindämmung der Klimaveränderung eine führende Rolle einzunehmen, steckt Indien lieber wie ein Strauß den Kopf in den Sand. Die indische Tageszeitung *Express* berichtet:

»Indien hat sich darauf konzentriert, der Welt mitzuteilen, dass es anders ist und andere Prioritäten hat als andere Länder. Als Nick Stern im Dezember 2006 in einer Zusammenfassung seines Berichts die ökonomische Auswirkung des Klimawandels präsentierte, reagierte Indien mit einem Gegenbericht indischer Ökonomen, die behaupteten, dass es für dieses Land keinen Grund gebe, bindenden Emissionsvorschriften zuzustimmen, und dass es wichtiger sei, inländische Ziele wie die Tilgung der Armut im Auge zu behalten.«[66]

Die Lösungsansätze für das Problem Klimawandel und für Armut sind die gleichen: die Verbesserung und Förderung von Lebensgrundlagen und Arbeitsverhältnissen sowie von Produktions- und Konsummustern, die von den Menschen ausgehen und nicht von den fossilen Brennstoffen. Wenn wir Nahrung, ökonomische Gerechtigkeit und eine faire Energieverteilung wollen, braucht es mehr Kleinbauern, nicht weniger. Es braucht mehr Lokalisierung und weniger Globalisierung bei der Produktion von Grundnahrungsmitteln. Kleine, ökologisch geführte Betriebe und lokale Lebensmittelmärkte sind Lösungen für den Süden und den Norden. In den Ländern des Südens, in Indien zum Beispiel, ist es ein Gebot des Klimaschutzes, die kleinen Betriebe und Bäuerinnen zu schützen. Indien muss die Spielregeln einer Handelsordnung ändern, die Millionen von Bäuerinnen und Bauern in die Schulden und Hunderttausende in den Selbstmord treibt. Es ist unabdingbar, den Landraub für die Sonderwirtschaftszonen zu stoppen.

Auch in den Ländern des Nordens ist es ein ökologisches Gebot, die lokalen Bauernhöfe und Lebensmittelmärkte wiederzubeleben.

Wir können unseren ökologischen Fußabdruck und die wirtschaftliche Ungleichheit reduzieren und die Lebensqualität verbessern, wenn wir die kleinen Höfe und die lokale Nahrungsproduktion im Süden und im Norden schützen. Nahrungsdemokratie ebnet den Weg zu einer gerechten Energieverteilung angesichts des Klimachaos.

Wie wir unsere Nahrung produzieren und verteilen, ist Teil der Klimapolitik. Wie das Land genutzt wird und wie der Landbesitz verteilt wird, ist Teil der Klimapolitik.

Die Klimapolitik beschäftigt sich nicht bloß mit dem, was

in und mit der Luft geschieht. Denn die Luftqualität ist abhängig von dem, was mit dem Boden geschieht. Und diejenigen, welche das Land und das Wasser der Armen schon längst kontrollieren und monopolisieren, privatisieren nun auch die Luft. Erst tun sie das durch die Luftverschmutzung und dann gleich nochmals durch die »Marktlösungen« für den Klimawandel.

Ein Klima der Gerechtigkeit

Um Nachhaltigkeit zu erlangen, müssen Energiesysteme in der Gesellschaft und im Ökosystem eingebettet sein. Sie können im sozialen Sinn nur dann als nachhaltig bezeichnet werden, wenn sie den ökologischen Raum der Armen nicht besetzen und einhegen und wenn sie zu einer gerechten Energieverteilung führen. Im ökologischen Sinn sind sie nachhaltig, wenn sie den Umstieg auf dezentralisierte Wirtschaftsweisen fördern, welche die Umwelt wenig belasten, und wenn sie nicht das Risiko von atmosphärischer oder nuklearer Verschmutzung mit sich bringen. Die ökologische Demokratie muss den Rahmen für die Wahl nachhaltiger Energien bilden.

Das Klimachaos wird sogar vom Establishment als ernsthafte Herausforderung für die Menschheit gesehen. Der Weltklimarat (IPCC) hat kategorisch festgehalten, dass der Klimawandel, den wir gegenwärtig erleben, eine Folge menschlicher Aktivitäten ist. Die menschlichen Aktivitäten, die dafür verantwortlich sind, haben alle mit der Nutzung fossiler Brennstoffe zu tun. Wir entlassen mehr CO_2 in die Atmosphäre, als der Planet absorbieren und wiederaufbereiten kann.

Man ist sich einig, dass wir die Erderwärmung auf höchstens 2 Grad Celsius beschränken müssen, wenn wir eine katastrophale Klimaveränderung vermeiden wollen. Doch die meisten »Lösungen« zur Reduktion von Emissionen erhalten die energieintensiven Produktions- und Konsummuster oder weiten sie gar noch aus. Es gibt einen tiefen Graben zwischen dem Bestreben, den CO_2-Ausstoß um 80 bis 90 Prozent zu reduzieren, und den Schritten, die es dazu braucht.

Die Klimaveränderung hängt klar mit der Energiefrage zusammen. Doch ist sie auch ein Problem unserer Wirtschaftsweise: Wie Güter produziert und verteilt werden, wie unsere Häuser und Städte geplant werden, wie unsere Nahrung und Kleidung hergestellt werden, wirkt sich auf das Klima aus. Doch die Globalisierung und die Industrialisierung werden in den Verhandlungen und Diskussionen zum Klimawandel nicht einmal erwähnt. Das Problem der Überausbeutung und des Überkonsums von Energie wird vermieden, ebenso wie die Ungerechtigkeit gegenüber den Armen und allen Lebewesen, deren Häuser und Habitat, deren Leben und Zukunft geopfert werden, um Energie und Ressourcen für eine globalisierte, konsumistische Wirtschaft zu gewinnen. Die Debatte ist von Themen wie Klimagerechtigkeit, Energiegerechtigkeit und Umweltgerechtigkeit abgelenkt worden – alles Bereiche einer Philosophie, die ich Erddemokratie nenne. Die Klimadebatte wurde auf Probleme und Lösungen aus der Sicht der Reichen und der industrialisierten, urbanisierten Gesellschaften verengt.

Aus der Sicht der Reichen heißt das zu lösende Problem: Wie kann das Erdölvorkommen der Welt (durch Militarisierung) kontrolliert werden; und wie kann man gleichzeitig Alternativen zum Erdöl finden, bevor das Erdöl ausgeht und der Klimawandel die herrschende soziale Ordnung zerstört.

Dies ist jedoch eine reduktionistische Analyse, welche zu reduktionistischen Lösungen führt. Die erste Reduktion geschieht im Verständnis von Energie. Energie, eine multidimensionale Kategorie, wird auf industriell zu konsumierende Energie reduziert – Energie als Elektrizität oder als Brennstoff. Und die Gesellschaft in aller ihrer Vielfalt wurde auf die Gesellschaft der Reichen, speziell der Reichen in reichen Ländern, reduziert. Außen vor bleibt die Energie, welche nicht industriell genutzt werden kann – die kreative Energie des Universums. Nicht berücksichtigt werden Gaias selbstgesteuerte Energie und die menschliche Energie, zu arbeiten und zu produzieren, zu organisieren und zu gestalten. Ebenfalls ausgelassen ist die Perspektive der Armen – vor allem der Armen in den nicht industrialisierten Gesellschaften der sogenannten Dritten Welt – und die Rechte anderer Spezies.

Als Lösungen für die Probleme der Ölverknappung und des Klimawandels präsentiert der Reduktionismus in erster Linie den Emissionshandel und den Ersatz von Erdöl mit anderen verschwenderischen Energiearten, welche zu hohen sozialen und ökologischen Kosten produziert werden. Die Lieblingsalternativen sind zurzeit die Atomenergie und die Biobrennstoffe. Diese Lösungen laden den Armen neue Bürden auf, indem sie ihnen Land und Nahrung, Wasser und Luft wegnehmen – aber das ist für die Befürworter bloß ein weiterer externalisierter Kostenfaktor. Die vorherrschende Analyse des Problems und die vorherrschenden Lösungen konzentrieren sich auf das Kapital. Und die Gesetze, welche diesen Lösungen Nachdruck verschaffen, wurden von denen gemacht, die das Kapital kontrollieren. Diese Gesetze werden als unveränderbar angesehen. Sie legen die Bedingungen und Grenzen für menschliches Handeln und menschliche Entscheidungen fest. Im Grunde genommen besagen diese Regeln und Gesetze, dass dasjenige System, das die Klimaveränderung verursacht hat, geschützt und so lange als möglich erhalten werden muss, selbst wenn dafür die Armen und der Planet geopfert werden müssen, selbst wenn es einen schweren Verstoß gegen unsere Menschlichkeit bedeutet.

Die Klimakrise legt den Konflikt frei zwischen den Gesetzen, welche aus dem Walten des Universums, des Planeten und nachhaltiger menschlicher Gemeinschaften erwachsen, und den Gesetzen der Kapitalakkumulation, welche von denen gemacht werden, die das Kapital besitzen und kontrollieren. Letztere sind die sogenannten Marktgesetze, die Gesetze, welche IWF und Weltbank durch Strukturanpassungen durchsetzen, die Gesetze, welche die Welthandelsorganisation WTO und andere »Freihandelsabkommen« verkörpern.

Die Lösung für das Klimachaos besteht nicht in einem bloßen Energieumstieg – von fossilen Brennstoffen zu Atomenergie, Biobrennstoffen und vermehrter Wasserenergie. Für eine wirkliche Lösung braucht es einen Paradigmenwechsel:

- von einer reduktionistischen zu einer ganzheitlichen Weltsicht, die sich auf Vernetzung gründet,
- von einem mechanistischen, industriellen zu einem ökologischen Paradigma,
- von einer konsumistischen Definition des Menschseins zu einem Verständnis der Menschen als Bewahrerinnen und Bewahrer der endlichen Ressourcen dieser Erde und – zusammen mit der Natur – als Fülle Schaffende.

Ein Paradigma, das von den Menschen und vom Planeten ausgeht, legt die Gesetze, nach denen wir leben sollen, anders fest als der Markt. Maßgebend sind hier die Gesetze der Gaia und des Universums, die Gesetze der Physik, der Energie und der Entropie, die Gesetze der Evolution und der Genese und das Gebot der Gerechtigkeit. Alle diese Gesetze bieten Gleichberechtigung auf einem verletzlichen und endlichen Planeten. Es sind diese ökologischen und natürlichen Gesetze, welche uns die reale Basis für die Handlungs- und Veränderungsmöglichkeiten der Menschen liefern. Und es sind diese Gesetze, welche durch die profitorientierte, globalisierte und energieintensive Wirtschaft verletzt werden, welche uns vorschreibt, wie wir produzieren, was wir produzieren, wie wir konsumieren, was wir konsumieren, wie wir leben und ob wir überhaupt leben sollen.

Die Klimakrise ist im Grunde das Resultat einer Lebensform, die vom ökologischen Pfad der Gerechtigkeit und Nachhaltigkeit abgekommen ist. Sie ist die Folge davon, dass wir vergessen haben, dass wir Bürgerinnen und Bürger dieser Erde sind. Wir benehmen uns wie Kinder in einem Supermarkt, mit unserem unersättlichen Appetit auf Konsumgüter und mit der falschen Vorstellung im Kopf, dass die Unternehmen, welche die Gestelle des Supermarktes auffüllen, unbeschränkte Energielager haben. Das wirkliche Problem ist der Konflikt zwischen den wirtschaftlichen Gesetzen, welche den Planeten und die Gesellschaft zum Supermarkt reduziert haben, in dem alles käuflich ist, und dem ökologischen Gesetz, das den Planeten ökologisch und sozial leitet und dafür sorgt, dass die Güter und Dienstleistungen der Natur fair verteilt werden. Das wirkliche Problem ist eine globale Ökonomie, welche ein planetarisches ökologisches Ungleichgewicht geschaffen hat.

Wenn dies das wirkliche Problem ist, dann kann die wirkliche Lösung nicht im Ersatz von fossilen Energieträgern durch andere nicht nachhaltige Ressourcen bestehen, die dieselben Systeme antreiben. Die wirkliche Lösung muss nach dem richtigen Leben suchen, nach Lebensfreude, und gleichzeitig den Konsum reduzieren. In der indischen Philosophie heißt das richtige Leben *dharma*; es ist die Brücke zwischen den Ressourcen, *arth*, und den Bedürfnissen der Menschen, *kama*. Dharma gründet sich also auf eine nachhaltige und gerechte Nutzung von Ressourcen zur Erfüllung von Bedürfnissen. Das ökologische Gleichgewicht und die soziale Gerechtigkeit sind wesentlicher Bestandteil des richtigen Lebens, sie gehören zu Dharma. »Dharanath dharma ucyat« – das, was alle Lebewesen erhält und eine harmonische Beziehung zwischen ihnen fördert, ist Dharma. Alles, was das Gleichgewicht der Erde und der Lebewesen stört, ist Adharma.[67]

Gleichberechtigung setzt faires Teilen voraus. Gegenwärtig gibt es zwei Paradigmen für das Erreichen dieses Ideals. Das eine Konzept setzt Überkonsum und die Verschwendung der reichen Industrieländer als Modell und Maßstab für die Entwicklung der Menschen. Gleichberechtigung wäre dann erreicht, wenn alle Welt auf diesem hohen Niveau des Ressourcen- und Energieverbrauchs angekommen wäre. Doch für diese Version von Gleichberechtigung brauchte es nicht einen, sondern fünf Planeten. Dieses unnachhaltige Paradigma schafft unvermeidlich Ungerechtigkeit und Ungleichheit. Sollen wir wirklich ein unnachhaltiges Paradigma wählen, das allen ein gleiches Recht auf Umweltverschmutzung zugesteht? Oder ziehen wir ein nachhaltiges Paradigma vor, in dem wir alle die gleiche Verantwortung tragen, nämlich die Umwelt *nicht* zu belasten?

Die Erddemokratie und die ökologische Gerechtigkeit gehen davon aus, dass die Ressourcen der Erde und deren Erneuerbarkeit beschränkt sind. Deshalb ist eine Reduktion des übermäßigen Energie- und Ressourcenverbrauchs der Reichen unumgänglich. Nur so kann der Zugang aller Menschen zu Land und Wasser, Nahrung und Kleidung, Luft und Energie sichergestellt werden. Im ökologischen Paradigma ist das, was für Gaia schädlich ist, auch schädlich für die Armen und die zukünftigen Generationen. Was für Gaia gut ist, ist auch gut für die Armen und für unsere Zukunft.

Wir müssen Gerechtigkeit oder Gleichberechtigung lokal und global nach den gleichen Maßstäben beurteilen. Wenn Dorfgemeinschaften in Indien sich gegen ihre Entwurzelung und Vertreibung wehren, wenn sie ihr Leben in den Wäldern oder auf kleinen Höfen als materiell und spirituell befriedigend einschätzen, dann sollten ihre Rechte und ihre Wahlfreiheit respektiert werden. Das ist der erste Schritt zur Gleichberechtigung. Gerechtigkeit muss in der Erde verwurzelt sein – und in den Kämpfen und Bewegungen der Menschen. Sie kann nicht als Abstraktum von irgendwelchen Konferenzsälen importiert werden. Diejenigen, welche die Kleinbauern vertreiben wollen, sagen, ihre Existenz sei »unwürdig«. Diejenigen, welche die indigene Bevölkerung entwurzeln wollen, sagen, das Leben in den Wäldern sei »unter ihrer Würde«. Würde ist eine Erfahrung und eine Folge der Selbstverwaltung und Souveränität, der Genügsamkeit und Zufriedenheit. Ich habe nie geglaubt, dass die Arbeit mit Erde oder das Feuermachen würdelos sei. Es ist ihre Entbehrlichkeit, welche den Leuten ihre Würde und ihr Selbstwertgefühl raubt. Darum sind die Bewegungen gegen Vertreibungen und Umsiedlungen im heutigen Indien so stark und so verbreitet.

Wirkliche Lösungen gibt es dann, wenn man sich von der lähmenden Welt des mechanistischen Denkens, der industriellen energie- und ressourcenintensiven Produktionsmethoden und der Marktmechanismen entfernt, die uns einreden, dass die kostenintensiven Produkte auf den Gestellen des Supermarkts billig seien.

Die ökoimperialistische Antwort auf die Klimakrise besteht darin, die verbleibenden Ressourcen des Planeten an sich zu reißen, die verbleibenden Orte der Freiheit abzusperren und die schlimmsten Formen militärischer Gewalt einzusetzen, um die Rechte der Menschen und die Menschen selbst zu vernichten, wenn sie dem unersättlichen Ressourcenbedarf von unersättlich profitgierigen Konzernen im Wege stehen.

Es gibt eine andere Antwort – die Erddemokratie.

Die Erddemokratie weiß, dass angesichts des bedrohten Überlebens auf unserem Planeten die Aufrechterhaltung unserer Lebensfähigkeit die einzig intelligente Antwort darstellt. Einem wirtschaftlichen Wachstum nachzujagen, während das Ökosystem kollabiert, ist ein Zeichen von Dummheit, nicht Weisheit. Die Erddemokratie verlangt eine systemische und umfassende Antwort auf die Klimakrise und nicht die fragmentierte und egoistische Antwort, welche die Unternehmen und die reichen Länder zurzeit geben. Die Erddemokratie erlaubt uns, vom globalen Supermarkt der Vermarktung und des Konsumismus loszukommen, welcher unsere Nahrung, unsere Bauernbetriebe, unsere Wohnstätten, unsere Dörfer und unseren Planeten zerstört. Sie erlaubt uns, unser Essen und Trinken, unsere Mobilität und unsere Arbeit wieder in lokale Ökosysteme und lokale Kulturen einzubetten. So können wir unser eigenes Leben bereichern und gleichzeitig unseren Konsum senken, ohne dabei andere Menschen ärmer zu machen. In der Erddemokratie ist alles mit allem verbunden. Wenn wir die Verschmutzung der Atmosphäre angehen, können wir uns nicht auf die Verbesserung der Luftqualität beschränken. Wir können die Landwirtschaft ändern; wir können Gebäude und Städte anders bauen; wir können anders einkaufen.

In der Erddemokratie werden die Lösungen nicht von Konzernen und Regierungen kommen, welche den Planeten beraubt und das Leben vieler Menschen zerstört haben. Die Lösungen kommen von denen, die »leicht« zu leben wissen, die nie vom Erdöl abhängig waren, die das gute Leben nicht als maximalen Konsum definieren, sondern als verantwortlichen Umgang mit der lebendigen Erde und den lebendigen Gemeinschaften. Diejenigen, die vom herrschenden System, das das Ökosystem des Planeten zum Kollaps und unsere Gattung zum Aussterben treibt, als entbehrlich oder überflüssig definiert werden, tragen das Wissen und die Werte, die Kultur und Handfertigkeiten in sich, welche der Menschheit eine Chance zum Überleben bieten.

Wenn wir die Klimaveränderung abschwächen und uns an die veränderten Bedingungen anpassen wollen, müssen wir aufhören, die kleinen Bauernbetriebe und die indigenen Völker anzugreifen. Wir müssen ihre Rechte auf Grund und Boden verteidigen. Wir müssen sie nicht als Überbleibsel der Vergangenheit, sondern als Weg in die Zukunft begreifen.

Die Erddemokratie beginnt und endet mit dem Gesetz der Gaia: dem Gesetz der Erneuerbarkeit, der Bewahrung, der Entropie, der Vielfalt. In der Erddemokratie sind alle Menschen und alle Lebewesen gleichberechtigt. Alle Lebewesen und alle Gemeinschaften haben ein existenzielles Recht auf die Ressourcen der Erde.

In der Erddemokratie beginnt die Lösung der Klimakrise

mit den Kulturen und Gemeinschaften, die am wenigsten dazu beigetragen haben.

Erddemokratie gründet sich auf das Recht aller Lebewesen auf ihren ökologischen Lebensraum, das heißt auch auf die Atmosphäre. Die Luft ist ein ökologisches Allgemeingut, sie ist eine ökologische Allmende. Die Klimagerechtigkeit verlangt, dass diese Allmende nicht durch eine Handvoll Umweltverschmutzer eingehegt wird. Die Klimagerechtigkeit fordert ebenfalls, dass die Menschen für negative Auswirkungen des Klimachaos, das durch andere verursacht wurde, kompensiert werden. Vor allem aber verlangt die Klimagerechtigkeit, dass jede Person, jede Gemeinschaft und jede Gesellschaft das Recht hat, Wirtschaftsweisen zu schaffen und zu verteidigen, welche dem Klima und den andern Menschen nicht schaden.

Um das Klimachaos zu bekämpfen und eine Zunahme weiterer Emissionen zu vermeiden, müssen wir die Zwänge der Handelsliberalisierung abschaffen. Wir müssen die Handelsregeln neu schreiben, sodass das Lokale bevorzugt wird. Die Regeln der Handelsorganisation WTO und das Strukturanpassungsprogramm der Weltbank nehmen den nachhaltigen lokalen Ökonomien und den nachhaltigen Gemeinschaften die Freiheit, nachhaltig zu sein. Sie zwingen diese Gemeinschaften dazu, ihre Nahrung von Tausenden von Kilometern entfernt zu importieren. Und sie verbieten ihnen, die lokale Produktion wirkungsvoll zu schützen. Das ist – angesichts des Klimawandels – ein ökologisches Verbrechen.

Erddemokratie bewirkt eine radikale Änderung unserer Paradigmen und unserer Produktionsmuster. Sie bietet angesichts der Ausschöpfung der Ressourcen wirkliche Lösungen an. Im Kontext von Ressourcenerschöpfung, Ölverknappung und Klimakrise und angesichts der Vertreibung von Menschen und der Erosion der herkömmlichen Demokratie bietet Erddemokratie eine echte Alternative.

2. Heilige Kühe oder heilige Autos

Die Globalisierung fährt in Indien ein

Indien ist heute hin- und hergerissen zwischen einer nachhaltigen Kultur, die zu den lebendigen und biologisch vielfältigen Energien und zur Heiligkeit der Schöpfung Sorge trägt, und der nicht nachhaltigen und ungerechten Kultur der fossilen Brennstoffe. Die heilige Kuh symbolisiert eine biologisch vielfältige Kultur und eine lebendige Wirtschaft. Die Kuh liefert Energie als Zugtier und als Lieferantin von Milch, Ghee, Butter, Buttermilch und Joghurt. Und sie betreibt Schädlingsbekämpfung mit ihrem Kuhurin und Panchkavia, einer speziellen Mischung aus verschiedenen Kuhprodukten. Doch heute werden die Kühe in Indien von der Straße vertrieben, um den Autos Platz zu machen.

Der Ficusbaum ist eine andere heiliggehaltene Spezies der biologisch vielfältigen Kultur. In ganz Indien sind die Straßen entlang Ficusbäume gepflanzt worden, um Schatten zu gewähren. Wenn die Straßen verbreitert werden mussten, wurden sie um die Ficusbäume herumgeführt. Heute jedoch werden Millionen von Ficusbäumen, die während Hunderten von Jahren gepflanzt worden waren, kurzerhand dem Straßenbau geopfert.

Wenn etwas heilig ist, ist es unantastbar. Kühe und Bäume waren in Indien einmal unantastbar. Die Menschen mussten sich ihnen anpassen und sie schützen. Die Existenzgrundlagen der Armen waren unantastbar gemäß Artikel 21 der indischen Verfassung, welche das Recht auf Leben garantiert. Heute ist das Auto unantastbar geworden. Die Kultur und die Verfassung dürfen verletzt werden, um das Auto zu schützen. Die Globalisierung fährt im wahrsten Sinne des Wortes in Indien ein. Die wirtschaftliche Globalisierung ruft die Heiligkeit des Autos aus und vernichtet damit andere Dinge, die vorher heiliggehalten wurden. Autos brauchen Straßen und Überführungen, sie brauchen fossile Brennstoffe, und sie brauchen Aluminium, Stahl und Petrochemikalien. Autos verändern die Städte und das Land.

Heiliges Leben wird getötet, um die Autowelt zu vergrößern. Das »zeitlose Indien« verdankte seine Existenz den Geschenken der heiligen Kühe; ihre lebendige Energie und ihr biologischer Dünger legten den Grundstein zu einer total erneuerbaren Wirtschaft. Doch das kurzlebige indische Wirtschaftswunder verdankt sich dem heiligen Auto. Nichts anderes ist mehr heilig; nichts anderes verdient mehr unseren Schutz.

Autos fressen Menschen

Während der Einzäunung der britischen Allmende schrieb Sir Thomas More: »Schafe fressen Menschen.« Land, das bisher den Bedürfnissen und dem Unterhalt der bäurischen Bevölkerung gedient hatte, wurde damals in »Schafland« für die Wollproduktion umgewandelt, von welcher nurmehr die Landbesitzer und ein paar Fabrikherren profitierten. Die Bauern wurden entwurzelt; eine neue Armut entstand. Der

Boden, der die Menschen ernährt hatte, belieferte nun die Fabriken.

Heute sind es die Autos, welche Menschen fressen. Das Land wird für Parkplätze, Straßen, Autobahnen, Überführungen und Autofabriken verwendet. Der Abbau von Eisenerz und Bauxit für die Herstellung von Stahl und Aluminium zerstört das Land und das Ökosystem. Die Ölbohrungen fressen noch mehr Land. Auch die Autos selber fressen Land und Ökosysteme. Die Atmosphäre schließlich wird von den Schadstoffen der fossilen Treibstoffe verschluckt.

Bis 2011 soll Indien zum am schnellsten wachsenden Autohersteller unter den zwanzig größten autoproduzierenden Ländern der Welt werden.[1] Die meisten Autounternehmen kommen nach Indien auf der Suche nach billigem Bauland und nach billigen Arbeitskräften. General Motors, Honda, Volkswagen und andere wollen 6,6 Milliarden Dollar für neue Autofabriken ausgeben. Fiat, Nissan, Renault und andere schließen sich mit einheimischen Produzenten zusammen. Die Wirtschaftsnachrichtenagentur Bloomberg beschreibt diesen Vorgang als »von der Autogier der Nation profitieren«; doch sie gesteht auch ein, dass diese sogenannte »Nation« bloß 0,7 Prozent der indischen Bevölkerung umfasst. Bloß 7 von 1000 Personen besitzen in Indien ein Auto; in den USA sind es 450 Personen, in Europa gar 500.[2] Der »Markt« besteht nicht aus 1,2 Milliarden Inderinnen und Indern, sondern aus den 216 Millionen Mitgliedern der indischen Mittelklasse. Indien wird auch eine Exportdrehscheibe für Automobile sein.

Und natürlich muss Indien für die Autozukunft gründlich überholt werden. »Das 14-Milliarden-Dollar-Autobahnprogramm kann nicht Schritt halten«, vermeldet die Agentur

Bloomberg. Die Autoproduzenten fänden in Indien »massenhaft begeisterte Autokäufer, einen wachsenden Markt für Autoproduktion und -export – und die Altlast von schlechten Straßen«.[3]

Nissan und Renault kündigten die Produktion eines 3000-Dollar-Autos an, das mit Tatas 2500-Dollar-Nano konkurrenzieren könnte, einem Auto, das in einem umstrittenen Betrieb in Singur, in Westbengalen, hergestellt werden soll. In Singur gab es Proteste und Blutvergießen, als die Regierung von Westbengalen für die Tatafabrik landwirtschaftlich bewirtschaftetes Land zwangsenteignete; die Fabrik wird immer noch von den Bewohnern belagert. Nun hat sich der französische Autoproduzent Renault mit dem indischen Zweirad- und Autohersteller Bajaj Auto zusammengetan, eines ihrer Produkte wird ein 3000-Dollar-Auto sein.[4] Toyota, Honda, Fiat und Volkswagen wollen in Indien ebenfalls billige Autos herstellen oder verkaufen. Steuern auf kleine Wagen sind von 24 Prozent auf 16 Prozent reduziert worden, was den Preis nochmals senkte. Tata Motors hofft, jedes Jahr eine Million neue Kleinwagen auf die Straße zu bringen.[5] Diese »billigen« Autos werden Indiens Verkehrsstaus verschlimmern und den CO_2-Ausstoß vergrößern. Allein in Delhi kommen jedes Jahr 200000 neue Autos hinzu.[6]

Das Auto hat Indien ernsthaft entzweit. Die Straßen sind nicht mehr fußgängerfreundlich. Wegen Parkplätzen sind Nachbarn zu Feinden geworden. Das ländliche Indien ist wegen Enteignungen zugunsten von Fabriken und Straßen zerstückelt worden. Gemeinden haben sich zerstritten.

Indiens Autolast ist nicht hausgemacht. Sie wurde Indien von der globalen Autoindustrie aufgebürdet, die so ihre Märkte und ihre Profite vergrößern wollte. Auch die Praxis der Auslagerung hat zu dem Problem beigetragen. Ausgelagerte Dienstleistungen, sogenannte BPOs (Business Process Outsourcing centers), haben in Indien explosionsartig zugenommen. Fluggesellschaften und Banken, Spitäler, Rechtskanzleien und jeder andere größere Geschäftszweig – alle haben Büroarbeiten nach Möglichkeit nach Indien ausgelagert, um die Betriebskosten zu senken. Jetzt bringen ganze Horden von Callcenter-Taxis die BPO-Angestellten von ihren Wohngebieten in die expandierenden Vororte, in denen globale Unternehmen ihre Dienstleistungsabteilungen Tag und Nacht am Laufen halten.

Autos als ökologische Katastrophe

Seit 1997 hat die Autoproduktion in Europa, Nordamerika und Japan stagniert, aber in Asien und Indien hat sie sich in der gleichen Zeit verdoppelt. China ist für den größten Zuwachs verantwortlich; die Produktion in China hat sich von 1,5 Millionen Autos in 1997 auf 4,6 Millionen im Jahr 2005 verdreifacht.

In Indien galten Autos bis 1984 als ausgesprochenes Luxusgut, und ihre Herstellung war streng reguliert; der Import wurde durch Quoten beschränkt. Sechs indische Produzenten beherrschten die indische Autoindustrie: Telco (jetzt Tata Motors), Ashkok Leyland, Mahindra und Mahindra, Hindustan Motors, Premiere Automobiles und Bajaj Auto. 1991 führte die Handelsliberalisierung zur Lockerung der Lizenzbestimmungen im Personenwagensektor. 2000 wurden die Quoten im ganzen Automobilsektor aufgehoben, und es wurden im Automobilsektor 100-prozentige direkte Fremdinvestitionen (Foreign Direct Investment, FDI) zugelassen. Indien produziert zunehmend für den Export, welcher in den letzten Jahren um 39 Prozent jährlich zugenommen hat.[7]

Parallel zum Export hat auch die Gesamtzahl der Autos in Indien selbst dramatisch zugenommen. 1951 gab es in Indien schätzungsweise 300000 Autos. 1981 waren es dann 5,4 Millionen; und 1997 bereits 37 Millionen. Im Jahr 2003 wurden in Indien 67 Millionen Autos gezählt, und diese Zahl nahm nun rasch zu: 72 Millionen im Jahr 2004; 85 Millionen im Jahr 2005. Der Großteil dieses Wachstums geschah im Privatverkehr. Weil die Effizienz, die Zugänglichkeit und die Verlässlichkeit des öffentlichen Verkehrs in städtischen Gebieten zu wünschen übrig lässt, haben die Leute angefangen, ihre eigenen Fahrzeuge zu kaufen, und der Privatverkehr macht nun den größeren Teil des Reiseverkehrs aus. Für diese explosionsartig gewachsene private Autoflotte nimmt auch der Bezinkonsum gewaltig zu: 6 Millionen Tonnen wurden 1997 verbraucht. 25 Millionen werden es 2015 schätzungsweise sein. Der Dieselverbrauch wird sich von 30 Millionen Tonnen im Jahr 1997 auf 100 Millionen Tonnen im Jahr 2015 steigern. Im Zeitalter steigender Rohölpreise bei einer allgemeinen Ölverknappung kann sich Indien diesen Energiebedarf bloß leisten, wenn Land von der Nahrungsmittelproduktion abgezweigt wird, um Energie aus Biomasse zu gewinnen.[8]

Historische Daten zeigen, dass der Straßenverkehr zwei Mal so schnell wächst wie die übrige Ökonomie. Mit einer wirtschaftlichen Wachstumsrate von ungefähr 6 Prozent in Indien wird die Nachfrage nach Mobilität auf der Straße jedes Jahr um 12 Prozent wachsen. Umwelt und Sicherheit werden zu einem immer größeren Problem.

1950 machten Busse und Eisenbahnen in Europa etwa 70 Prozent des gesamten Verkehrsvolumens aus. 1997 war ihr Anteil auf magere 15 Prozent gesunken. In Australien waren im Jahr 2000 93 Prozent aller Verkehrsteilnehmer in Privatwagen unterwegs. Trotz seiner heruntergekommenen und schlecht unterhaltenen Fahrzeuge bewältigt der öffentliche Verkehr in Indien immer noch einen sehr hohen Teil der Transportbedürfnisse. In Delhi werden 64 Prozent der Mobilität von Bussen gedeckt. In Mumbai machen Busse 69 Prozent der Fahrten und brauchen dabei bloß 5 Prozent der Straßenkapazität. Doch 91 Prozent aller Straßentransporte in Kanpur, 88 Prozent in Hyderabad und 86 Prozent in Nagpur werden durch Autos und Zweiräder ausgeführt; Busse werden bloß in 0,5 beziehungsweise 0,5 und 0,4 Prozent der Fälle eingesetzt.

Obwohl ein effizientes öffentliches Verkehrssystem allen Teilen der Gesellschaft Mobilität bringen kann, und zwar ohne die negativen Auswirkungen des Privatverkehrs, haben die Planer diesem System nicht genug Aufmerksamkeit geschenkt. Für den Niedergang des öffentlichen Verkehrs ist in erster Linie die Politik der indischen Regierung verantwortlich: Die Mehrheit der Städte haben den Privatverkehr geradezu gefördert. Der Verkehrsexperte Wendell Cox weist darauf hin, dass die bestehende Ineffizienz des öffentlichen Verkehrs zu seiner Unbeliebtheit beiträgt. »Wenn Menschen wohlhabender werden, geben sie sich nicht mehr mit einem Verkehrssystem zufrieden, das sie nicht in angemessener Zeit zum gewünschten Ort hinbringt.«[9]

Fahrräder, Fahrrad-Rikschas und zu Fuß gehen – Verkehrsarten, die bei der Reduktion von Staus und Luftverschmutzung Wunder wirken könnten – werden alle mit Armut in Verbindung gebracht. In manchen Städten werden Fahrräder und Fahrrad-Rikschas aus Prinzip von der Straße verbannt. Die Verkehrsdepartemente von Lucknow und Guwahati verbieten den nicht motorisierten Verkehr auf den meisten Durchgangsstraßen für die meiste Zeit. Fahrrad-Rikschas sind in Chandni Chowk, auf einem der ältesten und geschäftigsten Märkte von Delhi, schlicht nicht mehr zugelassen. Auch eine verächtliche Haltung gegenüber Fußgängern ist in der Verkehrsplanung und Verkehrspolitik auszumachen. Die Planer konzentrieren sich auf die Sicherung schneller Automobilität – auf Kosten der Fußgängerinnen und Fußgänger. Gehsteige und Gehwege werden, wo überhaupt vorhanden, beseitigt oder verkleinert, um die Straßen für den motorisierten Verkehr zu verbreitern.

Ohne Autos keine Krise

Das Bestreben, Städte autofrei zu machen, ist in anderen Ländern im Aufschwung. Freiburg in Deutschland hat gezeigt, dass es möglich ist, die Zunahme der Autonutzung sogar dann zu stoppen, wenn der Autobesitz selber noch zunimmt. Der Autobesitz in Freiburg wuchs zwischen 1960 und 1990 von 113 Autos auf 422 Autos pro 1000 Personen. Doch die tägliche Nutzung der Fahrzeuge blieb von 1976 bis 1991 konstant. Die Zahl der Durchreisenden nahm in der gleichen Zeit um 53 Prozent zu, und die Zahl der Fahrradfahrten wuchs um 96 Prozent. Während die Gesamtzahl der Fahrten um 30 Prozent zunahm, nahmen Autofahrten innert 15 Jahren bloß um 1,3 Prozent zu. Das heißt, der Anteil der

Autofahrten an der Mobilität sank um 60 Prozent. Freiburg erreichte dies durch Maßnahmen wie eine fußgängerfreundliche Gestaltung des Stadtzentrums, Verkehrsberuhigungsprogramme und ein schwieriges, teures Parkierungssystem, das den Gebrauch von Privatwagen unattraktiv machte. Die Stadt verbesserte gleichzeitig ihre Massentransportsysteme, was die Erweiterung und Erneuerung des Nahverkehrsystems einschloss. Busse dienten als Zudiener für die Stadtbahn.

Beispiele von Städten wie Freiburg gibt es viele. Strasbourg bietet seinen Einwohnern ein 300 Kilometer langes Netz von Fahrradwegen. Bogotá, Singapur und Hongkong bemühen sich, das Gehen und Fahrradfahren zu fördern. In Deutschland wurde mit politischem Druck ein städtisches Umfeld geschaffen, in dem Fahrradfahren eine bequeme Fortbewegungsart bleibt. Shanghai – wohl die größte Fahrradstadt der Welt – hat eine Bevölkerung von 14 Millionen; 1995 gab es täglich 27,7 Millionen Personenfahrten von bis zu 0,4 Kilometer Länge; 42 Prozent dieser Kurzstrecken wurden per Fahrrad zurückgelegt. Fast alle Straßen in Shanghai haben geräumige Fahrradspuren, viele davon sind vollständig von den Autospuren abgetrennt.[10]

In Indien kündete Premierminister Manmohan Singh 2007 in seinem »Automotive Mission Plan« ein enormes Wachstum der Autoindustrie innerhalb des nächsten Jahrzehnts an; aber man hatte mittlerweile nichts über die Freihaltung oder Schaffung von Fahrradwegen dazugelernt. Ziel des Plans ist es, dass Indien »weltweit das erste Zielland für das Design und den Bau von Automobilen und Autobestandteilen wird. Der Output soll die 145-Milliarden-Grenze erreichen und für 10 Prozent des Bruttoinlandprodukts verantwortlich sein; 25 Millionen neue Jobs sollen bis 2016 geschaffen werden.«[11] Diese Zahlen beziehen die Kosten für die Entwurzelung der Bauern, denen Land für die Fabriken und Autostraßen genommen wird, und für die Zerstörung von alternativen Transportmethoden, die Millionen von Menschen ein Auskommen bieten, nicht mit ein.

Der Plan ist der extremste Ausdruck einer Petroleumreligion, in der das Auto heilig ist und die Menschen, ihre Lebensgrundlagen, das Land und die Luft für diesen Götzen alle zerstört werden dürfen.

Nano-Manie

Die Lancierung des 100 000-Rupien- oder 2500-Dollar-Autos Nano der Firma Tata an der Automobilmesse in Delhi von 2008 löste eine wahre Nano-Manie aus. Der Nano ist 3,1 Meter lang, 1,5 Meter breit und 1,6 Meter hoch. Tatas Produktionsstätte in Singur sah für 2008 eine Produktion von 250 000 Autos vor und wollte den Ausstoß bis 2011 auf 1 Million Autos jährlich erhöhen. Die *Hindustan Times* vermeldete: »Das kleine Wunder: Es ist grün, es ist global, es ist indisch. Es kostet 1 Lakh (100 000 Rupien) und es heißt Nano.«[12] *India Today* brachte eine Geschichte über Ratan Tata, den Besitzer der Firma, unter dem Titel »Ratans Revolution«. *Business World* redete von »Nanolution«. *Newsweek* veröffentlichte seine Story über den Nano mit der Überschrift »Small: It's the New Big« – klein ist die große Neuheit. Indiens neuer Ultramini, heißt es, läute die Zukunft des Autos ein. Der Nano liefere die Antwort auf Peak Oil und Klimawandel. »Arme Länder werden reich, die Benzinpreise steigen und unser Planet erwärmt sich. Der Nano gehört zu den neuen Autos des 21. Jahrhunderts, die frecher, billiger und kompakter sind als je zuvor.«[13]

Der Nano ist als »Wagen des Volkes« beschrieben worden. Ein ganzseitiges Inserat verkündete: »Der neue Tata Nano ist hier; er endet alle Spekulation, Diskussion und Gerüchte und verändert die Art, wie Indien sich bewegt.« Doch die Diskussionen um die Auswirkung von Millionen von neuen Autos haben gerade erst begonnen. Es sind Debatten darüber, wie Autos sich in den ökologischen Raum der Städte hineinfressen, wie sie Verkehrsstaus und Luftverschmutzung verursachen; Debatten über die Verbesserung der öffentlichen Verkehrsmittel statt Zunahme des privaten Autobesitzes; Debatten über den Preis, den die Bauern und die einheimische Bevölkerung zahlen, wenn ihr Land für Tatas Autofabrik in Singur und die Stahlwerke in Kalinganagar und Gopalpur enteignet wird. Wenn all diese Kosten mitberücksichtigt werden, ist der Nano nicht mehr der billigste Personenwagen der Welt, sondern vielleicht das teuerste Auto überhaupt. Und obwohl *Newsweek* verkündete, »arme Länder werden reich«, ist es in Wirklichkeit so, dass die armen Menschen in armen Ländern das wenige verlieren, das sie besitzen, ihr Land und ihre Existenzgrundlage, während die Unternehmen reicher werden.

Ist der Nano grün? Der Journalist Adil Jal Darukhanawala sagte: »Die Grünen sollten ihn lieben.«[14] Doch obwohl der Nano einen niedrigen Kraftstoffverbrauch aufweist, läuft er doch mit Benzin. Er ist kein Elektroauto, er ist kein Hybrid. Er wird deshalb – mit einer Million Neuwagen pro Jahr – trotz allem kräftig zum Wachstum der Treibhausgase beitragen.

Das Tata-Auto wird durch vom Staat erleichterte Landaneignungen und subventionierte Rohstoffgewinnung sowie Steuererleichterungen verbilligt. Während die Regierung einerseits an einer nationalen Politik für den Städteverkehr (National Urban Transport Policy) arbeitet, unterstützt sie andererseits Projekte wie Tatas Nano mit Steuergeschenken. Das fördert den Privatverkehr und steht in direktem Konflikt zum nachhaltigen Verkehrssystem, das die Regierung auch voranbringen will. Diese kleinen Autos können die Umwelt ernsthaft gefährden, vor allem in bereits sehr verschmutzten Städten.[15]

In einer sich rasch entwickelnden Wirtschaft wie Indien ist ein 2500-Dollar-Auto für viele der Neureichen erschwinglich und wird innert kurzer Zeit Millionen von zusätzlichen Autos auf die Straße bringen. Es besteht die Gefahr, dass diese kleinen Pkws ein Chaos entfesseln und zu einer unheilvollen Mischung von unkontrollierbarem Verkehr und hohen Schadstoffkonzentrationen führen werden.

Der hohe Preis der »billigen« Autos

Autos haben einen unbegrenzten Appetit auf Erdöl. Sie haben auch einen unbegrenzten Appetit auf Land – Boden für Autofabriken, für Stahlwerke, für die Eisenerzgewinnung, für Straßen.

Das Stahlwerk von Tata steht in Kalinganagar bei Orissa. Dieses Land ist die Heimat der Stammesgemeinschaften der Ho, Munda und Santhal. Das Stahlwerk wird die Dörfer Chandia, Gobaraghati und Gadapur verdrängen. Tata ist nach Kalinganagar gezogen, nachdem der Versuch, ein Stahlwerk in Gopalpur zu bauen, wegen des Widerstands der Anwohner misslang.

In Kalinganagar begann sich die einheimische Bevölkerung bereits 2004 gegen die Landkäufe zu wehren. Im Januar 2006 eskalierte der Konflikt, als Tata mit einem Werkschutz von 400 Polizisten begann, das Land für den Bau vorzubereiten. 400 Stammesangehörige versammelten sich mit Pfeil und Bogen zum Protest. Die Polizei feuerte Taserprojektile, Gummigeschosse und Tränengas. Am Ende des Konflikts waren 13 Stammesangehörige und ein Polizist tot und 37 Stammesangehörige und vier Polizisten verwundet. Daraufhin hielten die Dorfbewohner ein Dharma, ein kollektives Gerechtigkeitsfasten, auf der Nationalstraße ab. Als die Polizei die Leichen der beim Protest Getöteten zurückbrachte, gab es erneuten Ärger. Man entdeckte, dass bei fünf der acht Toten die Hände abgehackt worden waren, damit man die Opfer nicht anhand ihrer Fingerabdrücke identifizieren konnte. Als Antwort darauf erhob Visthapan Virodhi Jana Manch, die Organisation, welche den Protest gegen die Vertreibung angeführt hatte, Forderungen; unter anderem verlangte sie ein Ende der Vertreibung, Kompensation für die bereits Vertriebenen, eine gerichtliche Verfolgung der am Konflikt beteiligten Regierungsbeamten, die Ausweisung der multinationalen Unternehmen aus der Region und die Vergabe von Land und Abaurechten an die ansässige Bevölkerung.

Kalinganagar war nur der Anfang. Tata baut nun eine Autofabrik auf 400 Hektaren fruchtbarstem Land in Singur, Westbengalen, wo die Bauern bisher drei Ernten im Jahr einbringen konnten. Die Regierung begann die physische Landnahme im Dezember 2006. Etwa 5000 Polizisten und Spezialkräfte der Rapid Action Force (RAF) errichteten als Erstes einen Stacheldrahtzaun auf dem Gelände. Die lokale Bevölkerung versuchte dem Vorgehen der Regierung mit Massendemonstrationen Widerstand zu leisten. Polizei und RAF reagierten mit einem massiven Lahti-Vorstoß (ein Lahti ist ein zwei bis drei Meter langer Holz- oder Bambusstab mit einer stumpfen Metallkappe) sowie mit Tränengas und Gummigeschossen. Ernten wurden zerstört, Menschen wurden angegriffen, und Frauen wurden angepöbelt und vergewaltigt. Sechzig Personen wurden verhaftet.

Einige Tage später schlossen die Dorfbewohner spontan ihre Geschäfte und formierten eine etwa 500-köpfige Prozession durch den Ort, als die Polizei sechs Teilnehmer des Bajemelliya Santoshimatala Hungerstreikcamps zwangsweise entfernten. Es gab in der Folge überall in Singur Hungerstreiks. Bauern und ihre Familien agitierten gegen die staatlichen Eingriffe. Bauern aus zwölf Dörfern im Besitz von etwa 140 Hektaren Land versprachen, ihren Boden nicht aufzugeben. Die Zahl der Hungerstreiks nahm mit jedem Tag zu. Frauen und Männer jeden Alters – von 7 bis 85 Jahren – nahmen am Fasten teil.

Solch brutale Umwandlung von landwirtschaftlich genutztem Boden in Industrieland zerstört das Paradigma der Nahrungssicherheit, sie zerstört auch das soziokulturell-politisch-wirtschaftliche Paradigma der lebendigen Gemeinschaften und der zukünftigen Generationen. Das Missverhältnis zwischen Landwirtschaft und Industrie hat nie gekannte Ausmaße erreicht. Die Ungleichheit wird durch Zwang und undemokratische, unmenschliche Methoden ständig größer. »Wachstum« und »Entwicklung« aber müssen das Ergebnis fairer, gerechter und gleichberechtigter Entscheide sein und dürfen nicht mit vorgehaltenem Gewehr erzwungen werden.

Die Schnellstraße zur Diktatur

Die Autobahnen sind zum perfekten Symbol für die verdrehte Identität des zeitgenössischen Indien geworden. Sie sind zentral für das Image des »strahlenden Indien«, das entworfen wurde, um Indien international zu vermarkten, und das von der Bharatiya Janata Partei (BJP) auch bei der Wiederwahlkampagne von 2004 verwendet wurde. Der frühere Premierminister Atal Bihari Vajpayee sagte: »Straßen sind wie die Linien einer Hand. Es gibt die Schicksalslinie, welche Srinagar mit Kanyakumari verbinden wird. Wir warten auf den Tag, wenn wir in Kanyakumari losfahren und Srinagar mit Leichtigkeit erreichen können.«[16] Premierminister Manmohan Singh, welcher der vom Kongress geleiteten Regierung vorsteht, hat die Liebesaffäre mit Autos und Autobahnen fortgeführt.

Autobahnen sind keine Handlinien, sie gleichen mehr den Tattoos – Zeichen, die der Landschaft von außen aufgeprägt wurden. Sie sind eine gewaltige Zumutung, die durch die Weltbank und den IWF gestützt und geformt wird. Diese Umdefinierung Indiens ist ein Verrat an Bharat, an Indiens Geschichte. Wenn wir unser Schicksal in Beton schreiben, trennen wir dieses Schicksal von unserem Grund und Boden und unserer Umwelt ab. In Indien haben wir lange Zeit die Berge und Flüsse als »Handlinien« gelesen. Sie sind ein fester Bestandteil der Ökologie und Geografie unseres Mutterlandes. Sie sind uns gegeben und geben uns. Wir waren eng verbunden mit unserem Land, unseren Flüssen und unseren Bergen. Die Erde hat unser Schicksal geformt. Und diese Verbindung hat uns als Zivilisation von Srinagar bis Kanyakumari zusammengehalten.

Die Nebenflüsse des Ganges entspringen im Char Dham, und Menschen aus dem ganzen Land pilgern zum Himalaja und den vier heiligen Orten Yamunotri, Gangotri, Kedarnath und Badrinath. Es brauchte keine Schnellstraße, um die Menschen aus dem Süden auf diese Pilgerfahrt zu bringen; es brauchte den heiligen Respekt für unsere Berge und Flüsse. Und die Pilgerfahrt war gerade deshalb von großem Wert, weil sie zu Fuß unternommen wurde. Indien hat seit jeher Padyatra, den Fußmarsch, gefeiert. Gandhis Salzzug nach Dandi war ein Padyatra. Die Chipko-Bewegung zur Rettung von Bäumen verbreitete sich im Himalaja durch Padyatra. Auch heute noch sind Tausende zu Fuß unterwegs um Gangajal, heiliges Wasser, für Shivaratri, die Feier der Großen Nacht des Shiva, heimzubringen. Die meisten Frauen im ländlichen Indien gehen zu Fuß, um Futter, Brennstoff und Wasser zu sammeln. Die Distanzen, die sie gehen müssen, werden zunehmen, wenn mehr Bäume abgeholzt werden und wenn der Zement und der Asphaltbelag unserer Autostraßen unsere Böden bedecken und Quellen und Flüsse ersticken.

Wenn heilige Flüsse mit Autostraßen ersetzt werden, wenn die Verbindung zur heiligen Erde und ihren Bergen und Flüssen mit der Abhängigkeit von Automobilen, Zement und Asphalt ersetzt wird, dann schreiben wir Indiens Ökologie, Kultur und Geschichte neu. Indien adoptiert ein überholtes, veraltetes und nicht nachhaltiges Entwicklungsmodell des Westens, ein Modell mit hohen sozialen und ökologischen Kosten.

Der Dichter und Philosoph Rabindranath Tagore erinnerte uns daran, dass Indien unverwechselbar ist, weil das Land ein »Aranya Sanskriti« ist: Es erhält seine Inspiration vom Wald und von der lebendigen Welt, nicht wie der Westen, der seine kulturellen Charakteristiken von toten Bausteinen und Mörtel ableitet. Doch heute werden überall im Land Papal- und Ficusbäume abgeholzt, die oft Hunderte von Jahren gewachsen sind – und das bloß um dem Automobil Platz zu machen.

Wie schon Gandhi sagte:

»Die Zivilisation versucht, die körperliche Behaglichkeit zu verbessern, aber in diesem Bestreben ist sie miserabel gescheitert. [...] Diese Zivilisation ist so strukturiert, dass man nur geduldig warten kann, bis sie sich selbst zerstören wird.«[17]

»Aber es gibt kein Ende für die Opfer, die im Feuer der Zivilisation zerstört werden. Ihre fatalen Folgen manifestieren sich darin, dass die Menschen glauben, die Zivilisation würde Großartiges hervorbringen, obwohl sie unter ihre brennenden Flammen gedrängt werden.«[18]

»Man wirft Indien vor, sein Volk sei unzivilisiert, unwissend und phlegmatisch, es sei ihm nicht möglich, sich anzustrengen, um sich dem Wandel anzupassen. Dieser Vorwurf gilt vordergründig unseren verdienstvollen geschichtlichen Errungenschaften. Was wir auf dem Amboss der Erfahrung geprüft und gefunden haben, sollten wir nicht über Nacht verändern. Viele versuchen, Indien mit ihren Ratschlägen zu überrumpeln. Doch Indien bleibt beständig und ungerührt. Das ist das Schöne an diesem Land. Es ist der Rettungsanker unserer Hoffnung.«[19]

In der Vergangenheit hat Indien nur einen kleinen ökologischen Fußabdruck auf dem Planeten hinterlassen. Doch diese Tradition wird ausgelöscht durch das Bestreben der indischen Elite, es dem Westen beim Konsum der Ressourcen dieser Erde gleichzutun. Oder den Westen noch zu übertrumpfen, wenn es darum geht, den ökologischen Raum anderer Lebewesen, der indigenen und ländlichen Gemeinschaften und der Armen in den Städten, zu besetzen.

Die Autobahnen und die Automobile sind das ultimative kulturelle Symbol der Nichtnachhaltigkeit und der ökologischen Ausgrenzung. Unsere Straßen hatten einst Platz für die Kuh, das Pferd, das Kamel, den Elefanten, den Fußgänger, das Fahrrad und den Personenwagen. Jetzt bevorteilen wir den Autobesitzer. Die heilige Kuh ist aus Delhis Straßen verschwunden.

Rikschas und Handkarren – Inbegriff von nicht erdölabhängigen, klimafreundlichen Transportmitteln – sind von den Straßen verdrängt worden, um den Weg frei zu machen für den Autoverkehr. Die Städte Kolkata und Delhi verbannten Rikschas 2006 in einer »Säuberungsaktion«. Doch die Abschaffung der durch Menschenkraft angetriebenen Fahrzeuge fördert die luftverschmutzenden motorgetriebenen Zweitakt-Rikschas. Diese Mopeds sind gemäß indischem Gesetz Autos und deshalb auf der Straße zugelassen. Fahrrad-Rikschas verursachen keine Verschmutzung und brauchen erneuerbare Energie statt fossile Brennstoffe. In manchen Städten machen sie 25 bis 80 Prozent aller Fahrten aus, und die Rikschafahrer stellen 10 Prozent aller Arbeitskräfte. In Patna zum Beispiel arbeiten 28 000 Menschen für den öffentlichen Verkehr, die meisten als Betreiber einer Fahrrad-Rikscha. Wenn man indirekte Arbeitsgelegenheiten miteinberechnet, dann ergeben die Fahrrad-Rikschas in Patna 42 000 Jobs und unterstützen 150 000 Existenzen. Eine

100000-Rupien-Investition (2500 Dollar) in einen Bus schafft zwei Jobs; investiert man dieselbe Summe in eine Auto-Rikscha, schafft das sechs Jobs. Investiert man schließlich die 100000 Rupien in Fahrrad-Rikschas, entstehen 75 Arbeitsplätze.[20] In Indien und Pakistan machen die Fahrrad-Rikschas zehn bis zwanzig Prozent des Stadtverkehrs aus. In Bangladesh ist die Flotte der Fahrrad-Rikschas von einer Zweidrittelmillion 1988 auf über eine Million im Jahr 2000 angewachsen. Jedes Jahr legt eine Fahrrad-Rikscha durchschnittlich 50000 Personenkilometer und dazu 160 Tonnenkilometer im Güterverkehr zurück. Fahrrad-Rikschas, Ochsenkarren und traditionelle Flussboote, sogenannte Country Boats, sind für 75 Prozent des wirtschaftlichen Mehrwerts, für 80 Prozent der Arbeitsplätze und für 40 Prozent des Einkommens im Verkehrssektor verantwortlich.[21]

Die Autobahn und das Automobil sind Symbole einer totalitären Kultur; sie verweigern den Menschen nachhaltige und gerechte Alternativen für Mobilität und Transport. Um von Kanyakumari nach Singur zu gelangen, besitzt Indien ein großes Eisenbahnnetz. Doch in der Autobahnkampagne der Regierung wird suggeriert, es gebe keine Möglichkeit, von da nach dort zu gelangen – außer den Superautobahnen. Wenn unsere Führer nachhaltigere und menschenfreundlichere Verkehrsmöglichkeiten aufgeben, sind sie blind gegenüber den Erfahrungen des Westens. In Deutschland stammen 91 Prozent aller Luftverschmutzung aus dem Straßenverkehr; ebenfalls auf das Konto des Straßenverkehrs gehen 64 Prozent der Lärmimmissionen, 56 Prozent aller Bau- und Unterhaltsarbeiten und 98 Prozent aller Unfälle.[22]

Eine Studie für Deutschland ergab, dass der Straßenverkehr acht Mal mehr Luftverschmutzung, zehn Mal mehr

Landverbrauch und zwanzig Mal mehr Unfälle verursacht als der Schienentransport.[23] Der Straßentransport verursacht 17 Prozent des gesamten CO_2-Ausstoßes. Alle diese Fakten sind bekannt. Trotzdem wählen die politischen Führer Indiens eine überholte, undurchdachte und teure Verkehrsart als Symbol für das »strahlende Indien«.

Sadak, die Straße, war Teil der Wahlpropaganda der BJP-Partei in den Vorwahlen. Vor den allgemeinen Wahlen von 2004 sorgten Plakate entlang den Autostraßen dafür, dass Autobahnen und Automobile Symbole für das schöne neue Indien wurden. Aber wir müssen aus der Geschichte und von andern Ländern lernen. Wir haben jetzt hundert Jahre Erfahrung mit der ökologischen und sozialen Gewalttätigkeit des Autos. Wir können es vermeiden, seine Sklaven zu werden. Und wir haben auch Lektionen aus Nazideutschland, wo die Autobahnen als Mittel für eine zentralisierte Kontrolle, für Faschismus und Diktatur gebaut wurden und nicht als Wege zu menschlicher Freiheit und Demokratie.

Soziologe Wolfgang Sachs, ein Schüler von Ivan Illich, schreibt in seinem Klassiker *Die Liebe zum Automobil. Ein Rückblick in die Geschichte unserer Wünsche*:

»Diktaturen leben nicht nur von der Gewalt, sondern auch aus der Begeisterung; die leuchtenden Augen des Herrn Biedermann gehören ebenso ins Bild wie die Gestapo im Morgengrauen. Eine Begeisterungsgeschichte des deutschen Faschismus ist indes noch nicht geschrieben. Wer immer sich daranmachte, am Stammtisch zu lauschen und jene Zustimmung von unten inmitten der Unterdrückung von oben sichtbar zu machen, der müsste der Motorisierungspolitik der Nationalsozialisten ein eigenes Kapitel einräumen.«[24]

Der Spatenstich des früheren Premierministers Vajpayee

für seine geliebten Autobahnprojekte erinnert an Bilder von Hitlers Spatenstich für die hanseatische Autobahn Frankfurt–Basel 1933. Premierminister Singh setzte das Werk fort, das Vajpayee begann. Das Automobilgesetz des Deutschen Reiches, welches die Autobahnen ermöglichte, entzog den Bundesländern die Verantwortlichkeit für den Straßenbau und konzentrierte diesen auf nationaler Ebene. Das indische Autobahngesetz aus dem Jahr 2003 erreichte eine ähnliche Zentralisierung und Konzentration von Macht.

In Deutschland haben Straßen »nur für Autos« zu Hitlers Zeiten den Pluralismus und die Demokratie des Verkehrs ersetzt, und Indien ist auf dem direktesten Weg dahin. Ein deutsches Memorandum nannte die ländlichen Gepflogenheiten als größtes Hindernis für das Automobil:

»Die Haupterschwernisse findet der Automobilverkehr auf den Landstraßen durch die Zumutung, sich die Straßen mit Pferdegespannen, mit Radfahrern und Fußgängern zu teilen [...] Es entspricht der Auffassung der modernen Verkehrstechniker, ein Netz von besonderen Autobahnen anzulegen, das als Fernverkehrsstraßennetz dienen wird und das von dem Auto mit der größten Geschwindigkeit, für die es gebaut ist, bei größter Sicherheit und mit geringsten Betriebskosten befahren werden kann.«[25]

Die Monokultur des Geistes, welche die biologische Vielfalt der Bauernhöfe und der Wälder zerstört, Hass unter der Bevölkerung gesät und Hitlers Politik gestützt hat, wird jetzt in die indische Landschaft und auf die indischen Straßen gebracht. Der Autobesitzer und der Langstreckenreisende sind privilegierte Bürger. Der Ochsenkarren, das Fahrrad und der Fußgänger werden deshalb vom Automobil verdrängt, das zuvor nur eines von vielen Transportmitteln war. Das Autobahnprojekt der BJP-Partei zielt darauf ab, Indiens vielfältiges und pluralistisches Gewebe neu zu strukturieren. Hitler hat ebenfalls die Fahne der »Nationalstraßen« hochgehalten, um die Volksgemeinschaft zu schaffen, eine Nation aus »einem Volk, einem Reich, einem Führer«. Nazideutschland setzte die Autobahnen dazu ein, um Vielfalt, Autonomie und Dezentralisierung zu vernichten und das »deutsche Volk zur Einheit zu verschmelzen«.[26] Indiens gegenwärtige Herrscher brauchen die Autobahnen ebenfalls als Mittel und Metapher, um Indien zu einem Monolithen zu formen, der den Luxusbedürfnissen der Reichen dient und dabei die Armen und die Vielfalt, die das Leben der Armen ermöglicht, ausschließt.

Ein Autobahnplakat aus der Wahlkampagne von 2004 preist die Anzahl der gebauten Autobahnen und der damit verbundenen Arbeitsplätze. Die Nazipropaganda operierte mit ganz ähnlichen Maßstäben für Erfolg. Die Inserate des strahlenden Asphalt-Indien haben eine Parallele in der Euphorie des Deutschen Reiches. Die Nationalsozialisten präsentierten den Straßenbau sowohl als technische Leistung wie auch als kulturelle Tat. Fritz Todt, Generalinspektor für deutsche Straßen, sagte nach dem Bau der ersten tausend Kilometer Autobahn: »Es ist wieder ein stolzes Bewusstsein, Straßenbauer zu sein. [...] Das Deutsche Reich erhält Straßen, wie sie, seit es eine menschliche Kultur gibt, in dieser Größe und Schönheit noch nicht gebaut wurden.«[27]

Indien muss im 21. Jahrhundert auf Gandhis Vermächtnis bauen, nicht auf Hitlers. Das Land muss die ökologischen und sozialen Irrtümer des Westens vermeiden. Indien hat in der Vergangenheit Alternativen angeboten, welche auf Nachhaltigkeit und Pluralismus basierten. Gandhi selbst bemerkte:

»Gott verhüte, dass Indien je dem Industrialismus nach westlichem Vorbild folgt. Der wirtschaftliche Imperialismus eines kleinen Inselkönigreiches, England, hält heute die Welt in Ketten. Wenn eine ganze Nation mit 300 Millionen Menschen eine ähnliche wirtschaftliche Ausbeutung betriebe, würde sie die Welt kahl fressen wie ein Heuschreckenschwarm.« [28]

Heute sind wir in Indien eine Milliarde Menschen. Und wir werden dazu gedrängt, den Lebensstil und die Wirtschaftsweise derjenigen 20 Prozent der Menschheit anzunehmen, die bisher 80 Prozent der Ressourcen verbraucht haben. Wenn 100 Millionen reiche Inderinnen und Inder so leben wollten wie ihre westlichen Vorbilder, würde das mehr Ressourcen fressen, als die Welt anzubieten hat. Der Versuch allein würde ihre ärmeren Brüder und Schwestern dazu zwingen, ihr Wasser, ihr Land, ihre Häuser und ihre Lebensgrundlagen aufzugeben. Das Autobahnprojekt bringt Indien nicht näher zusammen, es entzweit Indien. Es schafft eine Automobilapartheid, in der die Reichen mit großer Geschwindigkeit auf Autobahnen fahren, welche die Wälder und Dörfer zerschneiden und für deren Bau Häuser, Bauernhöfe und Bäume zerstört worden sind. Sie rasen vorbei, ohne die Brüder und Schwestern, deren Existenzen sie rauben, auch nur wahrzunehmen. Superhighways sind nicht unser Schicksal oder die Linien in der Hand der Nation. Sie sind Friedhöfe aus Zement und Teer, die unsere Erde, unsere Dörfer und unsere Freiheit unter sich begraben.

Welche Infrastruktur wollen wir?

Jede Infrastruktur hält eine bestimmte gesellschaftliche Struktur zusammen. Doch zunehmend wird der Begriff Infrastruktur ohne Rückbezug auf die Struktur der Gesellschaft verwendet, für die sie gedacht ist. Im Jargon der Weltbank wird implizit angenommen, dass eine Infrastruktur die erdölabhängige Gesellschaft der Elite stützen soll, ohne die Bedürfnisse und Rechte der Armen zu berücksichtigen. Auf ähnliche Weise wird vorausgesetzt, dass die Infrastruktur, welche lokale, dezentralisierte Ökonomien stützt, mit erneuerbaren Energien einfach demontiert werden kann.

Indien hat jetzt schon eines der größten Straßennetze der Welt; es erstreckt sich über 3,32 Millionen Kilometer. Der größte Teil dieses Netzwerkes verbindet die Dörfer, der kleinste Teil sind Expressstraßen, die einem Teil des Privatisierungsprojekts der Weltbank bilden.

Obwohl die nationalen Schnellstraßen nur etwa zwei Prozent des Straßennetzes ausmachen, tragen sie etwa 48 Prozent des Automobilverkehrs. Sobald man die Nationalstraßen verlässt, erweitert sich die Palette der Transportmittel. Man trifft Ochsenkarren, Fahrrad-Rikschas, Fußgänger, den Tonga (Pferdewagen) und Handkarren. Doch die Fahrzeuge der Millionen finden keinen Platz in den Statistiken, welche bloß das Auto zählen. Nur wenn man die lokalen Ökonomien und ihre vielfältigen Transportstrategien ignoriert, kann man sagen, dass 65 Prozent des Fracht- und 80 Prozent des Personenverkehrs per Auto bewerkstelligt werden. Wenn aber die Fahrrad-Rikschas und Ochsenkarren mitgezählt werden, sind es die nicht motorisierten Fahrzeuge, die 80 Prozent des lokalen Transports bewältigen.[29]

Wenn die Infrastruktur der lokalen Ökonomien abgebaut und die Infrastruktur für den motorisierten Langstreckenverkehr gefördert wird, dann nimmt die Zahl der Autos zu. Von 1998 bis 2003 betrug dieser Zuwachs jedes Jahr 10 Prozent.

Die Infrastruktur der dezentralisierten, demokratischen und erneuerbaren Ökonomien schließt die Vielfalt von Pflanzen und Tieren mit ein, welche erneuerbare Ressourcen und Energien liefert. Sie schließt lokale Tauschmärkte mit ein. Sie schließt das Wissen und die Handfertigkeit mit ein, welche eine lokale Produktion und lokalen Konsum erlaubt und die Bedürfnisse und das Wohlergehen der Leute deckt. Aber hat man je von offiziellen Statistiken gehört, welche den Baum oder die Kuh als Infrastruktur gelten lassen?

Im Paradigma der Erdölabhängigkeit bedeutet Infrastruktur Autobahnen und Überführungen, Flugplätze und Häfen. Und um die Struktur der nicht nachhaltigen erdölfixierten Wirtschaft zu bauen, müssen andere Infrastrukturen verdrängt und vernichtet werden. Die Infrastruktur der biologischen Vielfalt zählt hier nichts; sogar das massive Eisenbahnnetz wird zum Verschwinden gebracht. Mobilität wird auf Autos und Autostraßen reduziert.

Anschluss für Autos, nicht für Menschen

Land ist die Grundlage der Landwirtschaft. Etwa 70 Prozent aller Inderinnen und Inder sind für ihren Lebensunterhalt direkt vom Land und der Landwirtschaft abhängig; 42,4 Prozent dieser Menschen besitzen überhaupt kein Land, 53,7 Prozent besitzen zu wenig für ihren Unterhalt. Zusätzlich zur Nahrung selbst sind auch das Holz, der Brennstoff, und das Tierfutter, das der Zugang zum Land gewährt, von zentraler Bedeutung bei der Schaffung einer Nahrungssicherheit, welche der Natur, dem einzelnen Bürger und der lokalen Bevölkerung gerecht wird. Die Fruchtbarkeit des Landes ist die allerwichtigste Voraussetzung, um die Nahrungsbedürfnisse des einzelnen Menschen, der Region und der Nation zu erfüllen.

Die Privatisierung und die Globalisierung machen die Landreformgesetze rückgängig, welche die Konzentration des Landbesitzes aus dem Zamindari-System des kolonialen Indien verändern wollten. Das von den Briten eingeführte Zamindari-System wirkte sich verheerend auf die Nahrungssicherheit der Bauern aus und resultierte in den großen Hungersnöten des 18., 19. und frühen 20. Jahrhunderts.[30] Als die verfassungsgebende Versammlung Indiens erkannte, welch wichtige Grundlage der Zugang zu Land für das Überleben der meisten Inder darstellte, und als Reaktion auf die Tebhagabewegung (1946/47) beschloss sie einstimmig, das koloniale System abzuschaffen und den Landbesitz neu zu regeln und zu beschränken. Eines der Hauptziele der landwirtschaftlichen Reformen der Weltbank ist jedoch gerade die Abschaffung der damals geschaffenen sogenannten Land Ceiling Laws, von Gesetzen, die die Fortdauer oder das Neuentstehen von Monopolen im Landbesitz verhindern sollten, so wie sie im alten Zamindari-System während des 18. und 19. Jahrhunderts üblich gewesen waren. Diese Änderungen der Landreform wurden als Teil eines umfassenderen Strukturanpassungsprogramms begonnen.

Land wird heute im Namen der Infrastruktur für städtische Entwicklung und neue Straßen und Autobahnen angeeignet. Das Land, das oft genug durch Zwang und Gewalt »erworben« wird, ist meist landwirtschaftlich bearbeiteter Boden. Für den Bau von Autostraßen wird der private Sektor nicht bloß durch Steuergelder und internationale Beiträge gestützt, sondern erhält von der Regierung auch zahlreiche weitere Vergünstigungen.

Das Mitspracherecht der Betroffenen bei Umsiedlungsplänen und -projekten sollte gesichert werden. Und heimatvertriebene Menschen sollten Hilfe erhalten, um ihre gewohnte Produktion, ihr Einkommen und ihren Lebensstandard weiterführen oder verbessern zu können. Ein Entwicklungsprojekt kann nicht gerechtfertigt werden, wenn es einen Teil der Gesellschaft in die Armut treibt. Die Definition der »Vertriebenen« *(displaced persons)* muss erweitert werden; sie sollte nicht bloß die enteigneten Landbesitzer umfassen, sondern auch diejenigen Menschen, deren Unterhalt vom Land der andern oder von Allgemeinbesitz abhängt. Land sollte mit Land kompensiert werden, und eine Wiederansiedlung aller Vertriebenen sollte rechtlich vorgeschrieben sein.[31]

Wenn Wiedergutmachungsmaßnahmen wirksam sein sollen, muss man sie in die Praxis umsetzen können. Der Staat ist verpflichtet, die Betroffenen zu rehabilitieren. Es sollte keine Vertreibung ohne Wiedergutmachung geben. Diejenigen Menschen, welche auf bewaldetem Land leben und den Boden aufgrund ihres Gewohnheitsrechts gemeinschaftlich nutzen, werden von einem auf Privatbesitz fixierten Rechtssystem zu Unrecht als »Unbefugte« abgestempelt; sie müssen gleich behandelt werden wie diejenigen, die ihren Besitz mit Papieren dokumentieren können. Bis jetzt haben weder die Regierungen der betroffenen Bundesstaaten noch die Projektleiter viel Einsicht und Fingerspitzengefühl im Umgang mit Vertriebenen und ihrer Wiedergutmachung gezeigt. Wenn man den wirtschaftlichen Wert von zu kompensierenden Verlusten berechnet, sollte man die realen Kosten für den Ersatz für alle quantifizierbaren Werte einsetzen und nicht den abgeschriebenen Wert der genutzten Güter. Die Verwirklichung des Grundsatzes »Land für Land« – in vielen Fällen sogar die Wiedergutmachung an sich – ist dem Gutdünken der Bundesregierungen überlassen worden. Die Verantwortung für Kompensation und Wiederansiedlung sollte zu gleichen Teilen von der Projektleitung und der Zentralregierung getragen werden. Denn die vertriebenen Menschen haben den Glauben an die Bundesregierungen verloren, wenn es um die Einhaltung der Verpflichtungen geht.

Das Autobahnprojekt ist eine Privatisierung von Raum, Land und Mobilität. Sechsspurige Autobahnen gehen auf Kosten von Siedlungen entlang von Indiens alten Straßen, etwa der Grand Trunk Road, der großen türkischen Straße, welche Lahore und Kolkata verbindet. Autobahnen sind auf Zwangsenteignungen der indischen Bäuerinnen und Bauern aufgebaut.

Die Autobahnräuber

Erde und Erdöl geraten in einen tiefen Konflikt, wenn Indien sein Autobahn- und Schnellstraßennetz gemäß den Finanzierungs- und Privatisierungsbedingungen der Weltbank und der Asiatischen Entwicklungsbank (AsEB) ausbaut. Im August 2000 gewährte die Weltbank Indien ein Darlehen über 516 Millionen Dollar für das dritte Nationalstraßenprojekt, und im Juli 2001 gab sie ein weiteres Darlehen von 589

Millionen Dollar für die Erneuerung der Grand Trunk Road. Die AsEB hatte bereits 1995 ein 245-Millionen-Dollar Autobahndarlehen gewährt, und weitere Zuschüsse von insgesamt 740 Millionen Dollar kamen im Jahr 2002. Dazu kommt, dass Änderungen im Gesetz über den Landerwerb, um die Aneignung von Landwirtschaftsland zwecks Autobahnentwicklung zu erleichtern, und die Privatisierung von Straßenprojekten auf Druck der Weltbank in Indien zu massivem Landraub und zu hochgradiger Korruption geführt haben.

Die Taj-Schnellstraße

Dies ist die Geschichte des größten Landschwindels, den Indien je gesehen hat. Die Art und Weise, wie Land im Wert von Millionen der Regierung von Uttar Pradesh, angeführt von Minister Mayawati, an die Firma Jaiprakash Industries Limited (JIL), den größten Bauherrn Indiens, überging, führte zu strafrechtlichen Untersuchungen. Was der oberste Richter Mishra gefunden hat, ist erstaunlich. Er beschrieb die Ereignisse als »nackter Betrug«.[32]

Alles begann mit der Absicht, zwischen Noida und Agra eine 160 Kilometer lange sechsspurige Schnellstraße, den Taj Expressway, zu bauen. Zwar ist der Taj Mahal mittels Straßen gut erschlossen und liegt außerdem auf der Hauptstrecke der Bahnlinie von Delhi nach Südindien. Doch die Privatisierung der Autobahnen hat einen Baurausch ausgelöst und Korruption auf ein neues Niveau gebracht. Die Straße sollte in sieben Jahren in einem Joint Venture von JIL (75 Prozent der Aktien) und der staatlichen Taj Expressway Authority (TEA) gebaut werden. Als Gegenleistung wollte die Regierung des Bundesstaates der Firma Jaiprakash Industries 2500 Hektaren Land entlang der Expressstraße übergeben, darin eingeschlossen 250 Hektaren bestes Bauland im Industriegebiet Noida.[33]

Noida ist ein Teil von Delhi, in dem die Bodenpreise sprunghaft ansteigen. Gemäß dem Mishra-Bericht wurde der ursprüngliche Inhalt des Projektes, der Bau der Expressstraße, völlig an den Rand gedrängt. Die Anstrengungen konzentrierten sich nun darauf, dass JIL die Ausschreibung gewann und das Land erhielt. Das Autobahnprojekt wurde zum bloßen Mittel zum Zweck, mit dem den Armen Land genommen werden konnte.

Die Transaktion war durch viele Unregelmäßigkeiten gekennzeichnet, zum Beispiel wurden die vorgesehenen Kontrollen umgangen. In letzter Minute machte JIL einseitige Änderungen im Vertrag, welche die Regierung unbesehen akzeptierte. Innerhalb von 72 Stunden nach Unterzeichnung des geänderten Vertrages verlangte JIL von den zuständigen Behörden die Freigabe der 250 Hektaren Land in Noida (dessen Marktwert über 15 Milliarden Rupien oder 220 Millionen Euro betrug). Die Staatsbeamten, welche mit dem Privatunternehmen unter einer Decke steckten, gaben das Land noch am selben Tag frei.

Die Art und Weise, wie diese Geldgeschäfte arrangiert wurden, sagt noch einiges mehr über die Plünderung von Bauernland und öffentlichen Gütern aus. Das abgeänderte Abkommen war, gemäß Bericht des obersten Richters, so einseitig abgefasst, dass es keinerlei Garantien für den erfolgreichen Abschluss des Autobahnprojektes enthielt. Auch wurde die Übergabe des kompensatorischen Baulandes nicht vom erfolgreichen Abschluss des Projekts abhängig gemacht. Es gibt keine Rückgabeklausel für den Fall, dass das Projekt selbst nicht durchführbar oder in Verzug ist. Der ursprüngliche Taj-Expressway bleibt bis heute ungebaut; ein vergleichbares und in Yamuna-Expressway umbenanntes Projekt soll 2010 fertig werden. Obwohl das Taj-Schnellstraßenprojekt zu strafrechtlichen Untersuchungen und zu einem Regierungswechsel führte, ist der gleiche Minister heute wieder zurück im Amt, und die gleiche Firma, JIL, hat eine Ausschreibung für den Ganga-Expressway gewonnen.

Die Bangalore-Mysore-Autobahn

Der Industriekorridor Bangalore-Mysore ist das größte private Immobilien- und Infrastrukturprojekt Indiens. Es beinhaltet den Bau einer Schnellstraße zwischen den zwei Städten und die Schaffung von fünf neuen Städten entlang dem Korridor. Die Regierung gab 1997 etwa 8500 Hektaren Boden für dieses Projekt frei; ein Drittel davon war kollektiv genutzter Staatsbesitz wie Wälder, Dorfallmenden und »Ödland«. Der Rest bestand aus kleinen Höfen und gemeinschaftlich genutztem Weideland, das den Kleinbauern und den Landlosen ein Auskommen bot. Die Bauunternehmer sahen ein, dass es eine heikle Sache ist, für ein Straßenprojekt Menschen zu verdrängen. Die Befugnisse von 170 Panchyatas (Dorfregierungen), die Bautätigkeit in ihrem Gebiet demokratisch zu regeln, wurden deshalb der Zentralgewalt eines staatlich gelenkten hochkarätigen Komitees übertragen. Der Bau der gebührenpflichtigen Autobahn zwischen Bangalore und Mysore frisst 8000 Hektaren Land; es ist ein 60-Milliarden-Rupien-Projekt (knapp 900 Millionen Euro) und steht jetzt unter Verdacht, in einen Immobilienschwindel verwickelt zu sein. Denn die Regierung kompensierte die Bauern unter dem Marktwert. Sie zahlte ihnen etwa 80000 bis 120000 Rupien pro Hektare (1000 bis 1800 Euro), wo der

Marktwert 200000 bis 400000 Rupien (3000 bis 6000 Euro) betrug. Dann gab sie das Land an die Immobilienfirma Nandi Infrastructure Corridor Enterprises Limited (NICEL) weiter, und zwar für einen noch niedrigeren Preis (etwa 40000 Rupien oder 580 Euro pro Hektare).

Eine Behörde nach der andern erließ NICEL die Gebühren im Zusammenhang mit der Landübergabe vom Karnataka Industrial Areas Development Board an NICEL und von NICEL an ihre Kreditgeber. Auch erließen sie NICEL die Gebühr, die üblicherweise für die Umwandlung von Landwirtschaftsland in Industrieland bezahlt werden muss. Bei etwa 64000 Rupien (900 Euro) pro Hektare und insgesamt etwa 8000 Hektaren Land ist das eine ganz schöne Ersparnis.

Eine Erneuerung und Verbesserung der bestehenden Eisenbahnlinie Bangalore-Mysore wäre wirtschaftlich viel kosteneffizienter und ökologisch weniger riskant gewesen als das Autobahnprojekt. Gemäß einer unabhängigen Studie, welche vom Indian Institute of Science in Bangalore gemacht wurde, hätte die Elektrifizierung der Eisenbahn und die Verdoppelung der Spur bloß die Hälfte der zehn Jahre gebraucht, die für den Bau der Autobahn nötig sind. Das Eisenbahnprojekt hätte bloß einen Viertel der Autobahnkosten verschlungen, und der Erwerb des dazu nötigen Bodens wäre vernachlässigbar klein gewesen und hätte niemanden von Haus und Hof vertrieben.[34]

Ehrliche Ingenieure sind wegen dieses Autobahnprojekts sogar umgekommen. Satyendra Dubey, ein stellvertretender Generalmanager, der am von der Weltbank finanzierten Autobahnprojekt in Gaya arbeitete, wurde am 27. Dezember 2003 getötet, angeblich von der Baumafia. In Uttar Pradesh töteten Bauunternehmer einen stellvertretenden Projektleiter, der an der Nationalstraße 19 arbeitete.[35] Weitere Ingenieure, welche in Uttar Pradesh getötet wurden, sind L.N. Singh, Indu Bhushan, S.C. Rai, Masood Alam Siddiqui, S.K. Bajpayee und Anwar Mehndi Rizwi.[36]

Das ist bloß ein Teil der Gewalt, die in Indien durch die Autobahnkultur entstanden ist.

Der Tod kommt auf Rädern

230 Tote und 3500 schwere Verletzungen gibt es gemäß den Statistiken des Verkehrserziehungsinstituts Institute of Road Traffic Education jeden Tag auf Indiens Straßen. Die Todesrate bei Verkehrsunfällen beträgt 2 pro 100 000 Fahrzeuge in den USA und 32 pro 100 000 in Pakistan. In Indien sind es 140 Tote pro 100 000 Autos.[37] Die meisten der Getöteten sind zwischen 15 und 44 Jahre alt. Ein Bericht der indischen Unfallpräventionsvereinigung Loss Prevention Association (LPA) besagt, dass 130 000 Menschen pro Jahr aus den Verkehrsunfällen bleibende Schäden davontragen. Die Unfallwahrscheinlichkeit ist für einen Motorradfahrer fünf Mal so hoch wie für den Lenker eines vierrädrigen Fahrzeugs. In Indien sind etwa 47 Millionen Motorräder registriert; Motorräder machen etwa 70 Prozent des motorisierten Verkehrs aus.[38]

Indien besitzt nur 1 Prozent der Motorfahrzeuge auf der Welt, aber in Indien passieren 6 Prozent aller Unfälle mit motorisierten Fahrzeugen. Alle drei Minuten wird ein Unfall gemeldet, und gegen 100 000 Menschen werden jedes Jahr auf indischen Straßen getötet, mehr als in jedem anderen Land.

Die Verkehrsunfälle sind auf nationalen und regionalen Autobahnen am häufigsten, und schwere Fahrzeuge wie Busse und Lastwagen sind für 43 Prozent der Unfälle verantwortlich. Man hat ausgerechnet, dass im nächsten Jahrzehnt bei Verkehrsunfällen in Entwicklungsländern etwa 6 Millionen Menschen getötet und weitere 60 Millionen verletzt werden. Indien wird etwa 30 Prozent dieses Schadens tragen, wenn keine speziellen Gegenmaßnahmen getroffen werden.[39]

In den Straßen von Delhi werden mehr Menschen getötet als bei den Unruhen um Kaschmir. Ein Zeitungsartikel über den Verkehr in Delhi stellte fest: »In den Straßen der Hauptstadt herrscht Krieg.«[40]

Wenn Autostraßen mitten durch die alten Dörfer und Städte Indiens gebaut werden, führt das zu hohen Unfallraten. Die Autobahnstrecke zwischen Agra und Mathura, die einst ein Kuhpfad war, wurde als einer der gefährlichsten Straßenabschnitte mit den meisten tödlichen Unfällen identifiziert. Eine Untersuchung der indischen Straßenbehörde National Highway Authority kam zum Ergebnis, dass auf dem genannten Autobahnabschnitt jeden Tag mindestens vier Verkehrsteilnehmer umkommen oder schwer verletzt werden. Der Bericht machte auf der 180 Kilometer langen Strecke 28 »schwarze Flecken« aus, an denen Unfälle besonders häufig vorkommen und jeden Monat Dutzende von Menschenleben fordern.[41] Diese »schwarzen Flecken« sind da zu finden, wo es eine »unnatürliche« Anzahl von Fußgängern und kleinen Fahrzeugen gibt, weil »zu viele« Dörfer entlang der Straße liegen. Die Menschen sind also zu »schwarzen Flecken« gemacht worden, als die Landschaft sich wandelte und sich nicht mehr auf die heilige Kuh, sondern auf das heilige Automobil ausrichtete.

In Indien stellen die Fußgänger die große Mehrheit der verunfallten Verkehrsteilnehmerinnen und Verkehrsteilnehmer. Im Jahr 2001 wurden auf Delhis Straßen 924 Fußgänger getötet – das sind 50 Prozent aller tödlichen Unfälle der Stadt. Ältere Fußgänger sind zwar weniger häufig in Unfälle verwickelt, sterben aber eher nach einem Unfall. Wer sind die Unfallopfer? Nur für wenige Orte, zum Beispiel Delhi, gibt es eine genauere Aufschlüsselung, aber die Fachleute meinen, dass diese Zahlen einen nationalen Trend ausdrücken. Fußgänger stellen die Mehrheit der Opfer, dann kommen motorisierte Zweiräder und dann Fahrradfahrer.

Warum passieren Unfälle in solch erschreckendem Ausmaß? Manche Experten geben der unangemessenen Infrastruktur die Schuld, welche die Mischung von Verkehr mit hohen und niedrigen Geschwindigkeiten fördert. Und Geschwindigkeit tötet. Die Straßenplanung in Indien vernachlässigt die verletzlichsten Straßenbenützer – die Fußgänger und Zweiradfahrer – ganz und gar. Es gibt keinen Platz auf der Straße für den langsameren Verkehr. Als Folge davon müssen sich Fußgänger, Fahrräder und der Schwerverkehr, Busse und Lastwagen, die langsamere Spur teilen. Im Konflikt zwischen langsameren und schnelleren Fahrzeugen werden die langsameren Verkehrsteilnehmer im Stich gelassen. Die Mischung der Fahrzeuge ist eine gesellschaftliche Realität, für die die Planer kein Gespür haben. Sogar Verkehrsentlastungsmaßnahmen wie Brücken und Tunnel sind bloß für die schnellen Fahrzeuge konzipiert. Weil es nur wenig Fahrrad- und Fußgängerstreifen gibt, ist der Konflikt unvermeidlich. Die grundlegende Infrastruktur für hohe Geschwindigkeit existiert nicht, und doch sind die schnellen Wagen die Verkehrsnorm. Hohe Geschwindigkeiten können nur mit hohen Kosten sicher gemacht werden; und diese Kosten schließen die Zerstörung von ökologisch nachhaltigen Methoden für Mobilität und Transport mit ein.

Autoabgase verursachen Krebs

Die Klimakrise und die Autounfälle sind nicht die einzigen Arten, wie Autos Menschen töten. Autoabgase sind auch auf andere Weise schädlich. Akute Atemwegerkrankungen und Bronchitis gibt es in Städten wie Delhi wegen der explosionsartigen Zunahme des Autoverkehrs viel häufiger als anderswo.

Eine Studie über die Gesundheitsrisiken, welche durch die Luftverschmutzung in Delhi entstehen, kam zu alarmierenden Ergebnissen. Die Studie fand, dass 26 Prozent aller Einwohnerinnen und Einwohner von Delhi Chromosomenveränderungen aufweisen, die eine Vorstufe zu Krebs sein könnten. Über 77 Prozent zeigen eine negative Reaktion auf die Verkehrsabgase. Die beobachteten Veränderungen kommen in den unteren Schichten der Gesellschaft häufiger vor, und Frauen leiden mehr an den Abgasen als Männer. Besonders stark betroffen sind Verkehrspolizisten und Straßenverkäufer, welche mitten im Verkehr arbeiten, wo die Luftverschmutzung besonders hoch ist. Etwa 40 bis 50 Prozent der Krankheiten konnten der hohen Konzentration von Schwebestaub in der Atemluft zugeschrieben werden.

Obwohl der Anteil von Kohlenmonoxid in der Luft abgenommen hat, seit im öffentlichen Verkehr Erdgas eingesetzt wird, ist die Schwebestaubbelastung in Delhi immer noch die höchste im ganzen Land. Sie erreicht zuweilen 250 Mikrogramm per Kubikmeter. Die US-Umweltschutzbehörde setzt 65 Mikrogramm per Kubikmeter als Gefahrengrenze fest.[42] Die hohen Werte in Delhi kommen vom Schwerverkehr, von der enormen Anzahl der Fahrzeuge und von der Inversionslage während der Wintermonate.

Die Einwohner von Delhi sind auch mit hohen Ozonwerten konfrontiert, welche die Vorgaben der Weltgesundheitsorganisation (WHO) bei Weitem übersteigen. Selbst eine kurzfristige Belastung mit hohen Ozonwerten kann Lungenschäden und eine Beeinträchtigung der Atemwege zur Folge haben. Obwohl Ozon nicht direkt durch Fahrzeuge (oder eine andere Schadstoffquelle) ausgestoßen wird, sind es doch Stickstoffoxid und andere vom Verkehr verursachte flüchtige organische Verbindungen, welche mit Sonnenlicht reagieren und so das Ozon bilden.[43]

Abgase lösen Asthma aus

Zwischen Luftverschmutzung und Asthma gibt es einen Zusammenhang, wie Studien nicht bloß in Indien, sondern auf der ganzen Welt nachgewiesen haben. Die schmutzige Luft in Delhi ist für eine 41-prozentige Zunahme von Asthmafällen und eine 39-prozentige Zunahme von chronischer Bronchitis verantwortlich, wie eine Studie von J.N.Pande, einem früheren Medizinprofessor am renommierten indischen Universitätskrankenhaus All India Institute of Medical Sciences, ergab. Die Zahlen wurden durch einen Vergleich der Anzahl Schmutzpartikel in der Luft und der Zahl der Notaufnahmen an bestimmten Tagen etabliert. An den Tagen mit hoher CO_2-Belastung und viel Schwebestaub in der

Luft wurden mehr Patienten als Notfälle aufgenommen als an andern Tagen.[44]

Asthma ist für Länder auf der ganzen Welt eine finanzielle Belastung. Direkt und indirekt geben die USA jedes Jahr mehr als 6 Milliarden Dollar für die Bekämpfung von Asthma aus. Allein für die Behandlung von asthmatischen Kindern werden in den USA etwa 3,2 Milliarden aufgewendet. Großbritannien rechnet mit etwa 1,8 Milliarden für die medizinische Behandlung von Asthma und die durch die Krankheit verlorenen Arbeitstage. In Australien belaufen sich die direkten und indirekten Kosten im Zusammenhang mit Asthma auf 460 Millionen Dollar. Die Kosten für Indien sind nicht berechnet worden, aber sie sind hoch.[45]

Ein Umstieg vom motorisierten Verkehr auf das Fahrrad und vermehrtes Zu-Fuß-Gehen kann die Asthmakosten senken. Ein Bericht der europäischen Wirtschaftskommission und des WHO-Regionalbüros für Europa aus dem Jahr 2001 stellt fest: »Die großen Vorteile für Gesundheit und Umwelt, die eine Förderung des Fahrrads und der Fußgänger im urbanen Raum mit sich bringt, werden in der Entscheidungsfindung noch nicht genügend berücksichtigt.«[46] Der Bericht sagt weiter, dass die Luftverschmutzung in Österreich, Frankreich und der Schweiz Jahr für Jahr für sechs Prozent aller Todesfälle verantwortlich ist. Die Hälfte dieser Todesfälle ist auf Luftverschmutzung durch den motorisierten Verkehr zurückzuführen; in diesen Ländern sterben doppelt so viele Menschen wegen Luftverschmutzung wie durch Verkehrsunfälle. Verkehrsbedingte Luftverschmutzung ist auch für 250 neue Fälle von chronischer Bronchitis bei Erwachsenen, mehr als 2900 Bronchitiserkrankungen bei Kindern und mehr als 500000 Asthmaanfälle jährlich verantwortlich.[47]

Asthma kann nicht geheilt werden, aber die Verschmutzung, die Asthma auslöst, kann verhindert werden.

Bleivergiftung entlang der Autobahn

Mit der Gesundheit der Menschen an der Nationalstraße Nummer 1 in Punjab steht nicht alles zum Besten. Zwischen Ambala und Amritsar (Wagah) ist diese Nord-Süd-Achse schwer mit giftigem Blei belastet, welches sich über die Jahre hinweg im Boden entlang der Autostraße angehäuft hat. Trotz dem Umstieg auf bleifreies Benzin besteht der Schaden weiter. Etliche Studien haben gezeigt, dass Blei zwar nicht ohne Weiteres in die essbaren Teile von Pflanzen gelangt. Doch in Regionen mit rascher städtischer Expansion, wo die Höfe und Häuser mit häufig befahrenen Autobahnen sich mischen, kann die Bleikonzentration in der Erde und in den Pflanzen doch einen ungewöhnlich hohen Wert annehmen. Das meiste Blei aus den Benzinabgasen wird entlang den Straßenrändern als lösliches Chlorobromid abgelagert.

Eine Untersuchung der Probleme, die sich aus der Bleibelastung entlang der Nationalstraße Nummer 1 durch Punjab ergeben, kam zu erstaunlichen Schlüssen. Die Bodenexperten der Punjab Agricultural University in Ludhiana fanden, dass Erdproben, welche direkt vom Straßenrand genommen wurden, viel höhere Bleikonzentrationen enthielten als Proben aus 50-metriger Distanz zur Straße.[48] Pflanzenproben (von Getreide und Eukalyptusbäumen) vom Straßenrand zeigten, dass die Bleikonzentration viel höher war als die zugelassenen 10 Mikrogramm pro Kilogramm. In einem Fall betrug die Konzentration 38,75 Mikrogramm pro Kilogramm. Solche Werte erklären, weshalb die Leute, die nah an der Straße wohnen, mit großen medizinischen Problemen zu kämpfen haben – unter anderem Sterilität, Fehlgeburten, chronische Nierenentzündung, Verfärbung der Lippen und vorzeitige Entwicklung von Arteriosklerose.[49]

Die Bleiverschmutzung ist auch deshalb ein großes Problem, weil Blei in der Erde eine lange Zeit weiterwirkt und weil die Bleikonzentration Entwicklungsstörungen bei Kindern auslöst, die im verseuchten Gebiet leben müssen. Der Gebrauch von Tetraethylblei als Antiklopfmittel in Autotreibstoffen hat bekanntlich zu einer Zunahme von Blei sowohl in der Atmosphäre wie in der Erde geführt. Eine Studie aus dem Jahr 2005 zeigte, dass sogar »bleifreies« Benzin immer noch Spuren von Schwermetall enthält, die dann als Abgas in die Umwelt gelangen.

Tiere als Mobilitätsalternative

Das Automobil hat sich als Schlüsselsymbol für das erdölabhängige Zeitalter entpuppt. Doch das erdölabhängige Paradigma der Mobilität ignoriert und verdrängt die Hunderte von nachhaltigen Verkehrsmöglichkeiten, die verschiedene Kulturen anbieten. Tiere und Rikschas zum Beispiel haben Mobilität gewährleistet. Esel, Maultiere, Kamele, Elefanten, Yaks, Lamas, Büffel, Ochsen, Hunde und Rentiere haben die Menschen in verschiedensten Ökosystemen und über verschiedenstes Gelände getragen. Während Tausenden von Jahren haben in Indien Elefanten Menschen und Güter transportiert. Ich erinnere mich, wie ich als Kind mit meinem Vater, einem Förster, auf dem Elefantenrücken tief in die Wälder ritt, an Orte, wo keine Straßen hinführten. Und wenn das Forstdepartement während des jährlichen Fests den Elefanten für Vergnügungsrunden an unsere Schule auslieh, durfte ich ihn sogar zur Schule reiten.

Als ich im kleinen Bergdorf Nainital zur Schule ging, legten wir die drei Kilometer Schulweg zu Fuß zurück. Später, in Dehradun, fuhren wir in einer Tonga, einem Pferdewagen, zur Schule. Und als wir älter wurden, wechselten wir aufs Fahrrad über.

Während des Urlaubs waren wir mit meinem Vater unterwegs – und in den Bergen geschah das selbstverständlich auf dem Pferderücken. In der Ebene benutzten wir einen uralten Austin, der oft mit Ochsenkarren aus den Gräben der ungepflasterten Straße herausgezogen werden musste. Ich habe nie gedacht, das Auto sei anderen Transportmitteln überlegen. Das Kamel kann Mobilität in der Wüste anbieten und das Rentier bringt uns über Schneefelder.

Doch die falsche Ökonomie des mechanistischen Paradigmas hat die auf biologischer Vielfalt basierende Mobilität immer als minderwertig und das Automobil als überlegen angesehen. Das mechanische Zeitalter hat das Auto bevorteilt. Alle Maßnahmen der öffentlichen Hand waren auf die Förderung des Autos und die Verdrängung ökologischer Fortbewegungsmittel ausgerichtet. Geschwindigkeit wird belohnt, obwohl Geschwindigkeit Kulturen, Menschen, Lebensgrundlagen und den Planeten selbst umbringt.

Das Kamel wird auch Wüstenschiff genannt. Es kann da überleben, wo nur wenige andere Tiere existieren können. Das Kamel kann Temperaturschwankungen von 38 Grad Celsius bis arktische Kälte ertragen. Es kann sechs bis acht Stunden am Tag arbeiten, 40 Kilometer weit marschieren und

Lasten von bis zu 500 Kilogramm tragen. Es überlebt mehrere Tage lang ohne Wasser. Man stelle sich vor, dass ein Auto auch nur eine Sekunde lang ohne Brennstoff fahren würde!

Kamele können in der Wüste überleben dank ihrer einzigartigen Eigenschaft: Die Höcker lagern Fett, was dem Kamel erlaubt, fünf bis sieben Tage lang ohne Essen und Trinken unterwegs zu sein. Das baktrische Kamel hat zwei Höcker, das arabische Kamel bloß einen. Das zweihöckrige Kamel, *camelus bactrianus*, stammt aus dem alten Land Baktrien, welches heute zu Afghanistan gehört. Es ist vom Aussterben bedroht. Ein ausgewachsenes Kamel kann innert zehn Minuten mehr als 80 Liter Wasser trinken und das Wasser in der Blutbahn lagern. Wenn das Kamel ohne Essen und Trinken auskommen muss, kann es bis zu einem Viertel seines Körpergewichts verlieren.

Die gesamte Kamelbevölkerung der Erde beträgt etwa 19 Millionen Tiere, wovon etwa 14 Millionen (74 Prozent) in Afrika leben; 4,5 Millionen (25 Prozent) leben in Asien und eine Viertelmillion sonst wo auf der Welt. Indien nimmt in Bezug auf die Kameldichte den dritten Platz ein, hier leben 1,5 Millionen Tiere.

In Indien werden die Kamele zum Pflügen sowie zum Transport von Menschen und landwirtschaftlichen Produkten genutzt. Kamele pumpen Wasser aus tiefen Brunnen herauf und pressen Öl aus Ölkernen. Kamele liefern auch Milch, Wolle, Leder, Mist und Knochen.

Die drei großen Kamelzuchten Indiens sind Bikaneri, Jaisalmeri und Kuchi. Die Bikaneri-Kamele haben eine ungeheure Zugkraft und werden vorzugsweise in der Tharwüste gezüchtet. Die Jaisalmeri-Kamele wurden im Militär verwendet und sind heute noch Teil der Grenzkontrolltruppen.

Die Kuchi-Kamele schließlich geben viel Milch. Andere Kamelarten sind Mewari, Marwari, Sindhi, Shekhawati, Mwati und Riverine.

Auch Esel sind in der Wüste und in den Bergen eine wichtige Energiequelle. Ein Esel kann 25 Prozent seines Körpergewichts ziehen, und zwar sieben Stunden am Tag. Ein Ochse kann nur 18 Prozent seines Gewichts ziehen, und bloß für eineinhalb Stunden am Tag. Esel arbeiten 30 Jahre lang, Ochsen bloß 15 Jahre. Und entgegen einem weitverbreiteten Vorurteil sind die Esel sehr intelligente Tiere.

Der frühere indische Premierminister Chandra Shekhar pflegte eine Eselskulptur vor seinem Haus zu haben. Er meinte, wenn wir den Esel respektieren, werden wir vielleicht auch die hart arbeitenden Menschen respektieren. Der Esel war sein Symbol für Arbeiterrechte. Für die Griechen war der Esel mit dem Gott des Weines, Dionysos, verwandt. Das griechische Wort für Esel, *hamor*, kommt in der Bibel über hundert Mal vor. Im Alten Testament sprach Gott durch eine Eselin, um Bileam zu bekehren. Im Neuen Testament reitet Jesus auf einem Esel in Jerusalem ein.

Rajasthan hat eine jährliche Eselsmesse in Kanota, 25 Kilometer von Jaipur entfernt. Esel werden an Wäscher, Töpfer und Bauarbeiter verkauft. Doch seit die Zahl der Autos zunimmt, verschwinden die Esel. Traktoren und Motorfahrzeuge ersetzen sie. Die *Asian News International* schreibt: »Die Eselsmesse war früher ausschließlich für den Eselshandel da, und etwa 4000 bis 5000 Esel wechselten die Hand. Doch heute werden bloß noch 800 bis 900 Esel verkauft. Und die Zahl wird mit jedem Tag kleiner. Es scheint, als sei die Eselsmesse am Ende. Bald werden wir eine Pferdemesse haben.«[50]

Pferde sind traditionell ebenfalls eine wichtige Energiequelle. Einheimische Züchtungen sind unter anderem Marwari, Kathiawari, Manipuri, Spiti, Bhutia und Zanskari. Die indischen Züchtungen Deccani, Chummarti und Sikang sind vom Aussterben bedroht. Die Marwari und Kathiawari werden aufgrund ihrer Schönheit und als Rennpferde gewählt. Bhutia, Spiti und Zanskari-Kleinpferde sind langsam und eignen sich für den Transport in den Bergen. Manipuri-Pferde waren ursprünglich Polo-Ponys, schnell und gut lenkbar.

Solange Tiere Teil eines lebendigen Energiesystems sind, sind sie und ihre Artenvielfalt geschützt. Zugtiere liefern eine einzigartige Form von erneuerbarer Energie – sie konvertieren die Sonnenenergie via Pflanzenleben in Güter und Dienstleistungen. Die Zugtiere als Energielieferanten reparieren sich selbst, pflanzen sich selbst fort und werden durch Nebenprodukte der Landwirtschaft gespiesen. In der Dritten Welt sind 2 Milliarden Menschen von der Energie der Tiere abhängig. 50 Prozent des globalen Nahrungsangebotes sind von der Tierenergie abhängig. In vielen Ländern liefern die Tiere 80 Prozent der gesamten Energie; in Südasien und dem Fernen Osten sind es sogar 95 Prozent. Man schätzt, dass es auf der ganzen Welt etwa 300 Millionen Zugtiere gibt, 72 Prozent davon sind Ochsen. Die Ochsen pflügen zwei Drittel des Landes und übernehmen zwei Drittel des Transports auf dem Lande. Im ländlichen Indien gibt es mehr als 10 Millionen Fahrzeuge, die von Tieren gezogen werden.[51]

Als ich Anfang der 1980er-Jahre das Indian Institute for Management in Bangalore besuchte, nannte man unseren Direktor, N.S. Ramaswamy, liebevoll den »Ochsenkarrenmann«; denn seine lebenslange Berufung war es, die Tiere in Indiens Energielandschaft sichtbar zu machen. Noch heute kommt ein Großteil der Information zur Tierenergie aus seiner Veröffentlichung *Cartman*, Karrenmensch.

Auf den bäuerlichen Kleinbetrieben Indiens pflügen Tiere insgesamt 100 Millionen Hektaren Land, 25 Milliarden Kilometertonnen Frachtgut wurden auf 15 Millionen Ochsenkarren befördert. Schätzungsweise 74 Millionen Ochsen und 8 Millionen Büffel machen etwa 40 Millionen PS Energie verfügbar, was jedes Jahr einem Geldwert von 100 Milliarden Rupien (knapp 1,5 Milliarden Euro) entspricht. Die Tierenergie spart 6 Millionen Tonnen Erdöl im Wert von 120 Milliarden Rupien im Jahr, die meist in Fremdwährung ausgegeben werden müssten. Als Wirtschaftsgut sind die Zugtiere 250 Milliarden Rupien wert. Zugtiere liefern zwischen 0,4 und 0,8 PS. Wenn man einen Mittelwert von 0,5 PS pro Tier annimmt, dann entspricht die Energie, welche die 300 Millionen Tiere liefern, 150 Millionen PS. 30 Millionen Ackerfräsen und Traktoren brauchte es, um ihre Arbeit zu ersetzen. Das heißt, die Erneuerung der erneuerbaren Tierenergie durch mechanisierte Systeme würde einer Investition von 200 bis 300 Milliarden Dollar entsprechen.[52]

Es wurde berechnet, dass die Kultivierung von Sojabohnen mit dem Traktor 6,3 Mal mehr Energie braucht, als wenn Zugtiere eingesetzt werden.[53]

Tiere liefern nicht bloß Energie, sondern auch Nahrung und Düngung. Die Leistung von Nutztieren in Indien – Milch, Arbeit, Düngung, Fasern, Eier und Fleisch – beläuft sich auf 1,2 Billionen Rupien oder 24 Milliarden Dollar. Die Nutztiere steuern 8 Prozent zum Bruttosozialprodukt des Landes bei.

Kuba ist ein Land, welches seine erneuerbaren Energiegrundlagen beispielhaft neu angepackt hat. Von 1960 bis

1990 hat sich die Anzahl der Traktoren in Kuba von 7000 auf 70000 verzehnfacht; in der gleichen Zeit hat die Zahl der Ochsen abgenommen. Die Wirtschaftssanktionen gegen Kuba und der Zusammenbruch der Sowjetunion 1989 führten zu einer ernsthaften Verknappung von Brennstoff, Ersatzteilen und Düngemitteln. Dank neuer Maßnahmen und Strategien in der Landwirtschaftspolitik schaffte Kuba den Umstieg vom Traktor zum Ochsen. Ein neues Zuchtprogramm wurde gestartet, neue von Tieren gezogene Fahrzeuge wurden entwickelt, und Schmiede und Handwerker sowie Hersteller von Jochs und Zaumzeug wurden ausgebildet.

Heute hat Kuba wieder 385000 Ochsen, welche 40000 Traktoren ersetzt haben.[54]

Nach dem Ochsen kommt der Traktor … nach dem Traktor kommt der Ochse … nach dem Auto kommt die Kuh …

3. Biobrennstoff oder Bionahrung

Ökologische versus industrielle Biobrennstoffe

Biobrennstoffe, das heißt Brennstoffe, die aus Biomasse gewonnen werden, sind nach wie vor die wichtigste Energiequelle für die Armen dieser Welt. Der ökologisch geführte Bauernbetrieb ist nicht bloß eine Nahrungsquelle, sondern auch eine Energiequelle. Die Energie für die Nahrungszubereitung kommt von der nicht essbaren Biomasse, zum Beispiel die Stängel der Hirse und der Hülsenfrüchte, Äste von beschnittenen Bäumen und Holz aus dem Waldgrundstück des Dorfes. Nachhaltig bewirtschaftete Dorfallmenden sind seit Jahrhunderten eine Quelle für dezentralisierte Energie. Die Nutzung von dezentralisierter Energie aus Biomasse ist ein wichtiger Schritt beim Umstieg von fossilen Brennstoffen auf erneuerbare Energien. Biomasse kann direkt als Koch- oder Heizenergie genutzt werden. Sie kann in Biogas umgewandelt werden, eine dezentralisierte Energiealternative, welche unter anderem von Gandhi propagiert wurde. Biobrennstoffe können zur Erzeugung von Elektrizität für den dezentralisierten Konsum genutzt werden, und sie können Teil einer nachhaltigen Alternative zu fossilen Brennstoffen und Atomkraft sein. Wenn sie in ein demokratisches, dezentralisiertes Betriebs- und Entscheidungssystem eingebettet werden, können Biobrennstoffe die biologische Vielfalt regenerieren, CO_2 wiederaufbereiten, die landwirtschaftliche Produktivität steigern, die Widerstandsfähigkeit des

Agro-Ökosystems angesichts des Klimawandels stärken und die Nahrungs- und Energiesicherheit der Armen erhöhen.

Die gegenwärtige Begeisterung für die Industrialisierung von Biobrennstoffen jedoch fördert Monokulturen und zerstört biologische Vielfalt. Gestützt wird mit dieser Wirtschaftsweise der Luxuskonsum der Reichen auf Kosten der grundlegenden Nahrungs- und der bescheidenen Energiebedürfnisse der Armen. Vermehrt besitzen und kontrollieren zentralisierte Wirtschaftsunternehmen Land und Biomasse, die sie den Armen weggenommen haben.

1995 gab es 34 Länder, die mindestens 70 Prozent ihres Energiebedarfs mit Holz deckten; in 13 dieser Länder lieferte Holz mehr als 90 Prozent aller Energie.[1] Die verschiedenen Pflanzen- und Baumarten, welche in biologisch vielfältigen Agro-Ökosystemen Energie für die Landbevölkerung geliefert haben, erscheinen nirgends im neuen »Lexikon der Biobrennstoffe«. Die neuen Biobrennstoffe sind keine bäuerlichen Produkte mehr, die den Energiebedarf der armen bäuerlichen Bevölkerung abdecken. Sie sind nicht einmal mehr Komplementärprodukte zur Nahrung, also Produkte, die unter bestimmten Umständen die Hauptnahrung ersetzen können. Stattdessen stehen sie als industrialisierte Produkte in direkter Konkurrenz zu Nahrung. Sie sind nicht Teil von diversifizierten, dezentralisierten, nachhaltigen und gerechten Nahrungs- und Energiesystemen.

Industrieller Biobrennstoff ist nicht der Brennstoff der Armen; er ist die Nahrung der Armen, umgewandelt in Wärme, Elektrizität und Treibstoff für die Reichen. Flüssige Biobrennstoffe, vor allem Ethanol und Diesel, gehören zu den am schnellsten wachsenden Produktionssektoren; ihr Wachstum wird angetrieben von der Suche nach Alternativen zum Erdöl. Industrielle Biobrennstoffe werden durch die Gesetzgebung und politische Maßnahmen gefördert. Es werden Gesetze erlassen, die die flüssigen Brennstoffe fördern und den Boden der Nahrungsproduktion entziehen. Von den reichsten Ländern des Nordens bis zu den ärmsten Ländern des Südens wird die Nahrungssicherheit vernachlässigt, um die Energieinfrastruktur des Erdölzeitalters »gut geölt« zu halten. Das ganze System, das auf fossilen Brennstoffen basiert, soll mithilfe des aus Pflanzen gewonnenen Öls gewahrt und erweitert werden.

Präsident Bush versuchte ein Gesetz zu erlassen, das eine Steigerung bei der Nutzung von Biobrennstoff auf 132 Milliarden Liter im Jahr 2017 vorsah. Das ist eine enorme Zunahme von den 15 Milliarden Litern, die 2005 konsumiert wurden. Alexander Müller von der Abteilung für nachhaltige Entwicklung der UNO-Welternährungsorganisation FAO sagte: »Die allmähliche Ablösung vom Erdöl hat begonnen. In den nächsten 15 bis 20 Jahren werden wir sehen, wie Biobrennstoffe ganze 25 Prozent des Weltenergiebedarfs decken werden.«[2] Die weltweite Produktion von Biobrennstoffen hat sich in den letzten fünf Jahren verdoppelt und wird sich in den nächsten vier Jahren vermutlich nochmals verdoppeln. Unter den Ländern, die in den letzten Jahren Biobrennstoff-freundliche Gesetze erlassen haben, sind Argentinien, Australien, China, Ecuador, Indien, Indonesien, Kanada, Kolumbien, Malawi, Mexiko, Mosambik, die Philippinen, Sambia, Senegal, Südafrika und Thailand. Der ehemalige Weltbankchef Paul Wolfowitz sagte einmal:

»Biobrennstoffe bieten die Möglichkeit, das Energieangebot der Welt zu vergrößern, die steigende Nachfrage zu befriedigen und hoffentlich auch die Kosten etwas zu mindern.

Wir haben die Gelegenheit, das alles auf umweltfreundliche Art und CO_2-neutral zu tun. Sie sind eine Chance für Entwicklungsländer wie Brasilien, die ihrer Bevölkerung so Arbeit und ein Einkommen geben können.«[3]

Aber sind industrielle Biobrennstoffe wirklich CO_2-neutral? Gewinnen oder verlieren die Armen mit der explosionsartigen Zunahme der Produktion von industriellen Biobrennstoffen? Wie wirkt sich diese neue Obsession der Politik mit industriellem Brennstoff auf den Boden und die Ökologie insgesamt aus? Was bedeutet die Entwicklung für die Land- und Nahrungssouveränität der Armen?

Grün als Handelsmarke

Industrielle Biobrennstoffe werden als eine Quelle für erneuerbare Energie und als ein Mittel zur Reduktion von Treibhausgasemissionen angepriesen. Doch es gibt zwei ökologische Gründe, weshalb die Umwandlung von Nutzpflanzen wie Soja, Mais und Palmen in flüssige Brennstoffe die CO_2-Belastung vielleicht sogar vergrößert und die Klimakrise verschärft und weshalb diese Konversion überdies die biologische Vielfalt gefährdet und die Wasserressourcen aufbraucht.

Erstens führt die Entwaldung für die Soja- und Palmölplantagen zu erhöhten CO_2-Emissionen. Die Welternährungsorganisation FAO schätzt, dass etwa 1,6 Milliarden Tonnen oder 25 bis 30 Prozent der Treibhausgase, welche jedes Jahr in die Atmosphäre gelangen, vom Abholzen der Wälder stammen.[4]

Gemäß Wetlands International, einer NGO zum Schutz von Feuchtgebieten, trägt die Zerstörung der südostasiatischen

Wälder für Palmölplantagen etwa 8 Prozent zum weltweiten CO_2-Ausstoß bei.[5] Bis zum Jahr 2022 könnten Biobrennstoffplantagen 98 Prozent des indonesischen Regenwaldes zerstören.[6] Jede Tonne Palmöl, die als Biobrennstoff genutzt wird, entlässt 30 Tonnen CO_2 in die Atmosphäre, zehn Mal so viel wie herkömmliches Benzin.[7] Ironischerweise wird diese zusätzliche Bürde für die Atmosphäre als gutartig angesehen und vom Kyoto-Protokoll als Clean Development Mechanism, als Klimaschutzinstrument, eingestuft. Die Biobrennstoffe beschleunigen die globale Erwärmung, welche sie eigentlich reduzieren sollten.

Biobrennstoffe – eine Treibhausgefahr

Zwei wichtige Studien, die im Februar 2008 im Wissenschaftsmagazin *Science* publiziert wurden, besagen, dass Biobrennstoffe mehr Treibhausgasemissionen verursachen als herkömmliche Brennstoffe – wenn man die vollen Produktionskosten für diese grünen Brennstoffe in Rechnung zieht. Die Studien gehen einer Reihe von Berichten nach, welche einen Zusammenhang zwischen Ethanol- und Dieselproduktion und erhöhtem CO_2-Ausstoß, Zerstörung von biologisch vielfältigen Wäldern und Verschmutzung von Luft und Wasser festgestellt haben. Die Zerstörung des natürlichen Ökosystems – ob tropische Regenwälder oder Weideland in Südamerika – entlässt nicht bloß zusätzliche Treibhausgase in die Atmosphäre, dieser Prozess entzieht dem Planeten auch natürliche Schwämme, die die CO_2-Emissionen absorbieren könnten. Die Studien stellen auch fest, dass die neuen Plantagen viel weniger Kohlenstoff absorbieren können als die Regenwälder oder sogar das Buschland, das sie ersetzen. Zusammen kommen die beiden Studien zu weitreichenden Schlüssen: Weltweit hatte fast alle Biobrennstoffproduktion direkt oder indirekt, absichtlich oder unabsichtlich neu gerodetes Land zur Folge. Ob das geopferte Land Regenwald war oder Buschland – der Treibhauseffekt des Vorganges ist beträchtlich.

Joseph Fargione, Mitautor der einen Studie und Wissenschaftler bei der US-Naturschutzorganisation Nature Conservancy, sagt: »Die Rodung von Buschland entließ 93 Mal so viel Treibhausgase in die Atmosphäre, wie durch den auf diesem Land produzierten Biobrennstoff jedes Jahr gespart werden könnte.« In Indonesien und Malaysia ist Biodiesel aus Palmöl wegen seiner Verbindung zur Zerstörung von Regenwald zurzeit einer der umstrittensten Biobrennstoffe; seine CO_2-Schuld, das heißt die Zeitspanne, die erforderlich wäre, um diese zusätzlichen Emissionen durch die fortgesetzte Nutzung von Biokraftstoffen wieder einzusparen, beträgt 423 Jahre! Biodiesel aus Sojabohnen hat im Amazonas-Regenwald eine CO_2-Schuld von 319 Jahren. »Bis die CO_2-Schuld abbezahlt ist, haben Biobrennstoffe von konvertiertem Land einen größeren Treibhauseffekt als der Brennstoff, den sie ersetzen.«[8] Die CO_2-Schuld bezieht sich auf das CO_2, das in den ersten 50 Jahren nach der Landumwandlung ausgestoßen wird. »Die Leute realisieren nicht, dass es in den Pflanzen und in der Erde drei Mal mehr CO_2 hat als in der Luft. Wenn wir Wälder abholzen, sie verbrennen und die Erde aufwühlen, setzen wir all das darin gelagerte CO_2 frei«, sagt Joseph Fargione.[9]

Gemäß Fargione hat die Entscheidung der USA, so viel Land mit Mais für die Ethanolproduktion zu bepflanzen, indirekt Änderungen in der Landnutzung bis in weit entfernte Regionen bewirkt. Bisher hatten Bauern im amerikanischen Mittleren Westen auf ihren Feldern jedes Jahr zwischen der Aussaat von Mais und Soja abgewechselt. Doch nun pflanzen viele nur noch Mais, was heißt, dass das Soja anderswo angebaut werden muss. Studien zeigen, dass der vermehrte Verbrauch von Biobrennstoffen in Europa und in den USA indirekt zur Zerstörung von weit entfernten natürlichen Lebensräumen führt. Diese Tatsache wurde ebenfalls von einer Studie des indischen Forschungsinstitutes Navdanya über das Verhältnis von Nahrung und Brennstoff bestätigt. Die Untersuchung fand, dass Buschland und Allmenden in Chhattisgarh und Rajasthan zerstört werden, um Jatropha oder Purgiernuss für die Produktion von Biobrennstoff anzubauen.

David Pimentel, Professor an der Cornell University, und Ted Patzek, Professor an der Berkeley University, haben gezeigt, dass alle Nutzpflanzen eine negative Energiebilanz aufweisen, wenn sie in Biobrennstoffe umgewandelt werden. Das heißt: Es braucht mehr fossile Brennstoffe, um Biobrennstoffe zu produzieren, als die hergestellten Biobrennstoffe generieren können. Es braucht zum Beispiel 1,5 Liter Benzin, um 1 Liter Ethanol zu produzieren.[10] Für jede Einheit fossilen Brennstoff, die für die Produktion von Maisethanol verwendet wird, liegt der Ertrag bei 0,778 Energieeinheiten; 0,688 Energieeinheiten sind es beim Ethanol aus Rutenhirse und 0,534 beim Sojadiesel.[11] Pimentel und Patzek wurden von der US-Regierung gerügt, weil sie die Energie, die für den Bau neuer Raffinerien aufgewendet wurde, miteinrechneten. Doch dies sind neue Energieinvestitionen, die Emissionen bewirken. Pimentel und Patzek haben sie mit Recht in die Berechnung der Gesamtenergiebilanz miteinbezogen.

2006 verbrauchten die USA 20 Prozent ihrer Maisernte, um an die 20 Milliarden Liter Ethanol zu produzieren; dieser Biotreibstoff ersetzte rund 1 Prozent des konsumierten Erdöls. Wenn 100 Prozent des Maises für die Ethanolherstellung genutzt würden, könnten damit 7 Prozent des gesamten Ölbedarfs gedeckt werden.[12] Sogar wenn alle Soja- und Maisernten der USA in Biobrennstoff umgewandelt würden, würde das bloß 12 Prozent des Benzins und 7 Prozent des Diesels ersetzen. Um den gegenwärtigen Erdölbedarf der USA mit Biobrennstoffen zu decken, brauchte es 3,6 Millionen Quadratkilometer Mais für Ethanol oder 22,8 Millionen Quadratkilometer Soja für Biodiesel; das ist mehr als alles landwirtschaftlich genutzte Land in den USA zusammengenommen.[13] Die gesamte Sonnenenergie, die von allen grünen Pflanzen in den USA 2006 gesammelt wurde – Landwirtschaft, Wald und Rasen eingeschlossen –, ergibt nur etwa die Hälfte der Energie, die in diesem Jahr konsumiert worden ist.[14] Biobrennstoffe sind sicher nicht die Lösung, weder für Peak Oil, für den Umgang mit dem erreichten Ölfördermaximum, noch für das Klimachaos.

In Tat und Wahrheit ist Ethanol eine Quelle für weitere Krisen, wenn man all die Ressourcen anschaut, die zur Ethanolproduktion nötig sind. Es braucht 6500 Liter Wasser, um 4 Liter Ethanol zu produzieren. Mais braucht mehr Stickstoffdünger, mehr Insektizide und mehr Herbizide als jede andere Nutzpflanze. Ethanol liefert 99 Prozent des gesamten Biobrennstoffes, der in den USA genutzt wird. 2004 wurden in den USA annähernd 13 Milliarden Liter Ethanol produziert und dem Benzin zugefügt; das machte etwa 2 Prozent des Treibstoffbedarfs des Landes aus.[15]

Im Westen gab es eine Flut von Subventionen für die Herstellung von Biobrennstoffen. Diese Unterstützung des Ethanols kostet von 0,29 bis 0,36 Dollar pro Liter in den USA und 1 Dollar pro Liter in der EU.[16] Die Zuschüsse für Biodiesel schwanken zwischen 0,2 Dollar in Kanada und 1 Dollar in der Schweiz. 2007 subventionierten die US-Steuerzahler die Ethanolproduzenten mit 6 Milliarden Dollar.[17]

2008 führte die US-Regierung einen Steuerabsetzbetrag von 0,13 Dollar pro Liter Ethanol ein und verlangte die Verdoppelung des dem Benzin zugesetzten Ethanols auf 28,3 Milliarden Liter bis ins Jahr 2012. Die Gesamtkosten der Maisethanolzuschüsse für den Konsumenten belaufen sich auf 8,4 Milliarden Dollar pro Jahr.[18]

Die Subventionierung von Biobrennstoffen wirkt sich massiv auf die Nachfrage nach Lebensmitteln aus den USA aus, denn es entsteht ein Gerangel um Rohstoffe wie Mais, Soja und Raps, die sowohl als Nahrung als auch als Brennstoff angebaut werden können. 2007 zum Beispiel war die Zunahme der Ethanolproduktion für mehr als die Hälfte der weltweit zunehmenden Nachfrage nach Mais verantwortlich. Ähnliches trifft in den USA und in der EU für Sojabohnen und Raps zu, die zu Biodiesel verarbeitet werden. Die steigenden Nahrungsmittelpreise sind gut für die Produzenten. Sie sind jedoch verheerend für die Konsumenten, vor allem für diejenigen in armen, Nahrungsmittel importierenden Ländern. Die wachsende Produktion von Biobrennstoffen vergrößert auch den Druck auf die bestehenden Boden- und Wasservorräte.

Diese neuen Subventionen werden die Landwirtschaftspolitik verzerren und die Bauern darin bestärken, nicht für Nahrung, sondern für Treibstoff anzubauen. Sie fördern Monokulturen und eine industrialisierte Landwirtschaft, welche zum Klimawandel beitragen. Am Ende werden die Biobrennstoffe die Klimainstabilität erhöhen, statt sie zu mildern.

Gemäß Patzek gilt: »Die USA haben bereits eine Menge Zeit, Geld und natürliche Ressourcen verschwendet, um der Fata Morgana einer Energiezukunft nachzujagen, welche keinesfalls die fossilen Brennstoffe ersetzen kann. Die einzige wirkliche Lösung liegt in einer Begrenzung des Verbrauchs dieser fossilen Brennstoffe. Alles andere wird zu einem nationalen Desaster führen.«[19]

Wenn Italien die EU-Norm erfüllen wollte, dass bis zum Jahr 2010 mindestens 5 Prozent des Benzins und des Diesels mit Biobrennstoffen ersetzt sind, dann müssten 69 Prozent mehr Boden bewirtschaftet werden, als es im ganzen Land gibt; auch wären dafür 102 Prozent mehr Wasser und 40 Prozent mehr Chemikalien notwendig.[20] Großbritannien hat sich das Ziel von 2,5 Prozent Biobrennstoffen bis 2008 und 5 Prozent bis zum Jahr 2010 gesetzt. Mit der zwangsweisen Einführung von Biobrennstoffen ist die Katastrophe vorprogrammiert. Es ist einer der Fälle, bei denen das Heilmittel schlimmer ist als die Krankheit.

Der Planet und die Armen sind dabei die Verlierer; die Regenwälder – die Lungen, das Herz, die Leber des Planeten – werden niedergewalzt, um Soja und Palmen anzubauen. In Brasilien wurden 22,2 Millionen Hektaren in Sojaplantagen umgewandelt, welche 2004 bis 2005 über 50 Millionen Tonnen Biomasse produzierten.[21] Brasilien will wegen des »Goldrauschs« auf Soja weitere 60 Millionen Hektaren Land roden. Seit 1995 hat die Sojaproduktion in Brasilien jährlich um 3,2 Prozent (320000 Hektaren) zugenommen. 21 Prozent von Brasiliens bewirtschafteter Fläche ist nun Sojaland; am

Rio Grande do Sul wurden für Sojaprojekte 300000 Menschen umgesiedelt.[22] Seit Januar 2003 sind im Amazonas fast 70000 Quadratkilometer Regenwald für die Biobrennstoffproduktion abgeholzt worden. Agrarunternehmen wie Cargill, Archer Daniels Midland Company (ADM) und Bunge sind gemäß Greenpeace wesentlich verantwortlich für die Zerstörung des Amazonas.[23] Seit 1990 hat Indonesien 28 Millionen Hektaren Regenwald für Palmenplantagen gerodet.[24] Auch hier sind die Armen die Verlierer, weil das Land und das Wasser, welche Nahrung für die Hungrigen produzieren könnten, dazu gebraucht werden, die Autos mit Biobrennstoff zu füttern.

Die Automobilindustrie und das Agrobusiness gehören zu den Gewinnern. Mit flüssigen Biotreibstoffen können die Autofabrikanten weiterhin ihre Autos verkaufen – trotz abnehmenden Erdölvorräten und Klimakrise. Biobrennstoffe erlauben ihnen auch, sich weiterhin kaum um den Kraftstoffverbrauch zu kümmern. Wie George Monbiot, ein Kolumnist der englischen Zeitung *Guardian*, berichtet:

»Die Europäische Kommission stand vor einer klaren Entscheidung zwischen Treibstoffeffizienz und Biobrennstoffen. Sie hatte ursprünglich beabsichtigt, den Autoherstellern vorzuschreiben, dass die durchschnittliche CO_2-Emission für Neuwagen im Jahr 2012 höchstens 120 Gramm pro Kilometer betragen dürfe. Nachdem Angela Merkel sich nach Kräften für die Autoindustrie eingesetzt hatte, gab die Kommission nach und erhöhte den Grenzwert auf 130 Gramm. Sie versprach, die Differenz durch einen Zuwachs des Biobrennstoffanteils wettzumachen.«[25]

Das Agrobusiness profitiert ebenfalls vom erweiterten Markt für Soja, Mais und Palmen. Monsanto kann mehr herbizidresistente Samen verkaufen und mehr Gewinn aus dem Verkauf von Kunstdünger, Agrochemikalien und landwirtschaftlichen Verbrauchsgütern für die Herstellung von Biomasse schöpfen. Nebenbei kann auch die Profitmarge auf den Lebensmitteln erhöht werden, weil die Preise steigen.

Wer kontrolliert das Rohmaterial?[26]

Biomasse	Marktführer	Wirtschaftliche Konzentration
Maishandel (USA)	Cargill, ADM, Con-Agra	Die drei Firmen kontrollieren 80 Prozent der US-Maisexporte
Maissaatgut (USA)	Monsanto, DuPont, Syngenta	Monsanto kontrolliert 41 Prozent des Weltmarktes
Zuckerhandel (Brasilien)	Cargill, Louis Dreyfus, Cosan/Tereos/Sucden	Cargill ist der größte Spediteur von brasilianischem Rohzucker
Palmölhandel (global)	Wilmar, IOI, Synergy Drive, Cargill	In Malaysia sind 60 Prozent Palmöl im Besitz von Großunternehmen; nur 9 Prozent gehört Einzelpersonen
Sojahandel (global)	Bunge, ADM, Cargill, Louis Dreyfus	Drei Firmen kontrollieren 80 Prozent der europäischen Produktion
Sojasaatgut (global)	Monsanto, DuPont	Monsanto kontrolliert 25 Prozent des globalen Marktes

Der Ausbau der industriellen Biobrennstoffproduktion dient auch als günstige Kulisse für den andauernden Gebrauch und die Legitimierung von genetisch manipulierten Pflanzen. Verschiedene Unternehmen haben sich mit Monsanto zusammengetan, um Pflanzen so zu verändern, dass sie Eigenschaften aufweisen, die gut sind für die Produktion von Biomasse, die später in Treibstoff umgewandelt wird. Diese Firmen waren besonders rührig in der Förderung der sogenannten zweiten Generation von Biobrennstoffen, welche aus nicht essbarer Biomasse gewonnen werden – etwa Spreu, Rutenhirse oder Holzschnitzel. Es wird daran gearbeitet, durch genetische Manipulation den Ligninanteil in den Pflanzen zu senken; Lignin in den Pflanzenzellwänden verhindert den Abbau von Zellulose.

Die biotechnologische Industrie propagiert die zweite Generation von Biobrennstoffen als Antwort auf den Vorwurf, dass der Gebrauch von essbaren Nutzpflanzen für Brennstoff die Nahrungssicherheit gefährde. Doch es steht zu befürchten, dass die groß angelegte Entfernung von organischen Rückständen von den Feldern die Nahrungssicherheit ebenfalls gefährden wird, und zwar weil der Erde das organische Material entzogen wird, das für die Fruchtbarkeit des Bodens und für die Feuchtigkeitsregulierung notwendig ist. Wenn dieses organische Material fehlt, braucht es für zukünftige Aussaaten mehr künstlichen Stickstoff und Dünger, was den Ausstoß von Stickstoffoxid vergrößern wird, was wiederum zur Klimaveränderung beiträgt.

Das Agrobusiness und die Auto- sowie Erdölunternehmen haben den Boden für den Klimawandel vorbereitet. Nun werden sie die Klimakrise, die sie geschaffen haben, nutzen, um ihre Marktchancen zu verbessern, sogar dann, wenn das auf Kosten der hungernden Armen geschieht und den Planeten der Klimakatastrophe näherbringt.

Biobrennstoffe – eine Bedrohung für die Nahrungssicherheit

Der Biobrennstoffsektor ist schnell gewachsen. Die USA und Brasilien haben eine Ethanolindustrie aufgebaut, und die Europäische Union holt rasch auf. Regierungen auf der ganzen Welt fördern die Produktion von Biobrennstoffen, indem sie einen gewissen Biobrennstoffanteil im Benzin und im Diesel verlangen. Wegen ihres unersättlichen Energiebedarfs treiben die USA die Industrialisierung der Biobrennstoffe forsch voran. Fidel Castro hat den Gebrauch von Biobrennstoffen durch die USA scharf kritisiert. Das Ethanolabkommen von 2007 zwischen den USA und Brasilien beschrieb er gar als »Internationalisierung des Genozids«.[27]

Der Vertrag, der nach Präsident Bushs viel kritisierter Lateinamerikatour abgeschlossen wurde, will die Entwicklung von Biobrennstoffprojekten in armen Ländern fördern, vor allem in der Karibik und in Zentralamerika, und so einen globalen Biobrennstoffmarkt schaffen. Brasilien und die USA wollen bei der Forschung und Entwicklung der Biobrennstofftechnologie näher zusammenarbeiten.

Washingtons Interesse an Ethanol beschleunigte sich, nachdem Präsident Bush im Januar 2006 zugegeben hatte, dass die USA »süchtig nach Erdöl« sind, was ein »Problem für die nationale Sicherheit« darstellt, weil »Erdöl oft aus instabilen Teilen der Welt importiert wird«. 2006 produzierten die USA 18 Milliarden Liter Ethanol aus 53 Millionen Tonnen Mais. Die zunehmende Verwendung von Mais für die Ethanolproduktion verursachte ein Ansteigen der Preise für Mais und andere Nahrungspflanzen. Ein interner Bericht der Weltbank besagt, dass die Biobrennstoffe die Nahrungsmittelpreise weltweit um 75 Prozent in die Höhe getrieben haben.[28]

Allein der zunehmende Gebrauch von Mais und Sojabohnen für die Produktion von Biobrennstoffen hat die Preise für Nahrungsmittel gemäß Bericht des IWF global um 10 Prozent angehoben.[29] Die Biobrennstoffproduktion hat die Preise für das dazu nötige Rohmaterial erhöht. Das eindeutigste Beispiel ist Mais, dessen Preis bis 2000 um 23 Prozent stieg, bis 2005 und 2006 um 50 Prozent, und zwar fast ausschließlich wegen des US-amerikanischen Ethanolprogramms. Angespornt durch Subventionen und durch neue Treibstoffvorschriften, den Renewable Fuel Standard von 2005, verarbeiteten die USA immer mehr Mais zu Ethanol. Weil die USA der größte Maisexporteur der Welt sind, hat die dortige Ausweitung der Biobrennstoffe zu einer Verminderung der internationalen Getreidevorräte geführt und die Getreidepreise global nach oben gedrückt. Aufgrund der Biodieselproduktion gibt es ähnliche Preissteigerungen auch für Pflanzenöle (Palmöl, Sojaöl und Rapsöl). Das Getreideangebot wird in nächster Zeit knapp bleiben, und die Preise werden durch Angebotslücken weiterhin nach oben gedrückt.

Weltweit war der Anstieg der Preise für landwirtschaftliche Produkte zwischen 2004 und 2006 beachtlich: Der Preis für Mais stieg um 54 Prozent, Weizen um 34 Prozent, Sojabohnenöl um 71 Prozent und Zucker um 75 Prozent. Dieser Trend beschleunigte sich 2007, und zwar wegen der anhaltenden Nachfrage nach Biobrennstoffen und wegen Trockenzeiten in wichtigen Produktionsländern.[30] Die Weltbank berichtet, dass die Lebensmittelpreise zwischen 2006 und 2008 um 83 Prozent gestiegen sind.[31] Die anhaltende Nachfrage und die Überschwemmungen im Mittleren Westen der USA lassen vermuten, dass der Trend weitergehen wird. Die Weizenpreise sind seit der Ernte von 2006 um 35 Prozent gestiegen, während die Preise für Mais um 28 Prozent höher liegen. Der Preis für Sojaöl war aufgrund der wachsenden Nachfrage in China, in den USA und in Europa besonders sprunghaft.

Die in Hamburg ansässige Firma Oil World hatte bereits für 2007 und 2008 einen beträchtlichen Ausfall von 17 bis 18 Millionen Tonnen beim Ertrag der wichtigsten Ölernten für 2007 und 2008 vorausgesagt. Die Fachleute warnten überdies vor einer Nahrungskrise, die sich nur vermeiden lasse, wenn die Produktion von Biobrennstoffen im Jahr 2008 gebremst werde oder wenn in diesem Jahr eine Rekordernte verzeichnet werden könne.[32]

Es ist unvermeidlich, dass diese massive Zunahme in der Nachfrage nach Getreide die Armen auf dem Nahrungsmarkt konkurrenzunfähig macht. Die brasilianische Kleinbauernorganisation Brazilian Landless Workers Movement erklärte: »Die Ausdehnung der Biobrennstoffproduktion verschlimmert den Hunger in der Welt. Wir können nicht unsere Tanks füllen, wenn unsere Mägen leer sind.«[33]

Die Abzweigung von Nahrung für Treibstoff hat den Preis für Mais und Soja erhöht. In Mexiko gab es Aufstände wegen des erhöhten Preises für Tortillas. In mehr als 40 Ländern kam es bereits zu Nahrungsaufständen, und das ist bloß der Anfang.

Die Landwirtschaftskrise, welche durch die Liberalisierung und Globalisierung geschaffen wurde, wird nun in Indien dazu benutzt, die Umwandlung von Nahrung in Ethanol zu propagieren. Das Hauptargument ist, dass die Bauern auf diese Weise einen besseren Preis für ihr Produkt erhalten. In Indien sind die hauptsächlich angepeilten Nutzpflanzen Zuckerrohr und Hirse. Indien pflanzt ebenso viel Zuckerrohr an wie Brasilien, aber da Brasilien bereits 55 Prozent seines Zuckers für die Ethanolproduktion verbraucht, ist Indien der größte Produzent von Zucker als Nahrungsmittel. Die Zuckerindustrie in Indien propagiert nun ebenfalls die Umleitung von Zucker von der menschlichen Nahrung in Brennstoff für das Auto. Hirse oder Sorghum, ein Getreide, das in halbtrockenen Böden wächst, ist eine andere Nahrungspflanze, welche für die Ethanolproduktion angepriesen wird. Das von der Weltbank betriebene internationale Agrarforschungsinstitut International Crops Research Institute for the Semi-Arid Tropics (ICRISAT) ist einer der Hauptförderer von Sorghum als Ethanollieferant; dieses Institut verwendet öffentliche Gelder, um den Umstieg von der Nahrungs- zur Treibstoffproduktion voranzutreiben. Unternehmen wie Tata und Seagram springen auf den Ethanolzug auf; Tata baut in Nanded einen Ethanolbetrieb mit 60000-Liter-Kapazität.

2002 führte Indien einen 5-prozentigen Ethanolzusatz in seinem Treibstoffangebot ein. Mit der explosionsartigen Zunahme des Autoverkehrs und den hohen Erdölpreisen steigt die Ethanolnachfrage massiv an. Die projizierte Nachfrage übersteigt das Angebot. 500 Millionen Liter Ethanol würden in Indien benötigt; bloß 37 Prozent davon werden zurzeit produziert.

In Argentinien ist die Pampa, das größte und vielfältigste Ökosystem der Region, durch die Ausweitung der herbizidresistenten Sojaproduktion gefährdet. Soja ist zum wichtigsten Exportprodukt Argentiniens geworden. Wenn die Abforstung im bisherigen Ausmaß weitergeht, wird der Nebelwald in den

Yungas, am Rand der Voranden, bis 2010 verschwinden. Mehr als 2,3 Millionen Hektaren mit trockener oder feuchter Vegetation wurden seit 1995 für den Sojaanbau gerodet. Wälder verschwinden und Menschen werden vertrieben. Drei von fünf Bewohnern der Provinz Chaco wurden vom Land weg und in die Slums der Großstädte getrieben.[34]

Biobrennstoffe sind die Basis für die Legitimierung von genetisch manipuliertem Soja geworden. Brasiliens Präsident Lula hat erklärt, dass Gensoja für Biobrennstoff verwendet werden soll und »gutes« Soja für den menschlichen Verzehr. Während der Amazonas für den Sojaanbau zerstört wird – Soja als Viehfutter und Biobrennstoff –, holzt man den Regenwald von Borneo und Sumatra für Palmöl ab. 90 Prozent des weltweiten Palmölangebotes stammt aus Indonesien und Malaysia. Indonesien hat 6 Millionen Hektaren Land mit Palmenplantagen und hat nochmals drei Mal so viel – 18 Millionen Hektaren Wald – für eine Erweiterung der Palmölproduktion gerodet. Weitere 20 Millionen Hektaren Palmölland sind den indonesischen Inseln Sumatra, Kalimantan, Sulawesi und West-Neuguinea zugeteilt. Es gibt auch Pläne, mitten im Herzen von Borneos Regenwald eine Palmölplantage anzulegen – mit 1,8 Millionen Hektaren wäre das der weltgrößte Betrieb. Biodiesel ist mittlerweile der wichtigste Grund für die Ausweitung des Palmenanbaus. Palmöl ist zum Hauptgrund für die Abholzung von Tropenwäldern in Südostasien geworden.[35] Auch in Malaysia ist die Zunahme der Palmölproduktion der Grund für die Zerstörung des Regenwaldes und das Verschwinden zahlloser Pflanzen- und Tierarten. 54 Forschungsprojekte gibt es, die B100 hervorbringen sollen, ein Biodiesel, das ganz aus Palmöl besteht.

Biobrennstoffe führen zu Wassermangel

Eine Studie des Wasserforschungsinstituts International Water Management Institute (IWMI) warnt, dass die ehrgeizigen Pläne von China und Indien, die einheimische Produktion von Biobrennstoffen aus Nutzpflanzen stark zu steigern, eine große Belastung für die Wasservorräte dieser Länder darstellt. Das wiederum beeinträchtigt die Fähigkeit dieser Länder, künftigen Nahrungs- und Wasserbedürfnissen gerecht zu werden. In vielen Gegenden, in denen das Wasser bereits knapp ist, könnte die Biobrennstoffproduktion die Flüsse und das Grundwassersystem gefährden. China will seine Biobrennstoffproduktion vervierfachen, von 3,6 Milliarden Liter Ethanol (2002) auf rund 15 Milliarden Liter bis ins Jahr 2020; das wären 9 Prozent des projektierten Treibstoffbedarfs. Indien verfolgt eine ähnlich aggressive Politik. Um diese Ziele zu erreichen, müsste China 26 Prozent mehr Mais und Indien 16 Prozent mehr Zuckerrohr anbauen. Für deren Bewässerung brauchte es zusätzliche 75 Liter Wasser pro Person pro Tag in China und zusätzliche 70 Liter pro Person pro Tag in Indien.[36] Die Weltgesundheitsorganisation (WHO) empfiehlt allen Regierungen, mindestens 20 Liter Wasser pro Person pro Tag bereitzustellen. Aber in China und Indien kann heute oft nicht einmal dieses Minimum eingehalten werden. Da stellt der gesteigerte Wasserbedarf eine Herausforderung dar.

Biobrennstoffkulturen werden in Indien mit Nahrungskulturen um einen begrenzten Wasservorrat konkurrenzieren und sehr wahrscheinlich eine nachhaltige Wassernutzung gefährden. Die grundlegende IWMI-Studie, die in Zusammenarbeit mit über 700 Fachleuten für Wasserbewirtschaftung entstanden ist, kommt zum Schluss, dass bereits ein Drittel der Weltbevölkerung mit Wassermangel zu kämpfen hat. Der Bericht aus dem Jahr 2008 sagt voraus, dass mit steigenden Einkommen und vielfältigerer Ernährung der Wasserbedarf für die Nahrungsmittelproduktion für die Ernährung von weiteren 2 bis 3 Milliarden Menschen um 20 bis 55 Prozent zunehmen wird. Diese Zunahme bezieht den Wasserbedarf der Biobrennstoffindustrie nicht ein, der die Wassersysteme unter noch mehr Stress stellen wird und es noch schwieriger macht, Nahrungssicherheit für alle zu erreichen.

Drohende Nahrungskrise in Indien

Die Befürchtung einer Nahrungkrise in Indien bewahrheitet sich. Gemäß dem Weltbankbericht World Development Report 2008 muss das Land seine Getreideproduktion bis ins Jahr 2030 um 50 Prozent erhöhen, wenn es dem steigenden Bedarf gerecht werden will.[37] Die zunehmende Verschiebung hin zu Biobrennstoffen wird die Krise noch verschärfen. Indien hat Getreideimporte bereits einmal zurückgewiesen, als die weltweiten Preise auf einem einmaligen Höchststand waren. Die internationalen Getreidepreise waren zu Beginn des Jahres 2008 um 83 Prozent höher als ein Jahr zuvor. Der Weltbankbericht von 2008, der sich auf die Themen Landwirtschaft und Entwicklung konzentriert, warnt, dass der langfristige Trend zu einer Senkung der Nahrungsmittelpreise wahrscheinlich zu Ende ist und dass die Welt einen weiteren Anstieg der Nahrungspreise zu erwarten hat, was zur Nahrungsunsicherheit beitragen wird. Im Juni 2008 sah sich die indische Regierung dazu gezwungen, die Preise für Benzin und Diesel um 10 Prozent anzuheben; das beeinflusste auch die Preise für Nahrungsmittel. Die zunehmende Abhängigkeit von Importen und die eskalierenden Nahrungsmittelpreise könnten wirtschaftliche und politische Schwierigkeiten verursachen. Der Bericht prognostiziert, dass der potenzielle Konflikt zwischen Nahrung und Treibstoff noch zunehmen wird. Indiens Biobrennstoffprogramm schafft mit seinem Bedarf an Nutzpflanzen, Boden und Wasser große Probleme, doch kann das Programm weder die Treibstoff- noch die Klimakrise lösen.

In Indien könnte die Bioenergieproduktion die Verfügbarkeit von genügend Nahrung gefährden, wenn das Land und andere produktive Ressourcen vom Nahrungsmittelanbau abgeleitet werden. Das Ausmaß des Wettbewerbs zwischen Energiepflanzen und der Produktion von Nahrung und Futtermitteln wird unter anderem von den Fortschritten bei der Erhöhung der Erträge, der Effizienz der Tierfütterung und den Technologien für Energieumwandlung abhängen. Viele der Pflanzen, die gegenwärtig als Rohmaterial für flüssigen Brennstoff genutzt werden, brauchen Ackerland von hoher Qualität und beträchtliche Mengen von Kunstdünger, Pestiziden und Wasser. Indien fehlt es an all diesen Dingen. Überdies variieren die Erträge mit dem Wetter und der Niederschlagsmenge. Die zunehmende Produktion von Biobrennstoffen wird einen zunehmenden Verbrauch von Wasser, Kunstdünger und Pestiziden zur Folge haben, was lediglich den Düngerproduzenten hilft. Wenn die Biobrennstoffproduktion in Indien die Preise für Verbrauchsgüter in die Höhe treibt, dann werden die Haushalte nicht mehr Zugang zu genügend Nahrung haben.

Preisschwankungen können also die Nahrungssicherheit

gefährden. Das gilt besonders für den ärmeren Teil der Bevölkerung. Wegen der Wichtigkeit des Kunstdüngers und der Maschinen als Input für die landwirtschaftliche Produktion waren die Preise für landwirtschaftliche Produkte seit jeher anfällig für Schwankungen in den Energiekosten. Die Produktion von Biobrennstoffen bringt ein neues Element in dieses Verhältnis mit ein und wird die Instabilität der Nahrungspreise noch erhöhen.

Jatropha und Landaneignung

Einer der Biobrennstoffe, die in Indien gefördert werden, ist Jatropha, auch Purgiernuss genannt. *Jatropha curcas* ist eine Pflanze, die ursprünglich aus Zentralamerika stammt und von portugiesischen und holländischen Seeleuten nach Asien und Afrika gebracht wurde. Sie wurde als Heckenbepflanzung gebraucht, weil die Tiere das Kraut nicht fressen. Der Kern der pflaumengroßen Frucht besteht zu 60 Prozent aus Öl. Der Anbau von Jatropha als Biobrennstoff wird auf dem Land der Dorfallmenden durch hohe Subventionen an die Bauern gefördert. Herkömmlicherweise haben die Dorfallmenden die Nahrungssicherheit gestützt und geschützt, indem sie gemeinschaftliches Weideland für das Vieh zur Verfügung stellten. Obwohl Jatropha nicht wie Mais oder Soja essbar und eine Nahrungspflanze ist, hat seine Verwendung als Biobrennstoff dennoch ernst zu nehmende Auswirkungen auf die Nahrungssicherheit, die Sicherheit des Zuganges zum Boden und die Sicherheit der Lebensgrundlagen der Armen.

Die Regierung will Jatropha in Chhattisgarh auf Stammesgebiet anbauen. Den Menschen dort wird Land weggenommen, auf dem sie in den letzten 40 Jahren Reis angepflanzt haben. Die Dorfbewohner in Rajasthan verlieren ihr Weideland an die Zentralregierung – gegen den Willen des Panchayat, der Dorfregierung. Diese Weiden sind die gemeinsam genutzte Ressource von Rajasthan. Das Vieh, ein wichtiger Bestandteil des bäuerlichen Lebensunterhaltes der Armen, ist für das Grasen sehr von den gemeinsam genutzten Weiden abhängig. Der erzwungene Anbau von Jatropha beschneidet die Fähigkeit der Allmende, die ländliche Existenzweise ganzheitlich zu unterstützen, denn er vermindert das verfügbare Futter.

Der Anbau von Biobrennstoffpflanzen in Indien entpuppt sich als eine Bedrohung der sozialen, wirtschaftlichen und politischen Sicherheit Indiens. Wenn die Rechte der Menschen, ihre natürlichen Ressourcen zu verwalten und ihre Entscheide aufgrund dezentralisierter demokratischer Prozesse zu fällen, nicht respektiert werden, gibt es mehr Konflikte um Besitz und um die Nutzung des Bodens. Die verstärkte Produktion von Biobrennstoffen wird den Armen Land und Nahrung wegnehmen. Kurz und gut, Biobrennstoffe sind ein Rezept für Gewalt und für den Zusammenbruch der Zivilgesellschaft, für Hunger, Klimachaos und die ökologische Katastrophe.

Indiens Biodieselprogramm

Die indische Regierung sieht vor, 20 Prozent von Indiens Dieselangebot mit Biodiesel zu ersetzen. Die 400 000 Hektaren Jatrophaplantagen, welche 1,5 Millionen Tonnen Ölsaat ergeben (2007), sind nur der Beginn. Geplant ist eine fortlaufende Steigerung des Jatrophaanbaus bis 2012; auch sollen mehr Umesterungsanlagen für die Ölverarbeitung gebaut werden. Um dieses Biodieselziel zu erreichen, forderte die Planungskommission den Anbau von Jatropha auf 11 Millionen Hektaren »ungenutztem« oder »ödem« Land. Die Kommission definierte nicht, was genau sie unter »ungenutzt« verstand. In Rajasthan ist Jatropha zum Synonym für Landenteignung geworden.

Biobrennstoff ist zu einem Modewort geworden, und unzählige Firmen drängen sich in den Jatrophaanbau und bauen Ölverarbeitungsfabriken. Viele bundesstaatliche Regierungen, etwa die von Chhattisgarh, Rajasthan und Maharashtra, sind auf den Zug aufgesprungen, haben in ihren Staaten Biobrennstoffvorschriften erlassen und fördern den Jatrophaanbau im großen Stil. Die Regierungen versuchen, eine große Anzahl Teilhaber und Interessenten zu gewinnen, darunter Einzelpersonen, Gemeinschaften, Unternehmer, Ölfirmen, das Gewerbe, Fabriken und Mitglieder des finanziellen Sektors, um das Wachstum der Produktion von nicht essbaren Ölen anzukurbeln.

Insbesondere um Jatropha ist eine wahre Biopiraterie entstanden. Darin involviert ist D1 Oils, der weltgrößte Anbauer dieser Nutzpflanze. Im Jahr 2005 wurde Sunil Puri, der Vorsteher der Abteilung für Forstwissenschaft der Indira Gandhi Agricultural University in Raipur, Chhattisgarh, von D1 Oils angestellt. Puri transferierte daraufhin etliche Arten von Jatropha, die als besonders ölhaltig galten und besonders resistent gegen Krankheit und Trockenheit waren, von der Universität zur nahe gelegenen Farm der D1. Unter anderem wurde eine qualitativ hochstehende Variation aus dem Dorf Pendra gestohlen. D1 gibt an, die Pflanze in einem gemieteten Bauernhaus in der Nähe von Raipur gezüchtet zu haben. Puri hatte zuvor an zwei Studien mitgearbeitet, welche fanden, dass die Pendra- und Surguja-Regionen von Chhattisgarh Pflanzenvariationen mit besonders hohen Erträgen hatten.

Ein Untersuchungskomitee, welches von der Universität eingesetzt und von der Polizei begleitet wurde, führte eine Razzia in Puris Haus durch und beschlagnahmte Samen von 43 Variationen aus dem Keimplasma der Jatrophapflanze. Eine weitere Razzia im Forschungsbetrieb der D1 im Dorf Panchdeori brachte 1540 Pflanzen und 28 Variationen zutage. Alle beschlagnahmten Pflanzen hatten die Bestimmungs- und Identifikationsnummern der Universität angeheftet. Eine Untersuchung der Regierung kam zum Schluss, dass die Pflanzen ohne Erlaubnis die Hand gewechselt hatten. Sowohl der Wissenschaftler wie die Firma D1 hatten Indiens Gesetz zur Biovielfalt verletzt, welches die biologischen Ressourcen gegen Ausbeutung durch Fremde schützt. Die Regierung wies daraufhin den Antrag von D1 Oils zurück, die im Land Jatrophaforschung betreiben wollte.

Jatropha – das falsche Versprechen

Die Verfechter der Jatrophaproduktion sagen, diese werde den Dörfern eine lokale Energiequelle liefern. Doch wenn riesige, zentralisierte Industriebetriebe zur Gewinnung von Biodiesel aus Jatropha aufgestellt werden, dann heißt das, dass die Energie in die Städte fließen wird, nicht in die Dörfer. Sie wird die Autos am Laufen halten, während Menschen und Tiere hungern.

Die nationale Entwicklungsbehörde National Development Council hatte 2007 in ihrem ersten Entwurf zum

11. Fünfjahresplan einen Gesinnungswandel bezüglich des Jatrophaanbaus gehabt und meldete jetzt Zweifel bezüglich der sozioökonomischen und ökologischen Auswirkungen dieser Biobrennstoffproduktion an:

»Das Überleben des Hirtentums ist für die nachhaltige Landnutzung äußerst wichtig. Der Pastoralismus bewahrt die biologische Vielfalt und kann auf trockenem Boden Nahrung produzieren, ohne die Grundwasserressourcen zu erschöpfen. Doch gibt es auf diesem Gebiet viele Hindernisse für eine Expansion. Weiderechte auf herkömmlichem Weideland werden verweigert, weil dieses in Naturschutzgebiete, Nationalparks oder spezielle Waldwirtschaftsprogramme, die sogenannten Joint Forest Management Programmes, umgewandelt wurde. Ursprüngliche Weiden oder gemeinschaftliche, vereinbarte Tiertränken werden enteignet und für andere Zwecke benutzt. Biodieselanbau (Jatropha) wird von Ämtern propagiert ohne Rücksicht auf die Folgen. Migrationspfade von Tieren werden blockiert, und Herdenübergänge werden missachtet.«[38]

Aufgrund der Beobachtungen bezüglich Jatrophaanbau, die unser Forschungsinstitut Navdanya in Chhattisgarh, Vidarbha und Rajasthan gewonnen hat, sind wir froh, dass die Behörde, welche einst den Anbau von Jatropha so entschieden förderte, heute ihre Besorgnis äußert.

Indien folgt im Jatrophaanbau dem Modell der landwirtschaftlichen Monokultur. Die unüberlegte Verwendung von Jatropha als maßgeblichem Biobrennstoff Indiens schadet nicht bloß der Ökologie und der Landwirtschaft, sondern wirkt sich auch gegen die Interessen der einzelnen Bauern aus, welche Jatropha anpflanzen. Es gibt eine ganze Menge Risikofaktoren für die am Jatrophaanbau beteiligten Bauern.

Anders als andere Biobrennstoffpflanzen sind die Erträge von Jatropha nicht essbar und können nur für die Biobrennstoffproduktion verwendet werden. Wenn die Nachfrage aus irgendeinem Grund ausbleiben sollte, haben die Bauern einen Verlust – sie können nicht einmal überleben, indem sie ihre eigene Ernte aufessen.

Obwohl die Entwicklung der ländlichen Gebiete eines der Hauptargumente für den Umstieg auf die Jatrophaproduktion ist, gibt es wenig Hinweise darauf, dass der Treibstoff, der aus Jatropha gewonnen wird, dazu verwendet wird, den lokalen Energiebedarf zu befriedigen. Der wichtigste Grund für den vermehrten Einsatz von Biobrennstoffen ist die Verminderung des Imports von teuren fossilen Brennstoffen. Am 8. Juli 2008 stimmte die indische Regierung einer nationalen Biobrennstoffpolitik zu, welche Nahrungspflanzen über Biobrennstoffpflanzen stellt. Sie anerkannte, dass eine Bevorzugung der Biobrennstoffpflanzen die Nahrungssicherheit des Landes gefährden würde. Die neue nationale Politik besagt, dass das Biobrennstoffprogramm nicht in Konkurrenz zur Nahrungssicherheit stehen und dass fruchtbares Ackerland nicht in Biobrennstoffplantagen umgewandelt werden soll.[39] Doch weil Jatropha keine Nahrungspflanze ist und anscheinend auf wertlosem »Ödland« wächst, wird die Förderung von Jatropha weitergehen.

Der Schutz, die Vermehrung und die nachhaltige Nutzung der biologischen Vielfalt zur Erhaltung der Nahrungs- und Energiesicherheit der lokalen Gemeinschaften braucht lokale Entscheidungsprozesse. Deshalb muss die Gram Sabha (Vollversammlung der Dorfgemeinschaft) durch die Politik und die Gesetze der Regierung gestärkt und darf nicht unterlaufen werden.

Wenn Land und Nahrung abgezweigt werden, um Biobrennstoff herzustellen, untergräbt das die Land- und Nahrungssouveränität der Armen. Der Vorgang schafft gesellschaftliche Konflikte und bedroht das zarte Gewebe der Demokratie. Ethanol hat bereits zu einer Zunahme der Nahrungspreise beigetragen. Wenn bereits heute weltweit eine Milliarde Menschen Hunger leidet, werden höhere Preise für Nahrungsmittel den Hunger auf der ganzen Welt noch vergrößern. Sogar dann, wenn nicht essbare Pflanzen wie Jatropha auf »nicht landwirtschaftlich genutztem Land« angebaut werden, sind die Armen die Verlierer. Sie verlieren ihre Allmende, welche ihnen Viehfutter und Treibstoff lieferte. Das wiederum gefährdet ihre Lebensgrundlagen, ihre Nahrungssicherheit und ihre Energiesicherheit.

Die Klimakrise und die Überschreitung der maximalen Ölförderungskapazität verlangen nach einem Umdenken hin zu nachhaltiger Energie. Doch Energie, die aus Pflanzen gewonnen wird, ist nicht unbedingt nachhaltig. Energie kann nur dann als nachhaltig angesehen werden, wenn ihre Gewinnung das Nahrungsangebot nicht beeinträchtigt und sie dem Ökosystem nicht organisches Material entzieht, welches für seinen Unterhalt wesentlich ist. Eine solche Energie muss dezentralisiert sein und auf den Entscheidungen lokaler Gemeinschaften basieren; sie gründet auf biologische Vielfalt, nicht auf Monokulturen.

Der lokale Energiebedarf braucht dezentralisierte Energiesysteme. Dezentralisierung braucht Vielfalt, nicht Monokulturen. Biologische Vielfalt und multifunktionelle Nutzungsmöglichkeiten geben das beste lokale Energieangebot ab. Dieses ist komplementär zum lokalen Nahrungsangebot und konkurrenziert es nicht. Indien hat eine reiche Vielfalt an ölhaltigen Bäumen und Pflanzen. Verschiedenartige Ölsaaten, die lokal verarbeitet werden, könnten eine wichtige Quelle der Energiesicherheit eines Dorfes sein. Ein Navdanya-Bericht über die biologisch vielfältige Landwirtschaft zeigt, dass die Nahrungsproduktion mit größerer biologischer Vielfalt und ökologischeren Anbaumethoden zunehmen kann. Die Biolandwirtschaft bindet auch mehr CO_2 im Boden und in den Pflanzen als industrielle Monokulturen.

Auf der Ebene des Dorfes liefern verschiedenartige Quellen von biologischer Vielfalt verschiedene Arten von erneuerbarer Energie – von Tierenergie über Biogas bis hin zu Biomasse für die Produktion von Elektrizität. Erste Biogaskonverter wurden bereits in den 1950er-Jahren in Indien entwickelt; man verwendete damals Kuhdung, um Methangas und einen stickstoffreichen Dünger zu produzieren. Asien hat mehr als 15 Millionen kleine Biogasanlagen in den ländlichen Gebieten, die Kochenergie und Dünger liefern.

Die Alternativen zu fossilen Brennstoffen sind grenzenlos. Industrielle Biobrennstoffe sind jedoch keine Alternative:

– Die Bilanz der Ausbeute ihrer Nutzenergie ist negativ.
– Ihre Verfechter beschränken sich selber auf flüssigen Treibstoff und vernachlässigen die vielen andern Formen von biologischer Energie, die es in einem Dorf sonst noch braucht.
– Sie fördern unnachhaltige industrielle Monokulturen, welche den Ausstoß von Treibhausgasen vergrößern.
– Sie werden selber zu einer Hauptursache von Hunger und Landlosigkeit.

Industrialisierte Biobrennstoffe drohen den Planeten ärmer zu machen, indem sie die biologische Vielfalt und ihre positiven Auswirkungen reduzieren. Die biologische Vielfalt kann zur ökologischen und ökonomischen Bereicherung führen. Eine dezentralisierte, auf Vielfalt basierende Bioenergiepolitik kann ein maßgeblicher Faktor in der Entwicklung ländlicher Gebiete sein.

Die demokratische Entscheidungsfindung auf Dorfebene ist die beste Art, um die richtige Energiemischung zu bestimmen, welche den lokalen Bedarf decken kann. Leider vermag das herrschende Modell der industriellen Produktion von Ethanol und Biodiesel von Nutzpflanzen aus Monokulturen den Kriterien von Nachhaltigkeit, Gerechtigkeit und Demokratie nicht zu genügen. Dieses Modell ist zentralisiert und wird durch wirtschaftliche Gier angetrieben, nicht durch die Bedürfnisse einer Gemeinschaft.

Wir brauchen ein neues Energiemodell, eines, das die Rechte der Menschen auf Land und Nahrung, auf Allmenden und biologische Vielfalt respektiert. Ein auf biologische Vielfalt sich gründendes, demokratisch entwickeltes Bioenergieprogramm könnte die Nahrungssicherheit, die Energiesicherheit und die Existenzsicherheit der Armen verbessern.

4. Erde, nicht Erdöl

Nahrungssicherheit in der Klimakrise

Die industrialisierte Landwirtschaft und die globalisierten Nahrungssysteme werden als Lieferanten von reichlicher und preisgünstiger Nahrung angepriesen. Doch Lebensmittel sind nicht mehr preisgünstig. Die Zeit des billigen Essens und des billigen Erdöls ist vorbei. Die Nahrungskrise, welche 2007 und 2008 vor allem durch steigende Lebensmittelpreise verursacht worden ist, hat in vielen Ländern Hungeraufstände ausgelöst. Von 2007 bis 2008 stieg der Preis für Getreide um 130 Prozent.[1] Der Preis für Reis verdoppelte sich in den ersten drei Monaten des Jahres 2008.[2] Biobrennstoffe, Spekulation, Zerstörung lokaler Nahrungssysteme und der Klimawandel haben alle zu diesem Anstieg der Nahrungspreise beigetragen. Der Klimawandel wird noch verschärft durch die industrialisierte, globalisierte und erdölabhängige Landwirtschaft. Die daraus resultierende Klimakrise wiederum wirkt sich auf die Nahrungssicherheit aus; da sind zum Beispiel die heftigen Überschwemmungen 2008 in Iowa und lange, intensive Trockenzeiten, wie die Dürre, die Australien 2007 erlebt hat. Die Globalisierung hat auch zur Zerstörung lokaler Nahrungssysteme geführt und die Kontrolle von Großunternehmen wie Monsanto und Cargill über unsere Nahrung noch verstärkt. Die globale Integration der Landwirtschaft bedeutet in Wirklichkeit eine globale Kontrolle über das Nahrungsangebot der Welt.

In Indien ordnete die Weltbank 1991 ein strukturelles Anpassungsprogramm an. Dieses Programm und die Regeln der Welthandelsorganisation WTO, die 1995 in Kraft traten, haben gemeinsam auf den Abbau des staatlichen Regelwerks für die Nahrungssouveränität und die Nahrungssicherheit des Landes hingewirkt. Sie zwangen Indiens Nahrungs- und Landwirtschaftssysteme zur Anpassung an die Systeme der reichen Länder. Das hatte eine tiefe landwirtschaftliche Krise und den Beginn einer Nahrungskrise zur Folge; das Einkommen der Bauern fiel zusammen und die Nahrungspreise stiegen auf Rekordhöhe. Die Nahrungskrise und die Landwirtschaftskrise sind eine direkte Folge der wirtschaftlichen Globalisierung. Doch Globalisierung ist genau das, was die Regierung als Heilmittel gegen die Schwächen der Globalisierung empfiehlt.

Nahrungspreise begannen dann zu steigen, als Indiens einheimischer Markt sich mit den globalen Märkten vernetzte, vor allem mit den Importmärkten für Speiseöl und Getreide. Anfänglich, in der Frühzeit der Globalisierung, senkte das den Handel beherrschende Agrobusiness die Preise, um sich einen Marktanteil zu sichern. Der Preiszerfall für Soja in den 1990er-Jahren ist ein gutes Beispiel für diesen Vorgang. Doch sobald globale Unternehmen wie Cargill eine Importabhängigkeit geschaffen hatten, erhöhten sie die Preise. Zusätzlich trieb auch die Spekulation mit Termingeschäften die Preise nach oben. Der Klimawandel und die Umlenkung der Landnutzung von Nahrung zu Biobrennstoffen übten zusätzlichen Druck auf die internationale Preisstruktur aus. Der Anstieg der internationalen Preise zeigt, wie wichtig es für ein Land ist, sich auf die Nahrungssouveränität zu konzentrieren. Eine gewisse Eigenständigkeit in Sachen Nahrung und Landwirtschaft macht sowohl politisch wie wirtschaftlich Sinn.

Während Millionen Menschen hungern, haben die Profite der Unternehmen zugenommen. Cargill sah seinen Gewinn 2007 um 30 Prozent steigen; Monsanto gar um 44 Prozent.[3] Diese Profite werden zunehmen, wenn die Monopole der Unternehmen noch ausschließlicher werden. Monsanto erhöhte den Preis für Maissaatgut von 100 Dollar auf 300 Dollar pro Sack. Für einen US-Bauernbetrieb mit 400 Hektaren ergibt das Mehrkosten von 40 000 Dollar.[4]

Die Nahrungskrise kann nur dann gelöst werden, wenn die Nahrungssouveränität zurückgewonnen und die lokale Nahrungswirtschaft durch ökologischen Anbau wiederaufgebaut wird. Dieser Weg befreit die Landwirtschaft auch von der Erdölabhängigkeit und erleichtert die Anpassung und Abfederung des Klimawandels. Ein Umstieg vom Erdöl zur Erde geht die dreifache Krise des Klimas, der Energie und der Nahrung gleichzeitig an.

Erdöl schlucken

In der industrialisierten Landwirtschaft ist der Ölverschleiß einprogrammiert. Erdöl wird für die Herstellung von Kunstdünger gebraucht, welcher seinerseits den Boden und das Wasser verschmutzt. Die mit Erdöl betriebenen Traktoren und Mähdrescher verdrängen die Kleinbauern. Erdöl braucht es, um Lebensmittel industriell zu verarbeiten. Erdöl steckt in den Plastikverpackungen. Und mehr und mehr Erdöl wird konsumiert, um Nahrung immer weiter von dem Ort wegzutransportieren, an dem sie produziert wird.

Fossile Brennstoffe stehen im Zentrum der industriellen Landwirtschaft. Sie werden gebraucht, um Traktoren und schwere Landmaschinen zu betreiben und das Wasser heraufzupumpen, das für die Bewässerungsmethoden der industriellen Landwirtschaft nötig ist. Die industriellen Systeme der Nahrungsproduktion brauchen zehn Mal mehr Energie als der ökologische Anbau; das ist auch zehn Mal mehr Energie als in der industriell produzierten Nahrung drinsteckt.[5]

Der Stern-Bericht über die Kosten des Klimawandels hat weltweit folgende Verursacher für die Treibhausgasemissionen, welche den Klimawandel bewirken, ausgemacht:

Treibhausgasemissionen – nach Herkunftsquelle[6]

Strom	24 Pozent
Industrie	14 Pozent
Verkehr	14 Pozent
Gebäude	8 Pozent
Landnutzung	18 Pozent
Landwirtschaft	14 Pozent
Abfall	3 Pozent
Sonstige	5 Pozent

Was der Bericht nicht erwähnt, ist, welche Arten von Landwirtschaft, Verkehr und Gebäude für die Emissionen verantwortlich sind. Er macht keinen Unterschied zwischen industrialisierter, globalisierter Landwirtschaft, welche für den Großteil der 14 Prozent landwirtschaftlicher Emissionen verantwortlich ist, und der nicht industriellen, biologisch vielfältigen, ökologischen Landwirtschaft, welche viel niedrigere Emissionen aufweist und überdies zum Abbau von Kohlenstoff aus der Atmosphäre beiträgt. Der Bericht berechnet nicht, wie viel die Abholzung des Tropenwaldes für den Anbau von landwirtschaftlichen Gütern zu den 18 Prozent der durch Landnutzung verursachten Emissionen beiträgt. Oder wie viele der 14 Prozent Verkehrsemission eine Folge davon sind, dass Nahrung unnötig in der Welt herumgefahren oder gar herumgeflogen wird.

Die lokale, biologisch vielfältige Landwirtschaft kann die Treibhausgasemissionen beträchtlich reduzieren und gleichzeitig unser natürliches Kapital – die Biovielfalt, den Boden und das Wasser – erhalten. Sie kann die Sicherheit der bäuerlichen Existenz vergrößern, die Qualität und den Nährwert unseres Essens verbessern und Freiheit und Demokratie stärken. Doch statt sich auf machbare Lösungen zu konzentrieren, schlägt der Stern-Bericht die Scheinlösung des CO_2-Handels vor, was für die Agrarindustrie bedeutet, dass alles im gewohnten Gang weitergeht, dass das Agrobusiness weiterhin von der industrialisierten globalisierten Landwirtschaft wird profitieren können.

Eine Energieanalyse der US-amerikanischen Nahrungskette ergab, dass es im Durchschnitt 10 Energiekalorien braucht, um eine einzige Nahrungskalorie herzustellen. Das ist unter dem Strich ein negatives Energieproduktionssystem.[7] Ein Umstieg von industrieller auf ökologische, nicht industrielle Landwirtschaft führt zu einer zwei- bis siebenfachen Energieeinsparung. Die Kohlenstoffspeicherung im biologisch bewirtschafteten Boden kann die Emissionen von fossilen Brennstoffen zu 5 bis 15 Prozent kompensieren.[8] Bis zu vier Tonnen CO_2 pro Hektare können jedes Jahr von biologisch bearbeiteten Böden gebunden werden.[9]

Vom Feld bis zum Tisch wird das industrialisierte globalisierte Nahrungssystem immer mehr von fossilen Brennstoffen abhängig. In den letzten fünfzig Jahren gab es dramatische Veränderungen bei der Produktion, Verarbeitung und Verteilung von Nahrung. Die wichtigsten Veränderungen sind:

- die Mechanisierung der Landwirtschaft und die zunehmende Abhängigkeit von betriebsfremdem Input wie Kunstdünger, Pestiziden, Futtermittel, Plastik und fossiler Energie,
- die Überhandnahme von stark verarbeiteter und verpackter Nahrung,
- die Globalisierung der Nahrungsindustrie, die sich durch eine Zunahme der Nahrungsimporte und -exporte auszeichnet; besondere Beachtung verdient der Import von frischen Früchten und frischem Gemüse, das heißt von Naturprodukten, die von immer weiter her kommen,
- die von den Supermärkten übernommene Führung im Nahrungsmittelverkauf; gleichzeitig verschwinden die kleinen Geschäfte und Märkte und der Engroshandel; parallel zu diesem Trend konzentriert sich das Angebot in den Händen weniger und größerer Produzenten, was auch der Vorliebe der Supermärkte für große Mengen von gleichbleibendem und das ganze Jahr über verfügbarem Obst und Gemüse entgegenkommt,
- große Veränderungen im Auslieferungssystem; die meisten Nahrungsprodukte werden heute durch die regionalen Verteilzentren der Supermärkte geleitet; die benutzten Laster sind größer und schwerer; wo immer möglich wird just in time, das heißt im letzten Moment, angeliefert, man nennt das manchmal »ein Lagerhaus auf Rädern«,

- eine Änderung im Konsumverhalten; es findet ein Umstieg statt vom häufigen Nahrungseinkauf zu Fuß in kleinen lokalen Geschäften zum Großeinkauf mit dem Auto im weiter entfernten Supermarkt.[10]

Die beiden Umweltwissenschaftler David Pimentel aus den USA und Mario Giampietro aus Italien haben die Beziehung zwischen endosomatischer und exosomatischer Energie untersucht. »Endosomatische Energie entsteht im menschlichen Körper durch die metabolische Umwandlung von Nahrungsenergie in Muskelenergie. Exosomatische Energie entsteht bei der Umwandlung von Energie außerhalb des menschlichen Körpers durch mechanische Methoden wie das Verbrennen von Erdöl in einem Traktor.«[11] Pimentel und Giampietro fanden heraus, dass es in den USA 10 Kilokalorien exosomatische Energie braucht, um 1 Kilokalorie Nahrung zu produzieren. Die verbleibenden 9 Kilokalorien verursachen Abfall und Verschmutzung und vergrößern die Entropie.[12] Ein Teil dieser verschwendeten Energie gelangt in die Atmosphäre und trägt zur Klimaveränderung bei.

Die industrielle Landwirtschaft in den USA verbraucht 380 Mal mehr Energie pro Hektare, um Reis zu produzieren, als eine herkömmliche Reisfarm auf den Philippinen. Und berechnet man den Energieverbrauch im Verhältnis zum erreichten Ertrag, dann ist der Energieverbrauch pro Kilo Reis in den USA immer noch 80 Mal höher als auf den Philippinen. Der Energieverbrauch für den Maisanbau ist in den USA 176 Mal so hoch wie in einem traditionellen Bauernbetrieb in Mexiko, und auf den Ertrag umgerechnet braucht es 33 Mal so viel Energie, um ein Kilo Mais zu erhalten.[13] Eine Kuh, welche im industriellen System gehalten und vermarktet wird, benötigt in ihrem Leben knapp 10 Hektoliter Erdöl.[14] Eine 450-Gramm-Schachtel Frühstücksflocken ergibt bloß 1100 Kilokalorien Nahrungsenergie, aber es braucht 7000 Kilokalorien Energie für deren Herstellung.[15]

Die chemisch-industrielle Landwirtschaft basiert auf der Idee, dass die Fruchtbarkeit des Bodens in Düngefabriken gemacht wird. Das war die Idee, welche die Grüne Revolution vorangetrieben hat, die 1965/1966 in Indien eingeführt wurde. 1967 äußerte sich Norman Borlaug, der mit dem Nobelpreis gekrönte »Vater der Grünen Revolution«, an einem Treffen in Delhi äußerst begeistert über die Rolle des Kunstdüngers in der neuen Revolution. »Wenn ich ein Mitglied eures Parlaments wäre«, sagte er zu den Politikern und Diplomaten im Publikum, »dann würde ich alle fünfzehn Minuten von meinem Sitz aufspringen und so laut wie möglich rufen ›Düngemittel! Gebt den Bauern mehr Düngemittel.‹ Es gibt keine wichtigere Botschaft in Indien als diese. Kunstdünger wird Indien mehr Nahrung geben.«[16] Heute ist die Grüne Revolution in Punjab am Verblassen. Die Erträge nehmen ab. Die Erde hat keine Nährstoffe mehr. Das Wasser ist mit Stickstoff und Pestiziden verseucht.

Nun hat die Düngemittelindustrie Afrika neu entdeckt.

Die Rockefeller- und die Bill-Gates-Stiftung haben AGRA gegründet, die Allianz für eine Grüne Revolution in Afrika. Doch AGRA wird kein Taj Mahal, kein Weltwunder, für Afrikas Landwirtschaft sein. Die neue Grüne Revolution Afrikas ist im Grunde genommen die alte Grüne Revolution Asiens. Und wie die Erfahrung von Punjab zeigt, war die Grüne Revolution weder grün, was ihre ökologische Nachhaltigkeit anbelangt, noch in ihrer Bewahrung des natürlichen Kapitals von Erde, Wasser und biologischer Vielfalt; auch war sie nicht revolutionär, indem sie Gleichberechtigung und Gerechtigkeit für die marginalisierten Kleinbäuerinnen und Kleinbauern gefördert hat. Die nicht so grüne Revolution wird jetzt als Lösung für den Hunger und die Armut in Afrika vorgeschlagen.

AGRA beinhaltet ein 150-Millionen-Saatgutprojekt, das Program for Africa's Seed Systems (PASS), das die Landwirtschaft in Afrika grundlegend verändern soll. Die Strategie besteht darin, private Saatgutfirmen zu fördern und das Samenangebot zu kommerzialisieren; das, nimmt man an, braucht es, um die Produktivität der afrikanischen Bauern zu erhöhen. Das Programm sieht auch den verstärkten Einsatz von Kunstdünger vor. Gary Toenissen von der Rockefeller-Stiftung schreibt im Buch *Securing the Harvest* (Die Ernte sichern): »Was immer die Genetik an Ertragssteigerung in Nutzpflanzen einbauen kann, sie werden ihre Nährstoffe nach wie vor von außen beziehen.« Und: »Für die bevölkerungsreichen Entwicklungsländer gibt es gegenwärtig keine Alternative zur Nutzung von anorganischen Stickstoffverbindungen.«[17] Diese Ansicht ignoriert die Erfolge in Asien, Afrika und Lateinamerika, wo die landwirtschaftliche Produktivität durch biologischen Anbau verdoppelt und verdreifacht werden konnte; die da eingesetzten Mittel waren die Züchtung der Bauern selbst, die Bewahrung des Artenreichtums und die Agroökologie. Nicht nur sind industrielle Düngemittel in der Landwirtschaft gar nicht nötig; Kunstdünger schadet den lebendigen Prozessen in der Erde, welche für die Fruchtbarkeit des Bodens, das Wachstum der Pflanzen und die Produktion von gesunder Nahrung verantwortlich sind.

Die Verfechter des Kunstdüngers übersehen auch, wie die steigenden Kosten für Erdöl ihrerseits die Preise für Düngemittel hochtreiben. Importierter Dünger kostet in Indien 55 000 bis 60 000 Rupien pro Tonne (etwa 870 Euro). Verkauft wird der Dünger aber für 9350 Rupien per Tonne. Der Fehlbetrag von 45 000 Rupien pro Tonne wird subventioniert und somit durch Steuergelder bezahlt. In Indien hat der Umstieg auf die chemische Landwirtschaft einen Bedarf von 4 bis 4,8 Millionen Tonnen synthetischem Diammoniumphosphat geschaffen. Etwa 2 Millionen Tonnen davon werden in Indien produziert, der Rest muss eingeführt werden.

Nachdem in Karnataka ein Bauer getötet worden war, als die Polizei auf Hunderte von Bauern schoss, die auf Düngemittel warteten, fanden dort Düngerproteste statt. Das war eine gänzlich unnötige Tragödie. Ähnliche Vorfälle gab es in Amrati, Vidarbha, Latur, Marathwada und Maharashtra. Erst hat die Grüne Revolution die Bauern süchtig nach chemischen Düngemitteln gemacht, nun macht die Globalisierung sie von Importen abhängig.

Während der Boden und die Bauern sterben, machen Agrarunternehmen wie Cargill einen Mordsgewinn. Cargills Profit aus dem Kunstdüngergeschäft verdoppelte sich von 2006 bis 2007; Indien gab in dieser Periode 130 Prozent mehr für Kunstdünger aus, in China waren es gar 227 Prozent mehr.[18]

Baron Justus von Liebig, ein deutscher Chemiker, erforschte in der zweiten Hälfte des 19. Jahrhunderts, welche Elemente und welche Chemikalien Pflanzen für ihr Wachstum benötigen. Er bestimmte als Hauptfaktoren für die Fruchtbarkeit des Bodens Nitrogen (N), Phosphor (P) und Kalium (K). Das war die Geburt der NPK-Mentalität.

1909 erfand Fritz Haber Ammoniumsulfat, einen Stickstoffdünger, der hergestellt wurde, indem man Nitrogen

(Stickstoff) und Wasserstoff mittels Kohle oder Erdgas erhitzte. Die Herstellung von Kunstdünger ist sehr energieintensiv. Ein Kilogramm Stickstoffdünger braucht zur Herstellung zwei Liter Diesel. Ein Kilogramm Phosphatdünger braucht einen halben Liter Diesel. Im Jahr 2000 entsprach die zur Kunstdüngerherstellung benötigte Energie 191 Milliarden Liter Diesel; diese Menge soll bis 2030 auf 277 Milliarden Liter Diesel anwachsen.[19]

Pflanzen brauchen jedoch mehr als NPK. Wenn bloß NPK als Düngemittel verwendet wird, dann entwickeln die Erde und die Pflanzen und als Folge davon auch die Menschen Mängel an Spurenelementen und Mikronährstoffen. Sir Alfred Howard, ein Pionier der biologischen Landwirtschaft, definierte fruchtbare Erde so:

»Eine Erde, in der es von gesundem Leben in Form von Mikroorganismen und Mikrofauna nur so wimmelt, wird gesunde Pflanzen tragen, und diese Pflanzen werden, wenn sie von Mensch und Tier gegessen werden, diese Gesundheit auf die Menschen und Tiere übertragen. Aber eine unfruchtbare Erde, das heißt, eine Erde, der es an genügend Mikroben, Pilzen und anderem Leben fehlt, wird ihre Unzulänglichkeit an die Pflanze weitergeben, und eine solche Pflanze wird wiederum eine Form der Defizienz an die Menschen und Tiere abgeben.«[20]

Die Millionen von Lebewesen, die man in der Erde findet, sind die Quelle ihrer Fruchtbarkeit. Die größte Biomasse der Erde besteht aus Mikroorganismen, vor allem aus Pilzen. Die Mikroorganismen der Erde erhalten deren Struktur, sie tragen zum biologischen Abbau von toten Pflanzen und Tieren bei und sie binden Stickstoff. Sie sind der Schlüssel zur Bodenfruchtbarkeit. Ihre Zerstörung durch Chemikalien bedroht unser Überleben und unsere Nahrungssicherheit. Eine dänische Studie hat einen Kubikmeter Erde untersucht und 50000 kleine Erdwürmer, 50000 Insekten und Milben sowie 12 Millionen Spulwürmer gefunden. Ein Gramm dieser Erde enthält 30000 Einzeller, 50000 Algen, 400000 Pilze und Milliarden von einzelnen Bakterien. Es ist diese erstaunliche biologische Vielfalt, welche die Fruchtbarkeit des Bodens erhält und erneuert. Um die Menschheit zu ernähren, müssen die Erde und ihre Millionen von Erdarbeitern ernährt werden, auch der Regenwurm.[21]

Als ich in Punjab zur Grünen Revolution forschte, fand ich heraus, dass nach ein paar Jahren Rekordernte auf vielen Feldern Missernten gemeldet wurden, und zwar trotz Anwendung großzügiger Mengen von NPK-Kunstdünger. Der Misserfolg war auf den Mangel an Mikronährstoffen zurückzuführen. Dieser Mangel war durch den schnellen und anhaltenden Entzug dieser Nährstoffe aus dem Boden durch die »Hochertragssorten« verursacht worden. Die Pflanzen brauchen ganz offensichtlich mehr als NPK, und die gefräßigen Hochertragssorten entzogen dem Boden Mikronährstoffe in einem sehr schnellen Rhythmus. Das verursachte Mängel an Nährstoffen wie Zink, Eisen, Kupfer, Mangan, Magnesium, Molybdän und Bor. Bei biologischer Düngung gibt es diese Mängel nicht, weil biologisches Material – im Gegensatz zu NPK – diese Spurenelemente selbst enthält. Der Zinkmangel ist der verbreitetste der Nährstoffdefizienzen in Punjab. Über die Hälfte der 8706 Bodenproben aus Punjab zeigten einen Zinkmangel an, welcher den Ertrag von Reis pro Hektare um 3,9 Tonnen, von Getreide um 1,98 Tonnen und von Mais um 3,4 Tonnen vermindert hat. Der Gebrauch von Zinksulfat ist in Punjab 1969/70 von null auf fast

15 000 Tonnen in den Jahren 1984/85 gestiegen. Dies alles, um einen künstlich geschaffenen Zinkmangel auszugleichen. Mangan ist ein weiterer Mikronährstoff, der in Punjabs Erde zur Mangelware geworden ist. Schwefelmangel, der früher nur in Ölsaaten und bei Hülsenfrüchten vorkam, wurde nun auch beim Getreide festgestellt.

Die Grüne Revolution hat die Erde auch dadurch vergiftet, dass sie zu viele Spurenelemente in das Ökosystem einführte. In etlichen Regionen Indiens verursachte die Bewässerung eine Vergiftung durch Fluor. 26 Millionen Hektaren Land in Indien sind von einer Aluminiumvergiftung betroffen. Im Hoshiarpur-Distrikt von Punjab hat sich durch die Praktiken der Grünen Revolution im Boden Bor, Eisen, Molybdän und Selen angesammelt. Das bedroht die Ertragsfähigkeit, aber auch die Gesundheit der Tiere.

Wegen dieser Schwächen und Belastungen der gedüngten Böden hat die Anwendung von NPK nicht die erwartete Ertragssteigerung bei der Reis- und Getreideernte gebracht. Getreide- und Reiserträge sind großen Schwankungen unterworfen, und in vielen Gebieten von Punjab sind sie sogar zurückgegangen, obwohl immer mehr Kunstdünger angewendet wurde.

Experimente an der landwirtschaftlichen Hochschule Punjab Agricultural University (PAU) weisen darauf hin, dass chemische Düngemittel die biologische Fruchtbarkeit des Bodens allein nicht ersetzen können. Die biologische Fruchtbarkeit kann nur erhalten werden, wenn dem Boden ein Teil des biologischen Materials, das er produziert, zurückgegeben wird. In den frühen 1950er-Jahren, bevor die Berater der Ford Foundation auf die Bühne traten, hatte Indiens damaliger Landwirtschaftsminister K.M. Munshi die

Erneuerung und Instandhaltung des Nährstoffkreislaufes gefordert. Er nahm voraus, was die Agrarwissenschaftler heute für die kranken und sterbenden Felder von Punjab empfehlen. So wird die Voraussage von Albert Howard, dem Pionier der ökologischen Landwirtschaft, Wirklichkeit: »Irgendwann in der Zukunft wird der Kunstdünger als eine der größten Dummheiten des Industriezeitalters beurteilt werden.«[22]

Düngemittel blockieren die Kapillaren der Erde, die feinen Röhren, durch welche Nährstoffe und Wasser zu den Pflanzen geleitet werden. Das Einsickern des Regens wird gestoppt, der Oberflächenabfluss nimmt zu, und die Erde ist von Trockenheit bedroht und braucht immer mehr Bewässerung und immer mehr fossile Brennstoffe, um das Grundwasser hochzupumpen. Zu viel Stickstoff in der Wurzelzone verhindert ebenfalls, dass die Nährstoffe zur Pflanze gelangen. Die negativ geladenen Ionen im Stickstoff, die Anionen, führen die Kationen, das heißt die positiv geladenen Ionen, von andern Elementen von der Wurzelzone weg; dadurch werden Bäume und Pflanzen ihrer positiven Kationen wie Magnesium- und Kalzium-Ionen beraubt. Nährstoffarme Pflanzen schaffen ihrerseits einen Nährstoffmangel in der Nahrung und der menschlichen Ernährung. Nährstoffmangel führt zu Störungen des Stoffwechselkreislaufes.

Die Kunstdünger zerstören nicht bloß die Erde und die Gesundheit der Menschen. Sie sind auch ein wichtiger Faktor des Klimawandels, und zwar wegen der Verschmutzung, die sowohl bei ihrer Herstellung als auch bei ihrem Gebrauch entsteht.

Die globalisierten Langstrecken-Nahrungssysteme wie auch das industrielle Nahrungsproduktionssystem, das sie bedienen, tragen beide massiv zum Ausstoß von Treibhausgasen bei. Eine Studie des dänischen Umweltministeriums zeigte, dass ein Kilogramm Nahrung, das um die Welt transportiert wird, etwa 10 Kilogramm CO_2 generiert. »Food Miles« oder »Nahrungskilometer«, welche die Distanz vom Erzeuger zum Konsumenten messen, haben wegen der Globalisierung dramatisch zugenommen. Der Umweltjournalist Dale Allen Pfeiffer berichtet:

»1981 legten Nahrungsmittel, welche in den USA zum Markt in Chicago gebracht wurden, durchschnittlich 2000 Kilometer zurück; 1998 hatte sich diese Entfernung um 22 Prozent auf 2440 Kilometer verlängert. 1965 waren in den USA 787000 Laster registriert, und diese Fahrzeuge verbrauchten rund 25000 Milliarden Liter Brennstoff. 1997 waren es 1790000 Lastwagen, die 77000 Milliarden Liter Brennstoff verbrauchten. 1979 schätzten David und Marcia Pimentel, dass 60 Prozent aller Nahrung und nahrungsbezogenen Produkte in den USA auf der Straße transportiert wurden und etwa 40 Prozent auf der Schiene. 1996 wurden fast 93 Prozent der Frischprodukte per Lastwagen transportiert.«[23]

Eine kanadische Studie berechnete, dass die Nahrung, die in Toronto im Jahr 2003 konsumiert wurde, durchschnittlich über 5364 Kilometer zurücklegte.[24] In Großbritannien nahm die durchschnittliche Distanz beim Nahrungsmitteltransport zwischen 1978 und 1999 um 50 Prozent zu.[25] Eine schwedische Studie ergab, dass die Nahrungskilometer eines typischen Morgenessens bereits einmal rund um die Erde reichen.[26]

Die Zunahme der Nahrungskilometer hängt mit Agrar- und Brennstoffsubventionen zusammen. Diese Zuschüsse bewirken, dass Nahrung über große Distanzen transportiert werden kann und immer noch billiger ist als Nahrung aus der lokalen Produktion. 2006 importierte Indien 5,5 Millionen Tonnen Weizen mit dem Argument, es sei billiger, Weizen aus Australien und den USA zu importieren, als es von Punjab im Norden nach Kerala und Tamil Nadu im Süden zu bringen. Wir sollten die Nahrungskilometer reduzieren, indem wir biologisch vielfältige, lokale und frische Nahrung essen, statt durch Unterstützung der industriellen Landwirtschaft, der nicht lokalen Nahrungsangebote und der aufwendig verpackten und hoch verarbeiteten Lebensmittel die CO_2-Verschmutzung zu vergrößern. Wir müssen die CO_2-Emissionen reduzieren, indem wir die Wirtschaft lokalisieren und unsere Bedürfnisse mit dem kleinstmöglichen ökologischen Fußabdruck erfüllen. Die wirtschaftliche Globalisierung dient bloß der Zunahme von CO_2-Emissionen. Die totale Entkoppelung von Ökologie und Ökonomie droht unseren Oikos, unser Zuhause auf diesem Planeten, zu gefährden.

Importe bringen unnötige Nahrungskilometer mit sich und sind eine direkte Folge der Freihandelsabkommen. Der motorisierte Verkehr ist für acht Prozent des Brennstoffverbrauchs verantwortlich, und ein schöner Teil davon geschieht im Zusammenhang mit Nahrungsmitteltransporten. Da sind zum Beispiel die Weizenimporte, welche aus dem amerikanisch-indischen Landwirtschaftsabkommen US-India Knowledge Initiative on Agriculture resultierten. Indien ist der zweitgrößte Weizenproduzent der Welt. Doch heute wird es wegen der Machenschaften der indischen und der US-amerikanischen Regierung auf einmal zu einem wichtigen Weizenimporteur.

Zu Beginn des Jahres 2006 wurde geschätzt, dass Indiens eigene Weizenproduktion die inländische Nachfrage übersteigen würde; seit sechs Jahren hatte Indien keinen Weizen importieren müssen. Doch indem die einheimischen Märkte für Privatunternehmen geöffnet wurden, konnten ausländische Firmen so viel Weizen aufkaufen, dass die indische Regierung sich genötigt sah, die Wiederaufnahme von Weizenimporten anzukündigen. 0,8 Millionen Tonnen wurden vorerst von Australien eingekauft. Die Firma Australian Wheat Board war das einzige Unternehmen, das den indischen Importbedingungen genügen konnte. Das war dieselbe Firma, die zuvor im Volcker-Bericht namentlich genannt wurde, weil sie dem Regime von Saddam Hussein unter dem Deckmantel des irakischen Öl-für-Nahrung-Programms 300 Millionen Dollar Bestechungsgeld gezahlt hatte.

Als die indische Regierung sich weiterhin weigerte, einen fairen Preis für einheimischen Weizen zu zahlen, sah sie sich im Laufe desselben Jahres ein zweites Mal genötigt, Weizen einzuführen. Diesmal erhöhte die Regierung den Preis, den sie zu zahlen bereit war, und lockerte die Importstandards – das heißt, sie ließ höhere Gift- und Pestizidkonzentrationen zu. Das bedeutete, dass die großen US-Agrobusiness-Unternehmen, allen voran Cargill und ADM, ihren Weizen jetzt an Indien verkaufen konnten. Indien importierte nochmals 2,2 Millionen Tonnen, ein Gewinn für das Agrobusiness und ein Verlust für die Nahrungssicherheit.[27]

Exporte statt Nahrung

Bis vor Kurzem wurde Nahrung vor allem lokal produziert. Lokale Nahrungssysteme haben sich an das lokale Klima angepasst und die lokal vorhandene biologische Vielfalt entwickelt, und das wiederum hat die unterschiedlichen reichen Esskulturen geformt. Wir brauchen beides, die Vielfalt und die Dezentralisierung der lokalen Nahrungssysteme, um den Klimawandel abzufedern und zu vermindern. Doch sowohl die Weltbank wie die Welthandelsorganisation zwingen die Länder dazu, ihre lokalen Nahrungssysteme abzubauen und das, was sie produzieren, zu exportieren, während sie das, was sie brauchen, importieren. Die Strukturanpassungsprogramme der Weltbank führen zu immer mehr politischen Maßnahmen, die die exportfähigen Agrarprodukte, die sogenannten Cash-Crops, begünstigen. Und die Schaffung der Importabhängigkeit ist ebenfalls eine Folge der Bedingungen und Regeln von Weltbank und Welthandelsorganisation.

Eine nachhaltige Landwirtschaft basiert auf einer nachhaltigen Nutzung der natürlichen Ressourcen – Land, Wasser und biologische Vielfalt von Pflanzen und Tieren. Die nachhaltige Nutzung dieser Ressourcen verlangt ihrerseits, dass diese im Besitz und unter der Kontrolle von dezentralisierten landwirtschaftlichen Gemeinschaften sind, für die sie Nahrung und eine Existenzgrundlage liefern. Diese drei Dimensionen – ökologische Sicherheit, Sicherheit des Lebensunterhaltes und Nahrungssicherheit – sind wesentliche Elemente einer nachhaltigen und gerechten Landwirtschaftspolitik.

Der gegenwärtige Prozess der Globalisierung der Landwirtschaft bedroht alle drei Dimensionen. Er untergräbt die ökologische Sicherheit, weil alle Beschränkungen für den Besitz von natürlichen Ressourcen – Land, Wasser und biologische Vielfalt – wegfallen und weil die nicht nachhaltige Ausbeutung von Ressourcen zwecks kurzfristiger Profite gefördert wird. Die Handelsliberalisierung macht es sich nicht zur Aufgabe, eine Existenzsicherheit für die zwei Drittel der indischen Bevölkerung, die Bauern sind, zu liefern. Auch die Schaffung von Nahrungssicherheit für die ärmere Hälfte der Bevölkerung und für Indien als Ganzes ist nicht ihr Ziel. Im Gegenteil: Die Globalisierung gefährdet aufs Massivste die Nahrungssicherheit, und zwar sowohl in den einzelnen Haushalten als auch auf regionaler und nationaler Ebene.

Der Abzug von natürlichen Ressourcen aus dem ökologischen Kreislauf, aus der Sicherung des Lebensunterhaltes und aus der Befriedigung grundlegender Bedürfnisse und ihre Umwandlung in Luxusexporte und Unternehmensprofite wurden durch die vergangenen drei Jahrzehnte Landwirtschaftspolitik möglich gemacht. In dieser Zeit wurde die Landwirtschaft zu einem staatlichen Monopol, machte hohe Schulden und musste massiv subventioniert werden, während das ökologische Gebot der Nachhaltigkeit schlicht ignoriert wurde.

Die neue Politik der Handelsliberalisierung und der Globalisierung reduziert aber diese zentralisierte Kontrolle über die Landwirtschaft nicht; sie verstärkt sie noch. Viele Leute können diese neue Konzentration nicht als solche erkennen. Sie missverstehen die Handelsliberalisierung als neue Freiheit für die Bauern, weil die Macht vom Nationalstaat an die transnationalen Unternehmen übergegangen ist. Die Menschen haben gelernt, was der Mangel an Freiheit unter der Herrschaft des Nationalstaates bedeutet. Sie haben aber noch nicht gelernt, wie der Mangel an Freiheit unter unternehmerischer Macht und Kontrolle aussieht. Wenn sich der Staat aus der Landwirtschaft zurückzieht, gibt er die Macht nicht an die Bauerngemeinschaften und die autonomen Produzentinnen und Produzenten zurück. Stattdessen erleichtert er den Transfer der Kontrolle über natürliche Ressourcen und Produktionssysteme, über die Märkte und den Handel an das globale Agrobusiness. So werden Kleinbauern und landlose Landarbeiterinnen ein weiteres Mal enteignet und entmächtigt.

WTO und Weltbank drängen Länder wie Indien dazu, ihre Priorität von der Ernährung der Bevölkerung auf den Export zu verlagern. So wird eine Ernährungsapartheid geschaffen. Das knappe Land des Südens wird für den Anbau von Früchten und Gemüse für den Norden und die Eliten des Südens genutzt. Die Bevölkerung des Südens ihrerseits bleibt abhängig von Importen von Grundnahrungsmitteln wie Weizen, Reis und Mais. Beide Seiten der Gleichung addieren Nahrungskilometer zu unserem täglichen Brot. Obwohl die Zerstörung lokaler Nahrungssysteme und die Abhängigkeit vom globalisierten Nahrungsangebot als neue »Normalität« dargestellt wird, ist sie doch die absichtlich herbeigeführte Folge einer Politik, welche vom globalen Agrobusiness und den Supermarktketten ausgedacht und gefördert wurde. Die schrittweise Zerstörung der lokalen Nahrungsmärkte Indiens zeigt, wie künstlich und brutal die Globalisierung der Nahrungssysteme in Wirklichkeit ist.

Das Versagen der Exportpolitik

Es ist eine traurige Ironie, dass die Schaffung von agrarwirtschaftlichen Exportzonen, sogenannten AEZs, zwecks Förderung von landwirtschaftlichen Exporten den Gemüsebauern nie geholfen hat. Eine Kartoffelrekordernte brachte den Bauern keinen Gewinn, sie ruinierte die Bauern regelrecht und trieb viele zum Selbstmord. Obwohl die indische Regierung drei AEZs für den Kartoffelanbau geschaffen hatte, konnten die Kartoffeln weder exportiert noch in der Nahrungsverarbeitung gebraucht werden. Statt den Export von Gemüse zu fördern, haben die neu geschaffenen AEZs die Einführung von Gemüse erleichtert.

- Indien ist nun der fünftgrößte Importeur von Rohgemüse, nach den USA, der EU, Japan und Kanada.
- Die Importrechnung für Gemüse stieg 2002 um fast 20 Prozent; die Exporte stagnierten.
- Indien gibt drei Mal mehr für den Import von Gemüse aus aller Welt aus, als es mit dem Export von Gemüse verdient. Die Importkosten beliefen sich im Jahr 2002 auf gewaltige 678 Millionen Dollar. Das ist so viel wie die Gemüseimporte von Russland, Hongkong und Brasilien zusammengenommen. Im Gegensatz dazu verkaufte Indien im gleichen Jahr bloß Gemüse im Wert von 246 Millionen Dollar.[28]
- Exporte von verarbeitetem Gemüse, verarbeiteten Früchten und Nüssen sanken von 70 Millionen Dollar im Jahr 2001 auf 58 Millionen Dollar im Jahr 2002.[29]

Fachleute äußerten die Befürchtung, dass die groß angelegte Umlenkung von Boden, Kapital und anderen Ressourcen in den Exportanbau von Gemüse, Blumen und Gurken die

Nahrungssicherheit stark beeinträchtigen wird. Die Rentabilität dieses Anbaus muss sorgfältig und genau bewertet werden. Dabei sind alle Faktoren zu berücksichtigen: die Investition selbst, die gebotenen Anreize, der Wert des Bodens und anderer knapper Ressourcen, die umgelenkt werden. Da Früchte und Gemüse verderblich sind, müssen sie in gekühlten Lastwagen und per Flugzeug transportiert werden. Handel mit verderblicher Ware vergrößert stets auch den globalen CO_2-Fußabdruck.

Die biologisch vielfältige, Wasser sparende und gegen Trockenheit resistente Landwirtschaft des Südens wird genau zu dem Zeitpunkt zerstört, in dem vielfältige und dezentralisierte Systeme gepflegt werden müssten, um die Auswirkungen des Klimawandels abzuschwächen und die Widerstandskraft gegen die klimatischen Änderungen zu stärken. Einerseits nimmt die Trockenheit aufgrund des Klimawandels zu. Andererseits verschärft sich die Dürre aufgrund der Globalisierung des Nahrungsangebots und weil Boden und Wasser vermehrt dazu genutzt werden, billige Nahrung für die Reichen des Nordens anzubauen. Die Bauern und Hirten werden vom Land vertrieben, und es wird ihnen der Zugang zum Wasser verweigert, während die industrielle Agrarwirtschaft für den Export überhandnimmt.

Ein 50-Gramm-Beutel Salat kostet in Großbritannien etwa 1 Pfund (1,15 Euro), aber für dessen Produktion werden fast 50 Liter Wasser verschwendet. Ein gemischter Salat braucht etwa 300 Liter.[30] Bruce Lankford von der University of East Anglia sagte: »Wir exportieren Trockenheit.« Globale Verkaufsketten wie Tesco, Sainsbury's und Wal-Mart beziehen Früchte und Gemüse vermehrt aus Afrika und Indien. Das führt zu einer Entwurzelung und Verarmung der Bauern im großen Stil. Diese Globalisierung trägt zur Trockenheit und Verwüstung bei, während sie die Zahl der Nahrungsmittelkilometer erhöht und die Nahrungssicherheit und Nahrungssouveränität untergräbt. Wenn Indien dazu gedrängt wird, Gemüse für Europa anzubauen, wird es auch dazu gezwungen, trotz ausreichender einheimischer Produktion pestizidreichen Weizen zu importieren. Diese Praxis gefährdet die Bauern in ihrer Existenz.

Denn die Armen werden gleich drei Mal zur Kasse gebeten. Erstens werden sie durch die größere Verletzlichkeit gegenüber dem Klimawandel belastet, zweitens leiden sie unter extremerer Wasserknappheit, weil das Wasser für den Exportanbau gebraucht wird, und drittens werden ihre Gemeinschaften vom Land, von den Dörfern und aus den Häusern vertrieben, um dem verschwenderischen globalisierten Handel Platz zu machen.

Der globalisierte Handel mit Nahrung schadet den Armen und dem Planeten. Er riskiert die Zukunft unserer Nahrung für den kurzfristigen Profit des globalen Agrobusiness.

Der Übergang zu biologischen Nahrungssystemen

Das industrialisierte und globalisierte Nahrungssystem basiert auf Erdöl. Es ist bedroht, weil wir die maximale Ölförderkapazität überschritten haben. Es ist auch deshalb bedroht, weil es für die Auswirkungen des Klimawandels, den es mitgeschaffen hat, anfälliger ist als die traditionelle Landwirtschaft. Die industrielle Agrarwirtschaft basiert auf Monokulturen. Monokulturen sind äußerst empfindlich gegenüber Klimaschwankungen, Krankheiten und Schädlingen.

1970 und 1971 wurden Amerikas große Maisfelder von einer mysteriösen Krankheit heimgesucht, die später als »race T« des Pilzes *Helminthosporium maydis*, identifiziert werden konnte. Die Blattfleckenseuche, die Southern Corn Leaf Blight genannt wurde, ließ verwüstete Maisfelder mit verdorrten Pflanzen, gebrochenen Stängeln und missgestalteten oder ganz zerfaulten Maiskolben zurück. Die Intensität und die schnelle Ausbreitung der Seuche waren auf die Uniformität des Hybridmaises zurückzuführen; der Mais war größtenteils aus einer einzigen sterilen männlichen Pflanze aus Texas entstanden. Die genetische Struktur des neuen Hybridmaises, welcher die groß angelegte und schnelle Züchtung durch die Saatunternehmen erlaubte, war auch verantwortlich für seine Verletzlichkeit gegenüber der Krankheit. Mindestens 80 Prozent alles hybriden Maises in den USA enthielt 1970 Zellplasma dieser sterilen männlichen Maispflanze aus Texas. Ein Phytopathologe der University of Iowa schrieb: »Solche weitreichende homogene Bepflanzung ist wie eine zundertrockene Prärie. Es braucht bloß einen winzigen Funken, um sie zu entzünden.«[31]

Die industrielle Landwirtschaft ist vom Kunstdünger abhängig. Die mit Kunstdünger behandelten Böden sind arm an Biomasse. Biomasse hilft, den Boden und die Bodenfeuchtigkeit zu stabilisieren, und ist somit eine Versicherung gegen Trockenheit. Böden, die wenig biologisches Material haben, sind anfälliger für Trockenheit und Klimawandel. Die industrielle Landwirtschaft ist auch abhängiger von künstlicher Bewässerung als der traditionelle Anbau. Da der Klimawandel zu einem Abschmelzen der Gletscher führt, welche die Flüsse speisen, und in vielen Ländern der Welt auch eine Verminderung der Regenfälle größere Trockenheit bringt, wird die Verletzlichkeit der industriellen Agrarwirtschaft bloß noch zunehmen. Und schließlich gründet sich das globalisierte Nahrungssystem auf lange Angebotsketten; auch diese Transportwege machen es schutzlos gegenüber extremen Ereignissen wie Überflutungen, Wirbelstürmen und Hurrikanen. Während die von fossilen Brennstoffen abhängige industrialisierte und globalisierte Landwirtschaft den Klimawandel noch beschleunigt, ist sie gleichzeitig selber am unfähigsten, sich an die Änderungen anzupassen.

Wir brauchen eine Alternative. Biologisch vielfältige Bauernbetriebe und lokalisierte Nahrungssysteme bieten uns Sicherheit in Zeiten klimatischer Unsicherheit. Sie produzieren mehr Nahrung, bessere Nahrung und verschaffen mehr Menschen eine Lebensgrundlage.

Das industrialisierte, globalisierte Nahrungssystem basiert auf Erdöl; die biologisch vielfältigen und lokalen Nahrungssysteme wachsen aus der lebendigen Erde. Das industrialisierte System bewirkt Verschwendung und Verschmutzung; eine lebendige Landwirtschaft vermeidet Verschwendung. Das industrialisierte System begründet und fördert Monokulturen; nachhaltige Systeme begründen und fördern Vielfalt.

Lebendige Erde

Mit jedem Schritt, den wir in Richtung lebendiger Landwirtschaft auf lebendigem Boden tun, tragen wir auch bei zur Abschwächung des Klimawandels und zur Anpassung an die veränderten Klimabedingungen. Während der letzten zwanzig Jahre habe ich in Indien die Navdanya-Bewegung mitaufgebaut, die sich für Biodiversität und biologischen

Landbau einsetzt. Je länger, je mehr stellen wir fest, dass unsere verschiedenen Zielsetzungen schließlich zusammengehen: Die Bewahrung der biologischen Vielfalt, die Abfederung der Folgen des Klimawandels und die Linderung der Armut gehen Hand in Hand. Breit gefächerte lokale Biosysteme verringern den Wasserverbrauch und das Risiko von Missernten aufgrund des Klimawandels. Eine Zunahme der Biodiversität der Landwirtschaft kann die negativen Auswirkungen der Trockenzeiten mildern. Hirse zum Beispiel, welche viel nahrhafter ist als Reis und Weizen, braucht nur 200 bis 300 Millimeter Wasser, wohingegen der Reisanbau nach den Methoden der Grünen Revolution 2500 Millimeter benötigt. Indien könnte vier Mal mehr Nahrungsmittel anbauen als heute, wenn Hirse weiterverbreitet und kultiviert würde. Der globale Handel jedoch drängt die Landwirtschaft zu genetisch modifizierten Monokulturen wie Mais, Soja, Raps (Canola) und Baumwolle und verstärkt somit die Klimakrise.

Biodiversität hilft auch mit, Klimakatastrophen aufzufangen und zu überwinden. Nach dem Supersturm Orissa im Jahr 1999 und dem Tsunami von 2004 verteilte Navdanya Saatgut mit salzresistenten Reissorten. Diese »Samen der Hoffnung« sollten die Landwirtschaft wiederbeleben, wo die Böden als Folge der Überflutung des Ozeans versalzt worden waren. Wir legen gegenwärtig Samenbanken mit Sorten an, die gegen Trockenheit, Überflutung und Salz resistent sind, um gegen solche extremen Klimaereignisse besser gewappnet zu sein. Das Klimachaos schafft Unsicherheit. Die biologische Vielfalt wirkt wie ein Puffer – sowohl gegen diese Klimaextreme als auch gegen die damit einhergehende Unsicherheit. Wir müssen uns von der kurzsichtigen Obsession mit Monokulturen und Zentralisierung befreien und die Vielfalt und Dezentralisierung fördern.

Diversität und Dezentralisierung ist das Doppelprinzip, das es zum Aufbau von Wirtschaftsweisen nach der Erdölepoche braucht – und auch für den Umgang mit dem labilen Klima, das wir vom Erdölzeitalter geerbt haben. Die biodiverse Landwirtschaft verringert nicht bloß die Anfälligkeit gegenüber Klimaschwankungen und erhöht die Widerstandskraft gegen diese Entwicklungen; sie produziert auch mehr Nahrung und bessere Einkommen. Wie der Ökosystembiologe David Pimentel hervorhebt: »Biologische Anbaumethoden für Mais und Bohnen verbrauchen in den USA durchschnittlich 30 Prozent weniger fossile Brennstoffe; sie belassen auch mehr Wasser im Boden, verursachen weniger Erosion, erhalten eine gute Bodenqualität und gehen ganz allgemein sparsamer mit biologischen Ressourcen um als die herkömmliche Landwirtschaft.«[32]

Als der Hurrikan Mitch 1998 in Zentralamerika wütete, fanden diejenigen Bäuerinnen und Bauern, welche biologisch anbauten, dass sie weniger Schaden erlitten hatten als die mit chemischen Mitteln arbeitenden Kolleginnen und Kollegen. Die ökologisch bewirtschafteten Felder hatten schon vor dem Sturm durchschnittlich mehr Humus, feuchtere Erde und weniger Erosion, und deren Besitzer waren nach dem Unwetter mit weniger schwerwiegenden wirtschaftlichen Verlusten konfrontiert.[33]

Die mit Fossilenergie betriebene industrielle Landwirtschaft transportiert Kohlenstoff von der Erde in die Atmosphäre. Die ökologische Landwirtschaft absorbiert Kohlenstoff aus der Atmosphäre und gibt ihn in die Erde zurück. Wenn 10 000 mittelgroße US-amerikanische Landwirtschaftsbetriebe auf biologischen Anbau umstellen würden, dann wäre die Abnahme der Schadstoffemissionen gleich groß, wie wenn man eine Million Autos aus dem Verkehr ziehen würde. Wenn alle landwirtschaftlich genutzten Felder der USA biologisch bebaut würden, vergrößerte dies das Kohlenstoffreservoir des Bodens um 367 Millionen Tonnen und würde den Ausstoß von Stickstoffoxid dramatisch verringern.[34] Biologische Landwirtschaft trägt direkt und indirekt zur Reduktion von CO_2-Emissionen bei und entschärft die negativen Folgen des Klimawandels.

Die Arbeit von Navdanya in den letzten zwanzig Jahren hat gezeigt, dass wir mehr Nahrungsmittel produzieren und höhere Einkommen erzielen können, ohne dass dafür die Umwelt zerstört und die Bauern vernichtet werden müssen. Es ist möglich, die Produktionskosten zu senken und gleichzeitig den Ertrag zu steigern. Wir haben das in Tausenden von Landwirtschaftsbetrieben mit Erfolg getan, und wir haben dabei eine faire, gerechte und nachhaltige Wirtschaft geschaffen. Die Epidemie von Suiziden unter Bäuerinnen und Bauern in Indien konzentriert sich auf diejenigen Regionen, in denen der mit Kunstdünger intensivierte Anbau die Produktionskosten massiv erhöht hat. Die Bauern dieser Regionen sind vom hybriden, nicht wieder verwendbaren Saatgut der Großunternehmen abhängig geworden; und ihre marktorientierten Monokulturen sind aufgrund des globalen Wirtschaftsgeschehens einem Preiszerfall ausgesetzt. Das trifft die bäuerlichen Einkommen und führt zur Überschuldung und schließlich zu den Selbsttötungen. Hohe landwirtschaftliche Produktionskosten sind die wichtigste Ursache für die Verschuldung der Landbevölkerung.[35]

Der artenreiche Biolandbau bietet eine schuldenfreie, suizidfreie und produktive Alternative zur industrialisierten Landwirtschaft und bringt eine ganze Reihe von Vorteilen mit sich. Biolandwirtschaft führt zu einer erhöhten Produktivität und zu höheren Einkommen, während gleichzeitig die Produktionskosten gesenkt werden. Die pestizidfreie und chemiefreie Produktion und Verarbeitung liefert den Konsumentinnen und Konsumenten sicheres und gesundes Essen. Wir können gleichzeitig die Umwelt, die Lebensgrundlagen der Bauern, die Volksgesundheit und das Recht der Menschen auf Nahrung schützen.

Wir müssen nicht den Monsanto-Pfad einschlagen. Wir können den Navdanya-Weg gehen. Wir müssen nicht in einer Nahrungsdiktatur und einer Nahrungssklaverei enden. Wir können unsere eigene Nahrungsfreiheit schaffen. Biodiverse lokale Nahrungssysteme können den Klimawandel abschwächen, indem sie den Ausstoß von Treibhausgasen verringern und die Aufnahme von CO_2 durch Pflanzen und durch die Erde fördern.

Der biologische Anbau basiert auf der Wiederverwertung von biologischem Material; die industrielle Landwirtschaft hingegen verwendet Kunstdünger, der Stickstoffoxid ausstößt. Industrielle Landwirtschaft enteignet die Kleinbauern und ballt kleine Betriebe zu riesigen Unternehmen, welche mechanisiert werden müssen, was wiederum den CO_2-Ausstoß vermehrt. Kleine, diversifizierte, biologische Betriebe, vor allem solche in Drittweltländern, können ganz ohne fossile Energieträger auskommen, denn die Energie für den landwirtschaftlichen Betrieb stammt von Tieren. Die Fruchtbarkeit des Bodens wird durch die Wiederverwertung von biologischer Masse zur Fütterung von Bioorganismen in der Erde aufgebaut. Das reduziert den Ausstoß von Treibhausgasen. Biodiverse Systeme sind auch resistenter gegenüber Trockenheit und Überflutung, weil ihre Fähigkeit, Wasser zu speichern, größer ist. Das heißt, sie sind anpassungsfähiger gegenüber den Auswirkungen des Klimawandels. Die Studien, die Navdanya zu Klimawandel und biologischem Anbau gemacht hat, zeigen, dass der biologische Anbau die Kohlenstoffabsorption bis zu 55 Prozent und die Speicherkapazität um 10 Prozent steigern kann.

Die Zunahme der Fruchtbarkeit im biologischen Landbau[36]

	Zunahme in Prozent gegenüber industrieller Agrarwirtschaft						
Nutzpflanze	Biomasse	Mikrobische Aktivität	Mikrobische Biomasse	Speicher-Kapazität	N Nitrogen	P Phosphor	K Kalium
Perlhirse	28–55	4–25	2–10	2–3	0–2	0–1	8–15
Guarbohne	32–44	22–54	12–25	4–9	12–34	2–4	25–47
Mattenbohne	31–47	11–23	8–15	4–7	7–21	1–2	4–9
Mungobohne	27–41	28–59	11–33	4–8	11–27	2–6	5–11

Die ökologischen Vorteile der klein dimensionierten, diversifizierten biologischen Bauernhöfe gehen nicht auf Kosten der Nahrungssicherheit. Biobetriebe produzieren mehr Nahrung und höhere Einkommen als industrielle Monokulturen. Die Entschärfung des Klimawandels, die Erhaltung der biologischen Vielfalt und die Erhöhung der Nahrungssicherheit gehen Hand in Hand.

Die herkömmlichen Messmethoden für Produktivität sehen die Arbeit als Hauptinvestition (insbesondere die Arbeit im Landwirtschaftsbetrieb) und externalisieren viele Energie- und Ressourcen-Inputs. Dieses einseitige Produktivitätsverständnis vertreibt die Bäuerinnen und Bauern von ihren Höfen und ersetzt sie mit Chemikalien und Maschinen, welche ihrerseits Treibhausgase und Klimawandel fördern. Überdies konzentriert sich die industrielle Landwirtschaft auf die Produktion einer einzigen Nutzpflanze, welche weltweit als Ware gehandelt werden kann. Diese Fixierung auf die »Rendite« der einzelnen Erzeugnisse erzeugt letztlich das, was ich die »Monokultur des Geistes« genannt habe. Die Förderung sogenannt ertragsreicher Sorten führt zum Abbau der biologischen Vielfalt. Sie zerstört auch die ökologischen Funktionen der Biodiversität. Der Verlust eines diversifizierten Ertrages wird nie in Betracht gezogen bei dieser eindimensionalen Berechnung von Produktivität.

Wenn die Vorteile der biologischen Vielfalt mitberücksichtigt werden, erbringen die biodiversen Systeme einen höheren Ertrag als die Monokulturen. Und der Biolandbau ist für die Bäuerinnen und Bauern selbst und für die Erde vorteilhafter als die Agrochemie. Wenn auch noch die Agroforstwirtschaft in landwirtschaftliche Systeme integriert wird, wachsen die CO_2-Absorbierung und die CO_2-Umwandlung durch Fotosynthese dramatisch an. Die Dattelpalme und der Neembaum vergrößern den Kohlenstoffgehalt im Boden um 175 beziehungsweise 185 Prozent.

Studien des National Agroforestry Center des Landwirtschaftsministeriums der USA besagen, dass der Kohlenstoff im Boden durch eine 15-Jahre-Rotation um mehr als 6 Tonnen pro Hektare und Jahr erhöht werden kann und der

Baumbestand um 12,22 Tonnen. Weil beide, Boden wie Biomasse, Kohlenstoff aufnehmen, kommt das einer CO_2-Abschöpfung von rund 18 Tonnen pro Hektar und Jahr aus der Atmosphäre gleich.[37]

Die Erde und die Vegetation sind unsere größten Kohlenstoffsenkgruben. Doch die industrielle Landwirtschaft zerstört beide. Indem sie den Zyklus der in die Erde zurückkehrenden Biomasse unterbricht, entzieht sie dem Boden Kohlenstoff. Überdies befördert die Mechanisierung der Landwirtschaft das Fällen von Bäumen und das Schneiden von Hecken.

Es gibt viele Alternativen zum Kunstdünger: Gründüngung mit dazu geeigneten Pflanzen wie Dhencha *(Sesbania aculeata)*, Gliricidia und die uralte indische Faserpflanze Sunn Hemp *(Crotalaria juncea)*; durch Hülsenpflanzen oder Legumen, welche den Nitrogenhaushalt durch eine besondere Legume-Rhizobium-Symbiose regulieren; Erdwürmer; Kuhmist und Kompost. Der biologische Dünger gibt den Lebewesen in der Erde Nahrung. Der Mist der Hoftiere zum Beispiel vermehrt das Aufkommen der Erdwürmer, weil er ihnen Nahrung gibt. Böden, die mit solchem Mist gedüngt werden, beherbergen zweieinhalb Mal so viele Erdwürmer wie ungedüngte Erde. Die Erdwürmer ihrerseits tragen zur Fruchtbarkeit des Bodens bei, indem sie seine Struktur auflockern, durchlüften und das Wasser abführen. Sie zersetzen Biomaterial und integrieren es in den Boden. Der Beitrag der Erdwürmer bei der Bildung von Erde war das hauptsächliche Objekt von Darwins Forschung in seinen späten Jahren. Er schrieb über die Würmer: »Es darf bezweifelt werden, dass es viele andere Tiere gibt, welche in der Entwicklung und Geschichte der Lebewesen eine derart wichtige Rolle gespielt haben.«[38] Der kleine unscheinbare Erdwurm, der unter dem Boden wirkt, ist Traktor, Düngefabrik und Damm zugleich. Von Würmern bearbeitete Böden sind feuchtigkeitsstabiler als unbearbeitete Böden. Und Böden mit aktiver Wurmbevölkerung haben beträchtlich mehr organischen Kohlenstoff und Stickstoff als wurmlose Böden. Die unaufhörliche Bewegung der Würmer schafft Kanäle, die bei der Bodenbelüftung helfen. Man schätzt, dass das Vorhandensein von Erdwürmern den Luftgehalt der Erde bis zu 30 Prozent steigern kann. In Böden mit Erdwürmern versickert das Wasser vier bis zehn Mal schneller, und ihre Speicherkapazität ist um 20 Prozent höher als in wurmlosen Böden. Die Erdwurmexkremente, welche 10 bis 90 Tonnen pro Hektar und Jahr ausmachen können, enthalten fünf Mal mehr Stickstoff, sieben Mal mehr Phosphor, drei Mal mehr austauschbares Magnesium, elf Mal mehr Kali und eineinhalb Mal mehr Kalzium als bloße Erde.[39] Die den Boden bearbeitenden Würmer fördern die mikrobiologische Aktivität, welche für die Fruchtbarkeit der meisten Böden sehr wichtig ist.[40]

Auf der Navdanya-Farm im nordindischen Doon-Valley haben wir den Boden mit Organismen genährt. Und der Boden hat wiederum uns ernährt. Wir haben die Erde aufgebaut und ihr Leben verjüngt. Der Lehmgehalt in unseren Böden ist um 41 Prozent höher als auf den umliegenden, mit Kunstdünger bearbeiteten Betrieben, was heißt, dass unser Boden eine höhere Speicherkapazität aufweist. In unseren Böden gibt es 124 Prozent mehr Biomasse als in den Bodenproben der agrochemischen Betriebe. Die Stickstoffkonzentration ist 85 Prozent höher, der Phosphorgehalt 10 Prozent und das verfügbare Potassium 25 Prozent. Unser Hof ist also viel reicher an Bodenorganismen wie Mycorrhiza-Pilzen, welche den Pflanzen Nährstoffe zuführen. Die Mycelfäden der Pilze sind wesentlich feiner und dringen tiefer in den Boden vor als die Pflanzenwurzeln. So können mehr Nährstoffe und mehr Wasser aus der Erde aufgenommen und der Pflanze zugeführt werden. Unsere Kulturen haben kaum Krankheiten, unsere Böden sind gegen Trockenheit resistent, und unsere Nahrung schmeckt vorzüglich, wie alle Besucherinnen und Besucher bestätigen können. Unser Betrieb ist erdölfrei. Ochsen pflügen das Land und machen es fruchtbar.

Wir haben die fossilen Brennstoffe von unserem Musterbetrieb verbannt und damit wirkliche Energie gewonnen – die Energie der Mycorrhiza und des Erdwurms, der Pflanzen und Tiere, und sie alle werden durch die Energie der Sonne genährt.

Vielfalt als natürliches Kapital und ökologische Versicherung

Biologische Vielfalt ist in den unsicheren Zeiten des Klimawandels unsere beste Versicherung. Herkömmlicherweise haben die Bauern ihren Schutz vor Missernten und Einkommensausfall dadurch erhöht, dass sie mehr als eine Sorte Nutzpflanzen anbauten.

Sir Albert Howard sah in »Mischungen« oder biologischer Vielfalt das Geheimnis der Nachhaltigkeit und Stabilität der Landwirtschaft in Indien. 1940 schrieb er in seinem klassischen Werk über den biologischen Anbau:

»Mischsaaten sind die Regel. In dieser Hinsicht sind die Landwirte des Orients der Methode der Natur im Urwald gefolgt. Mengsaat mit Getreide als Hauptbestandteil ist vielleicht am gebräuchlichsten. Früchte wie Hirse, Weizen, Gerste und Mais werden mit einer ausreichenden Beigabe von Hülsenfrüchten gemischt, manchmal mit Sorten, die viel später reifen als das Getreide. Die Straucherbse *(Cajanus indicus* Spreng.), vielleicht die wichtigste Hülsenfrucht des gangetischen Alluviums, wird entweder zusammen mit Hirse oder mit Mais angebaut. Das Mengen von Getreide und Hülsenfrüchten scheint beiden Früchten zu helfen. Wenn beide zusammen angebaut werden, wird die Art des Wachstums verbessert. Scheiden die Wurzeln dieser Früchte sich gegenseitig fördernde Stoffe aus? Ist die in den Wurzeln dieser tropischen Hülsenfrüchte und Getreide gefundene Mycorrhiza-Entwicklung die diese Ausscheidung bewirkende Kraft? Die Wissenschaft ist zurzeit nicht in der Lage, diese Frage zu beantworten; sie beginnt erst jetzt, sie zu untersuchen. Hier haben wir wieder ein anderes Beispiel, in dem die Bauern des Orients die Lösung eines der Probleme, die die abendländische Wissenschaft erst jetzt zu erkennen beginnt, vorher in Angriff genommen haben. Was mag wohl die Ursache dafür sein, dass Kulturpflanzen am besten wachsen, wenn sie in geeigneten Mischungen zusammenstehen? Die Tatsache ist, dass Gemenge im Allgemeinen bessere Ergebnisse liefert als Reinsaat.«[41]

In unserem Navdanya-Musterbetrieb haben wir auf diesem alten, bewährten Wissen aufgebaut und die Felder mit naturgemäßen Methoden bestellt, die auf biologische Vielfalt gründen. Wir schützen so nicht bloß die biologische Vielfalt, wir erhöhen auch die Nahrungsproduktion, das Einkommen der Bäuerinnen und Bauern und die Widerstandskraft angesichts des Klimawandels.

Auf unserem Bauernhof haben wir Felder mit sieben Kulturen (Saptarshi), neun Kulturen (Navdanya) und zwölf Kulturen (Baranja). Navdanya bedeutet wörtlich »neun Samen« oder »neun Kulturen«. Biologisch vielfältige Felder haben immer bessere Erträge als Monokulturen. Sie überleben Frost und Trockenheit, frühen Regen und späten Regen, zu viel Niederschlag und zu wenig Niederschlag.

Biologische Vielfalt versus Monokultur[42]

	Nutzpflanze	Durchschnitts-produktion (kg/ha)	Durch-schnittspreis (Rupien per kg)	Gesamt-einkommen (in Re, 100 Re = 1,5 €)
	BARANJA (12-Pflanzen-Kultur)			
1	Bajra (Perlhirse)	440	8	3520
2	Maize (Mais)	1280	8	10 240
3	Safed Chemi (Bohnen)	600	25	15 000
4	Ogal (Buchweizen)	360	20	7200
5	Mandua (Fingerhirse)	600	10	6000
6	Jhangora (Hühnerhirse)	440	15	6600
7	Urad (Urdbohne)	600	20	12 000
8	Navrangi (Reisbohne)	680	20	13 600
9	Koni Nr.1 (Hirseart)	280	10	2800
10	Lobia (Langbohne)	600	20	12 000
11	Til (Sesam)	400	30	12 000
12	Koni Nr.2 (Hirseart)	340	10	3400
	Total	**6620**		**104 360**
	MONOKULTUR (auf der gleichen Fläche)			
1	Maize (Mais)	5400	8	43 200

	Nutzpflanze	Durchschnitts-produktion (kg/ha)	Durchschnitts-preis (Rupien per kg)	Gesamt-einkommen (in Re)
NAVDANYA (9-Pflanzen-Kultur)				
1	Til (Sesam)	400	30	12000
2	Safed Chemi (Bohnen)	720	25	18000
3	Mandua (Fingerhirse)	1120	10	11200
4	Dholyia Dal (Linsen)	640	20	12800
5	Safed Bhatt (Bohnenart)	760	15	11400
6	Lobia (Langbohne)	800	20	16000
7	Jhangora (Hühnerhirse)	520	15	7800
8	Maize (Mais)	560	8	4480
9	Wheat (Weizen)	480	25	12000
	Total	**6000**		**105680**
MONOKULTUR (auf der gleichen Fläche)				
1	Mandua (Fingerhirse)	3600	10	36000

	Nutzpflanze	Durchschnitts-produktion (kg/ha)	Durchschnitts-preis (Rupien per kg)	Gesamt-einkommen (in Re)
SAPTARSHI (7-Pflanzen-Kultur)				
1	Urad (Urdbohne)	600	20	12000
2	Moong (Mungbohne)	520	25	13000
3	Mandua (Fingerhirse)	560	10	5600
4	Safed Bhatt (Bohnenart)	680	15	10200
5	Dholyia Dal (Linsen)	560	20	11200
6	Maize (Mais)	680	8	5440
7	Lobia (Langbohne)	600	20	12000
	Total	**4200**		**69440**
MONOKULTUR (auf der gleichen Fläche)				
1	Urad (Urdbohne)	2400	20	48000

Die Baranja (12-Pflanzenkultur) mit Bajra (Perlhirse), Maize (Mais), Safed Chemi (Bohnen), Ogal (Buchweizen), Mandua (Fingerhirse), Jhangora (Hühnerhirse), Urad (Urdbohne) Navrangi (Reisbohne), zwei Varianten von Koni (Hirseart, Poa unioloides,), Lobia (Langbohne) und Til (Sesam) produzierte mehr Nahrung und brachte mehr als zwei Mal so viel ein wie die Maismonokultur. Das Baranja- oder Navdanya-Anbausystem ist eine Garantie gegen Hunger und eine Absicherung gegenüber Missernten aufgrund klimatischer Schwankungen. Der biologisch vielfältige Anbau übertrifft leistungsmäßig die Monokulturen in vielen Teilen des Landes.

Die Symbiose unter den Pflanzen trägt zu einer allgemeinen Ertragssteigerung bei. In der Region der Westghats besteht ein kleiner Bauernbetrieb typischerweise aus etwa 60 Aren Reisfeld, 20 Aren Betelnuss und einem Küchengarten mit Gemüse wie Auberginen, Bohnen, Gurken, Chilischoten und kleinen Kürbissen. Im Himalaja, vor allem in Sikkim, ist die Landnutzung vergleichbar nachhaltig. Vorherrschend ist hier eine gemischte Agroforstwirtschaft mit Erlen und Kardamom. Die Kardamompflanzen und die Erlenbäume werden als Nachbarschaftskulturen angebaut, was der Kardamomproduktion zugutekommt. Auch in Rajasthan, im trockenen Teil von Jodhpur und in Teilen von West-Rajasthan, gibt es eine Agroforstwirtschaft mit dem Neem- und dem Khejribaum *(Prosopis cineraria),* wo Kulturen wie Perlhirse, Sorghumhirse, Mungbohnen, Mattenbohnen und Mais zusammen angepflanzt werden. Diese Art Landwirtschaft hat die Ernährungsbedürfnisse der Gemeinschaften seit jeher befriedigt.[43]

Eine aktuelle Studie des Navdanya-Institutes in vier Distrikten von Westbengalen zeigt, dass der Mehrfachanbau

(Multiple Cropping, MC) ökonomisch effizienter ist als die moderne chemieintensive Agrarwirtschaft, welche Monokulturen hervorbringt. Der Nettowert einer Jahresproduktion eines durchschnittlichen MC-Betriebs ist durchgehend höher als auf einem vergleichbaren Monokulturbetrieb. Auf den MC-Höfen in der Gegend von Ost-Medinipur werden eine Vielzahl von Kulturen angebaut, und zwar sowohl nacheinander wie nebeneinander. Auf einigen dieser Betriebe – die meist kleiner als eine Hektare sind – wachsen über 50 verschiedene Nutzpflanzen, den Reis nicht mitgezählt. Im Vergleich dazu sind die regengetränkten Betriebe der Bankuraregion etwas weniger vielfältig; sie weisen kaum mehr als 14 Kulturen im Jahr auf, inklusive Reis. Nochmals anders funktionieren die bewässerten Monokulturen. In der Bankuraregion wachsen auf solchen Betrieben gerade zwei Reissorten; in der Gegend von Ost-Medinipur sind es drei Reissorten (alles Hochertragskulturen).

Um den relativen Produktionsgewinn der Monokulturbetriebe und der MC-Betriebe miteinander vergleichen zu können, wurden die Kosten aller Inputs (Wasser für die Bewässerung, Saatgut, Agrochemikalien, Arbeit und Energie) berechnet. Das beachtenswerte Resultat war, dass der Ertrag parallel mit der größeren Vielfalt der Kulturen anstieg. Die Bauern erklären diesen Unterschied mit »Farm fatigue«. Diese »Materialerschöpfung«, das Auslaugen des Bodens, wird von den Monokulturen und dem intensiven Einsatz von Agrochemikalien verursacht – und ist ein wesentliches Merkmal der modernen Landwirtschaft.

Diese Daten widersprechen den weitverbreiteten Ansichten der Mainstream-Agrarwirtschaft, die besagt, dass die intensive Bewirtschaftung mit einer einzigen Hauptkultur die

Produktivität erhöht. Eine Mehrheit der Bauern in Bankura und Medinipur haben im Lauf der Jahre realisiert, dass die Erträge eines Monokulturbetriebes auf Dauer unhaltbar sind. Viele dieser Bauern sind zu den herkömmlichen Anbaumethoden zurückgekehrt, welche eine Vielfalt von traditionellen Nutzpflanzen beinhalten. Einige der Landwirte haben mit einer gemischten Rotation aus einer großen Anzahl von »Sekundärkulturen« und einem primären Hochertragsreis experimentiert. Die meisten dieser Bauern berichteten jedoch, dass die Kosten für den Input die Extraproduktion beim Reis wegfressen. Die beste Art, Kosten für zusätzlichen Input zu sparen, sagen sie, sei es, dem »Boden eine Pause zu gönnen« und für ein paar Jahre Obst und Gemüse anzubauen, bevor eine Neubepflanzung mit Reis erfolgt.[44]

Kleine, biologisch vielfältige Betriebe weisen eine höhere Produktivität auf als die Monokulturen, welche ein notwendiger Bestandteil der industriellen, auf externen Inputs basierenden Agrarwirtschaft sind. Höhere biologische Produktivität bedeutet für die Kleinbauern auch ein höheres Einkommen. In Rajasthan ergab die in Monokultur angebaute Perlhirse einen Nettoertrag von 90 Euro pro Hektare. Biologisch vielfältige Betriebe mit einer Mischkultur aus Perlhirse, Mattenbohne und Sesam hatten einen Nettoertrag von 440 Euro pro Hektare, das ist ein fast fünf Mal so großer Gewinn. In Uttarakhand ergab monokulturell angebauter Reis einen Nettoertrag von rund 250 Euro pro Hektare, während der Reis im biologischen Anbau 1000 Euro pro Hektare ergab, das ist ein dreieinhalbfacher Gewinn. In Sikkim löste Mais aus Monokultur 180 Euro pro Hektare; der Gemischtbetrieb mit Mais, Rettich, Lahi Saag (Senfkohl) und Erbsen aber 425 Euro pro Hektare. Navdanyas Reis- und Weizenbauern haben durch Nutzung von einheimischem Saatgut und biologischen Methoden ihre Produktion verdoppeln können. An den Hängen von Uttarakhand ergibt der Jhumba-Reis 176 Zentner (zu 100 Kilogramm) Ertrag pro Hektare; der Kasturi-Reis, eine Hochertragssorte, kommt bloß auf 96 Zentner pro Hektare. Die Erträge aus den Reisfeldern in der Ebene waren 104 beziehungsweise 56 Zentner pro Hektare. Die Bäuerinnen und Bauern im westlichen Uttar Pradesh hatten Erträge von 62,5 Zentner pro Hektare, wenn sie eine lokale Weizensorte und biologische Anbaumethoden verwendeten; die Vergleichszahl für chemisch produzierten Weizen betrug 50 Zentner pro Hektare.

Die Bewahrung von einheimischem Saatgut und ein vielfältiger ökologischer Anbau haben zu zwei bis drei Mal höheren Einkommen geführt als die Monokulturbetriebe. Die Einkommen waren sogar acht bis neun Mal so hoch wie mit dem Einsatz von genetisch manipuliertem Saatgut.

Samen der Freiheit, Samen des Lebens

Vor zwei Jahrzehnten begann ich Samen zu sammeln, um eine andere Zukunft zu schaffen als die von der biotechnologischen Industrie angepeilte, in der alles Saatgut genetisch manipuliert und patentiert ist. Diese Vision einer Saatgut-Freiheit entwickelte sich zu Navdanya. Navdanya bedeutet »neun Samen«, aber es bedeutet auch »das neue Geschenk«. Mit Navdanya haben wir unsern Bauern das neue Geschenk der alten Samen gebracht. Navdanya baut gemeinschaftliche Samenbanken auf; einheimische oder von den Bauern gezüchtete Sorten – Sorten, die über Jahrtausende hinweg entstanden sind – werden gerettet, aufbewahrt, reproduziert, vermehrt und verteilt. Einerseits verteidigen wir mit unserer Samenbank das Saatgut als eine Allmende, ein Gemeinschaftsgut; mit unserer alltäglichen Arbeit wehren wir uns gegen die entwürdigende, unmoralische und unzivilisierte Idee, dass Saatgut ein »intellektueller Besitz« von Unternehmen und die Sicherstellung von Saatgut ein Verbrechen sei. Andererseits sind die Samenbanken von Navdanya die Grundlage für eine andere Nahrungswirtschaft, eine, die sich auf biologische Vielfalt gründet, auf kulturelle Vielfalt und Nachhaltigkeit – eine Nahrungswirtschaft, die in die Zukunft schaut.

Die dominierende Nahrungsindustrie gründet sich auf Monopole und Monokulturen, auf die Industrialisierung der Produktion und die Globalisierung der Verteilung einer Handvoll Nutzpflanzen – Mais, Soja, Reis und Weizen. Diese Ökonomie hat über eine Milliarde Menschen in den Hunger getrieben – und zwei Milliarden in die Fettleibigkeit. Sie tötet die Artenvielfalt und die Bauern. 150000 Kleinbauern haben in Indien Selbstmord begangen, weil sie dazu gedrängt worden waren, jedes Jahr aufs Neue teures und unzuverlässiges Saatgut von Unternehmen wie Monsanto zu kaufen, welche dabei unverschämte Lizenzgebühren einsackten.

Mit den Saatgutvorräten von Navdanya soll Leben gesät werden statt Tod. Wir verbreiten Samen der Hoffnung statt Samen der Hoffnungslosigkeit und Verzweiflung. Wir verbreiten Samen der Freiheit statt Samen der Sklaverei und Samen der Selbsttötung.

Nach dem Tsunami von 2004 haben unsere salzresistenten Reissorten die verwüstete Landwirtschaft von Tamil Nadu wiederaufgebaut. Unsere Samen von Dehradun-Basmati gaben uns die Kraft, gegen RiceTec aus Texas zu kämpfen, die den Basmatireis patentiert hatte. Unsere Weizensorten inspirierten uns, gegen Monsanto zu kämpfen, als das Unternehmen Weizen mit niedrigem Glutengehalt patentierte. Unser Saatgut schenkt uns eine Lektion in Sachen Freiheit und biologischer Vielfalt. Von unseren Samen lernen wir, wie wir die Freiheit der biologischen Vielfalt und die Freiheit der Bauern im Zeitalter der wirtschaftlichen Monopole, »Terminator«-Technologien und globalisierten Monokulturen verteidigen können.

Zunehmend macht sich die Ansicht breit, dass wir die Gentechnologie brauchen, um mit dem Klimawandel fertig zu werden.

Dies ist falsch, und zwar aus verschiedenen Gründen: Erstens haben die Natur selbst und die Bauern immer schon Pflanzensorten entwickelt – und werden das weiterhin tun –, die resistent sind gegen Trockenheit, Überflutung und sturmbedingte Versalzung – drei der hauptsächlichen Folgen des Klimawandels. In den Samenbanken der Navdanya-Gemeinschaft haben wir Hirsesorten, welche sogar einer großen Trockenheit widerstehen können. Wir haben Reispflanzen, die über fünf Meter hoch werden und die Überschwemmungen im Gangesbecken überleben können. Wir haben Reis, der Salz erträgt; diese Sorte haben wir nach dem Wirbelsturm Orissa und nach dem Tsunami verteilt. Unter den salzresistenten Sorten, die wir gesammelt und vermehrt haben, gibt es Kalambank, Kartikpatini, Chakaakhi, Dhala patini, Dudeshwar, Lilabati und Luna, was übersetzt »Salz« bedeutet. Wasserresistente Sorten sind etwa Jalai, Abhiman, Bhutna, Sada dhepa, Sada pankul, Jal kalas (was »Wassertopf« heißt), Bagada, Betana, Bhundi, Champi, Fareka, Indrijiba, Madia und Kala bagada. In Regionen, die von Überschwemmungen und dem Eindringen von Salzwasser aus dem Meer bedroht sind, bieten diese Sorten Sicherheit angesichts der Klimaveränderung. Aber Reis wächst nicht nur in nassen Regionen. Wir haben auch Hunderte von Reissorten gesammelt, die gegen Trockenheit resistent ist: Bhat kalon, Chaina, Gyarsu, Jhumka, Ramjawain ukhri, Asan leija, Bhut moni, Kaya, Loha, Gora, Nata und Raja manik. Das sind Reissorten, die ohne künstliche Bewässerung auskommen, der Regenfall allein genügt.[45] Es gibt noch eine ganze Menge andere Nutzpflanzen, welche ein Entwicklungspotenzial haben und uns helfen können, mit der wachsenden Wasserknappheit zu leben. Der gegen Trockenheit resistente einheimische Weizen und Hirsesorten wie Ragi (Fingerhirse), Jhangora (Hühnerhirse), Koni, Bajra (Perlhirse) und Jowar (Elefantengras) sind »vergessene Nahrung«, welche die Nahrungsmittel der Zukunft sein werden.[46]

Zweitens können wir uns nicht auf die Gentechnologie abstützen, weil diese nur Wirtschaftsunternehmen erlaubt, Samen zu nehmen, sich ihre besonderen Eigenschaften anzueignen und diese zu patentieren. Den Bauern, die keine teuren Lizenzgebühren zahlen können, wird die Nutzung dieses patentierten Saatguts verboten. Dabei ist es nicht die Gentechnologie, die diese besonderen Eigenschaften, etwa Resistenz gegen Trockenheit, Überflutung und Salzverträglichkeit, geschaffen hat; sie erlaubt lediglich die Übertragung dieser Eigenschaften über die Art- und Gattungsgrenzen hinweg.

Mit Navdanya schaffen wir gemeinschaftlich genutzte Samenbanken für klimatische Notlagen. Nur wenn wir die größtmögliche Auswahl von Kulturen haben, können wir auf

Klimakatastrophen angemessen reagieren. Unsere Vielfalt ist allen zugänglich, ein öffentliches Gut, eine Allmende. Die Vielfalt und die Zugänglichkeit sind beides wichtige Absicherungen in ungewissen und instabilen Zeiten. Vielfalt liefert uns die Grundlagen, um uns zu entwickeln und uns an sich verändernde Bedingungen anzupassen. Der Klimawandel ist kein lineares Phänomen, welches überall Erwärmung bewirkt oder mehr Regen oder weniger Regen. Der Prozess ist nicht linear, und wir würden besser von Klimachaos sprechen als von Klimaveränderung oder von globaler Erwärmung. Unsere gemeinschaftlichen Samenbanken mit klimaresistenten Sorten werden noch wichtiger werden, wenn Gengiganten wie Monsanto, DuPont, Syngenta und Dow Patente auf Klimaeigenschaften von Nutzpflanzen, etwa die Toleranz von Trockenheit oder Überflutung, anmelden.[47]

Im Kontext des Klimachaos ist die biologische Vielfalt die Grundlage für jede Anpassung. Mit Monokulturen und Uniformität ist das Versagen vorprogrammiert. Während wir auf ökologischer Ebene die Vielfalt brauchen, um auf das Klimachaos zu reagieren, brauchen wir auf sozialer und politischer Ebene die Allmende. Monopole und eine Konzentration der Ressourcen in wenigen Händen vergrößern die Verletzlichkeit in chaotischen Zeiten.

Das mechanistische Paradigma, auf das sich die Gentechnologie, die geistigen Eigentumsrechte, die Saatgutpatente und die globalisierte unternehmerische Kontrolle über die Nahrungssysteme stützen, haben uns das Klimachaos beschert. Sie können uns nicht helfen, damit umzugehen, uns anzupassen und weiterzuentwickeln. Wie Albert Einstein schon sagte: Wir können Probleme nicht mit derjenigen Geisteshaltung lösen, die sie verursacht hat. Mechanistisches

Denken schafft geistige Monokulturen. Wir müssen die Monokulturen hinter uns lassen, wenn wir den Artenreichtum der Erde bewahren und diese Vielfalt zur Bewältigung des Klimachaos nutzen wollen.

Im Laufe ihrer Evolution hat die Menschheit über 80000 verschiedene Pflanzen gegessen. Mehr als 3000 davon wurden regelmäßig verwendet. Doch heute verlassen wir uns auf bloß acht Nutzpflanzen, um 75 Prozent des Nahrungsbedarfs auf der Welt zu decken. Monokulturen zerstören den Artenreichtum, unsere Gesundheit und die Qualität und Vielfalt unseres Essens. Monokulturen wurden als wesentlicher Bestandteil der Industrialisierung und Globalisierung der Agrarwirtschaft angepriesen. Doch sie produzieren gar nicht mehr Nahrung. Was sie produzieren, sind mehr Kontrolle und Profite – für Monsanto, Cargill und ADM. Sie schaffen Pseudoüberschüsse und reale Engpässe, weil sie die biologische Vielfalt, die lokalen Nahrungssysteme und die Esskultur zerstören.

1998 wurden in Indien die einheimischen Speiseöle verboten, die in kleinen lokalen Betrieben aus Senfpflanzen, Kokosnuss, Sesam, Leinsamen und Erdnüssen kalt gepresst wurden. Als Grund für das Verbot wurde die »Nahrungssicherheit« vorgeschoben. Gleichzeitig wurden die Importbeschränkungen für Sojaöl aufgehoben. Dieser Schritt gefährdete die Lebensgrundlagen von 10 Millionen Bauern. Eine Million dörfliche Ölpressen wurden geschlossen. Mehr als 20 Bauern wurden getötet, als sie gegen den Schleuderverkauf von Soja auf dem indischen Markt protestierten. Denn Soja führte zu einem Preiszerfall für die einheimischen Ölernten. Millionen Tonnen künstlich verbilligtes und genetisch manipuliertes Sojaöl werden bis heute nach Indien eingeführt.

Frauen aus den Slums von Delhi bauten eine Bewegung gegen Soja und für die Rückkehr zum Senföl auf. »Sarson bachao, soyabean bhagao« (Rettet den Senf, vertreibt die Sojabohne), war der Ruf der Frauen auf der Straße. Wir brachten den Senf zurück durch unser Satyagraha, unseren gewaltlosen Widerstand gegen das Speiseölverbot.

Dieselben Unternehmen, die Soja auf den indischen Markt warfen – Cargill und ADM –, zerstören den Amazonas, um Soja anzubauen. Millionen Hektaren Regenwald – die Lunge, die Leber und das Herz des globalen Klimasystems – werden abgebrannt, um Soja für den Export anzubauen. Bewaffnete Banden haben die Wälder besetzt, und sie setzen für die Sojakultivierung Sklaven ein.[48]

Die Menschen in Brasilien und Indien sind durch diese Monokulturen des Agrobusiness direkt bedroht. Doch auch die Menschen in den USA und in Europa sind in Gefahr. 80 Prozent der Sojaernten werden als Viehfutter gebraucht, um billiges Fleisch zu produzieren. Billiges Fleisch, das am Ende beides zerstört: den Regenwald im Amazonas und die Gesundheit der Menschen in den reichen Ländern. Eine Milliarde Menschen ist ohne Nahrung, weil die industriellen Monokulturen diesen Menschen ihre Existenzgrundlage in der Landwirtschaft und ihr Recht auf Nahrung geraubt haben.[49] 1,7 Milliarden Menschen leiden an Fettleibigkeit und nahrungsbedingten Krankheiten. Monokulturen führen zu Fehlernährung – sowohl bei denjenigen, die zu wenig zu essen haben, als auch bei denen, die überfüttert sind.

Die Unternehmen zwingen uns dazu, ungeprüft gentechnisch manipulierte Nahrung zu konsumieren. In 60 Prozent aller verarbeiteten Nahrungsprodukte hat es Soja. Soja hat einen hohen Gehalt an Isoflavonoiden, auch Phytoöstrogene genannt, die das hormonelle Gleichgewicht der Menschen beeinflussen und stören können. In Japan und China, wo viel Soja gegessen wird, reduzieren die traditionellen Gärungsprozesse dieser Esskulturen den Isoflavonoid-Pegel. Die massenweise Einführung von Soja in die Nahrung ist ein Riesenexperiment, das von der US-Regierung zwischen 1998 und 2004 mit 13 Milliarden Dollar subventioniert wurde; dazu kamen noch 80 Millionen pro Jahr von der US-amerikanischen Sojaindustrie.[50] Die Natur, die Kultur und die Gesundheit der Menschen werden alle zerstört. Die lokalen Esskulturen bieten vielerlei und vielfältige Alternativen zu Soja an. Für Protein können wir auf Tausende Sorten von Bohnen und Hülsenfrüchten zurückgreifen – Straucherbse, Kichererbse, Mungbohne, Urdbohne, Reisbohne, Adzukibohne, Mattenbohne, Kuhbohne, Pferdebohne, Saubohne und Linsen. Zur Herstellung von Speiseöl eignen sich Sesam, Senf, Leinsamen, die Öldistel Saflor, Sonnenblumen und Erdnüsse.

Wegen der Verbreitung von Monokulturen und der Zerstörung von lokalen Bauernbetrieben ist das Nahrungssystem sehr erdölabhängig geworden. Fossile Brennstoffe braucht es für den Kunstdünger, für den Betrieb der gigantischen Maschinerie der modernen Agrarwirtschaft und für den Langstreckentransport. Zunehmend essen wir Erdöl statt Nahrung und gefährden damit unseren Planeten und unsere Gesundheit.

Es ist ein Gebot der Stunde, über die geistigen Monokulturen hinauszuwachsen. Nur so können wir unser Nahrungssystem wiederaufbauen. Die kleinen biologischen Betriebe haben eine höhere Produktivität und bieten den Bauern ein höheres Einkommen. Biologische Nahrung hat mehr Nährwert und schmeckt erst noch besser.

Wenn wir die biologische Vielfalt zurückbringen, bringen wir auch die kleinen Bauernbetriebe zurück. Die Kontrolle der Großunternehmen wächst mit Monokulturen. Die Nahrung der Bürgerinnen und Bürger hängt vom Artenreichtum ab. Die Freiheit der Menschen und die Freiheit der anderen Lebewesen stärken sich gegenseitig, sie schließen sich nicht aus.

Die Relokalisierung der Nahrungssysteme

Das globalisierte Nahrungssystem bringt auf jeder Ebene Zerstörung mit sich. Die Artenvielfalt wird zerstört und durch Monokulturen von Mais, Soja und Raps ersetzt. Nahrung ist zur Handelsware reduziert worden. Und diese Ware kann gleichermaßen Autos antreiben, das Vieh in den Tierfabriken füttern oder die Menschen ernähren. Die Einzigartigkeit von Nahrung, ihre Besonderheit und Qualität, ihr Nährwert und ihr Geschmack sind nicht mehr Teil der Gleichung.

Die Bauern werden ruiniert, weil die Preise für die landwirtschaftlichen Erzeugnisse durch eine Kombination von Monopolkäufen durch Weltunternehmen und Schleuderverkauf von subventionierten Produkten gedrückt werden. Gleichzeitig steigen die Nahrungsmittelpreise für die Armen an und der Hunger nimmt zu. Der Langstreckentransport von Nahrung verschmutzt die Atmosphäre mit den CO_2-Emissionen der fossilen Brennstoffe. Niemand gewinnt durch den globalisierten Handel mit Nahrung – außer ein paar Großunternehmen. Die Lokalisierung der Nahrungssysteme, um die Zahl der Nahrungskilometer zu reduzieren, ist angesichts des Klimawandels dringend notwendig. Diese Lokalisierung ist auch ein Gebot der Nahrungssouveränität und der Menschenrechte. Kleinbauern können nur in einer dynamischen und robusten lokalen Nahrungswirtschaft überleben.

Die Lokalisierung ist auch eine Erfordernis der Nahrungssicherheit. Kurze Nahrungsketten gewährleisten mehr Demokratie bei der Verteilung, eine bessere Qualität der Lebensmittel, frischere Produkte und mehr kulturelle Vielfalt. In Indien ist die Bewegung für Demokratie im Einzelhandel ein wichtiger Faktor für die Erhaltung lebendiger lokaler Märkte. Überall auf der Welt kehren die Bauernmärkte zurück. Die Suche nach lokaler Nahrung, um Nahrungskilometer zu vermeiden und weniger anonyme Nahrungssysteme zu schaffen, hat eine neue Dichotomie zwischen »biologisch« und »lokal« geschaffen. Meiner Ansicht nach ist das eine falsche Dichotomie. Biologisch sein, heißt ganz und ganzheitlich sein – das gilt sowohl für die Erde wie für unsere Körper. Nahrung, die gleich nebenan hätte produziert werden können, die aber über Tausende von Kilometern hinweg importiert worden ist, kann ökologisch gesehen ganz einfach nicht biologisch sein. Wenn es uns darauf ankommt, die Gifte in unserer Nahrung loszuwerden, dann sollten wir uns auch wegen der Verschmutzung der Atmosphäre Sorge machen, welche den Klimawandel bewirkt. Das sind zwei Facetten der gleichen ökologischen Zerstörung. Ein gewaltloses, ganzheitliches Nahrungssystem schließt beide »Vergiftungen« aus. Eine Definition von »biologisch«, die sich nicht um Nahrungskilometer kümmert, bezeichnet nichts wirklich Biologisches. Biologische Nahrung, die uns dem eigenen Boden entfremdet, ist nicht wirklich biologisch.

Der Umweltpublizist Michael Pollan schreibt in seinem Buch *The Omnivore's Dilemma* (Das Dilemma des Allesfressers) über die Situation in den USA: »Eine der wichtigsten Neuerungen der biologischen Nahrung war, dass mehr Information entlang der Nahrungskette vom Produzenten zum Konsumenten floss – ein Stücklein Entstehungsgeschichte kam zur nackten Zahl hinzu. Das Etikett ›biologisch‹ erzählt eine kleine Geschichte darüber, wie ein bestimmtes Nahrungsmittel produziert worden ist. Und es gibt den Konsumentinnen und Konsumenten die Möglichkeit, den Bauern die Botschaft zu vermitteln, dass sie lieber Tomaten kaufen, die ohne schädliche Pestizide gewachsen sind, oder ihren Kindern Milch von Kühen zu trinken zu geben, die nicht mit Wachstumshormonen gespritzt worden sind. Der Begriff ›Bio‹ wurde zu einem der wichtigsten Etikette im Supermarkt: Ohne Hilfe der Regierung haben die Bauern und Konsumenten zusammengearbeitet und eine 11-Milliarden-Industrie aufgebaut, welche mittlerweile der am schnellsten wachsende Sektor der Nahrungswirtschaft ist.

Doch das Bio-Etikett selber ist – wie jedes andere Etikett im Supermarkt – bloß ein unvollkommener Ersatz dafür, direkt zu beobachten, wie unsere Nahrung erzeugt wird. Es ist ein Zugeständnis an die Realität, dass die meisten Menschen in einer Industriegesellschaft weder Zeit noch Lust haben, ihre Nahrung zurück bis hin zum Bauernbetrieb zu verfolgen, ein Bauernbetrieb, der heute gut und gerne 2500 Kilometer weit weg liegen kann. Um diese Distanz zu überbrücken, verlassen wir uns auf Zertifizierer und Etikettenschreiber und – in beträchtlichem Ausmaß – auf unsere Fantasievorstellung davon, wie die Bauernhöfe, die unser Essen produzieren, aussehen. Das Bio-Etikett mag das Bild einer simpleren Landwirtschaft heraufbeschwören, aber seine Existenz selbst ist ein industrielles Artefakt. Und was ist mit den Bauernhöfen selbst? Wie gut passen sie zu den Geschichten, die über sie erzählt werden?«[51]

Der biologische Anbau stützt sich auf ökologische Prozesse und Prinzipien der Agroökologie. Er stützt sich auch auf menschliche Gemeinschaften, die in Würde und Freiheit zusammenarbeiten.

Es gab den alten Konflikt zwischen der chemisch-industriellen Agrarwirtschaft und dem biologischen Anbau. Jetzt scheint ein neuer Konflikt zu entstehen, nämlich der zwischen authentisch biologisch, das heißt basierend auf kleinen, biologisch vielfältigen Betrieben, und pseudobiologisch, basierend auf großen, monokulturell organisierten landwirtschaftlichen Unternehmen, welche für den Export produzieren. Der authentisch biologische Anbau gründet sich auf Artenvielfalt, auf kleine Familienbetriebe, lokale Märkte und fairen Handel. Der biologische Anbau entstand als Systemalternative zur industriellen Agrarwirtschaft, welche die Artenvielfalt zerstörte, die Ökosysteme und die Nahrung mit Agrochemikalien verschmutzte, die Kleinbauern entwurzelte und vertrieb und die lokalen Märkte mit subventionierten Langstreckentransporten untergrub.

Der pseudobiologische Anbau zerstört die Kleinbetriebe und entwurzelt die kleinen Bauerngemeinschaften, um größere exportorientierte Industriebetriebe zu schaffen, in denen die Bauern als Arbeiter und Leibeigene behandelt werden statt als souveräne Produzenten. Der pseudobiologische Anbau gründet sich auf die Zerstörung der Artenvielfalt und die Schaffung von Monokulturen. Er hält sich nicht an die wichtigen ökologischen Grundsätze der Erneuerung von Bodenfruchtbarkeit, der Regeneration der Wasserressourcen und der Erhaltung der Artenvielfalt. Hier wird lediglich der chemische Input mit »biologischem« Input ersetzt. Das ist bloße Input-Substitution, nicht Agroökologie.

Agroökologie ist die wissenschaftliche Basis für den authentisch biologischen Anbau. Die authentisch biologischen Anbaumethoden gründen siche auf das Prinzip der Selbstorganisation – von der Ebene der Organismen bis zum Betrieb selber, vom Agroökosystem bis hin zur menschlichen Gemeinschaft. Ökologisch bezieht sich die Selbstorganisation auf die Fähigkeit von lebendigen Organismen und Agroökosystemen, ihre Fruchtbarkeit zu erhalten, indem sie die Mikroorganismen der Erde erneuern und die Biomasse wiederverwerten. In selbstorganisierten Ökosystemen werden Schädlinge durch den Aufbau der Widerstandskraft bekämpft, und es wird ein Gleichgewicht zwischen Schädling und Schädlingsvertilger gesucht. Wasser wird gespart. Die Artenvielfalt wird erhalten und erneuert. Samen, die wieder Samen hervorbringen, und Regenwürmer, die die Fruchtbarkeit des Bodens erneuern, sind Beispiele für die Selbstorganisationsfähigkeit der Natur und aller Lebewesen, welche die Basis aller nachhaltigen Landwirtschaft darstellt.

Ein Ausdruck der sozialen Selbstorganisation ist Gandhis Swaraj, was mit Selbstregierung, Selbststeuerung, Selbstverwaltung übersetzt werden kann. Swaraj ist die Grundlage der Nahrungssouveränität – das Recht, in Freiheit zu produzieren. Soziale und ökologische Selbstorganisation bestärken einander. Nur Kleinbauern, welche mit der Erde und den Pflanzen zusammenarbeiten, können die Sorgfalt und Aufmerksamkeit aufbringen, die die Selbstorganisation der Natur ermöglichen. Nahrungssouveränität beruht deshalb auf der Agroökologie. Beide bauen auf dem Prinzip der Selbstorganisation auf. Selbst organisierte Produktion beruht auf den Prinzipien der Agroökologie, und selbst organisierte Verteilung beruht auf den Prinzipien der Lokalisierung – lokaler Konsum mit lokalen Märkten. Eine solche wirtschaftliche Selbstorganisation garantiert, dass die lokalen Nahrungsbedürfnisse gedeckt werden und dass die lokale Nahrungssicherheit und die Existenzgrundlagen gestärkt werden. So können Fehlernährung, Hunger, Armut und Arbeitslosigkeit vermieden werden. Diese Selbstorganisation liefert auch die Grundlage für die kulturelle Vielfalt im Nahrungssystem, die durch die biologische Vielfalt im Agrarsystem gestützt wird.

Der pseudobiologische Anbau basiert auf der Zerstörung der Selbstorganisationsfähigkeiten der menschlichen Gemeinschaften und des Agroökosystems. Er imitiert die industrielle Agrarwirtschaft und konzentriert sich auf den großflächigen Anbau für den Export, wobei er Kleinbauern vertreibt und die Nahrungssicherheit und Nahrungssouveränität der Menschen untergräbt. Großflächige, industriell bewirtschaftete, exportorientierte pseudobiologische Landwirtschaftsbetriebe werden von gigantischen Unternehmen gewinnorientiert geführt – auf Kosten der Gesundheit der Erde, der Natur und der lokalen Gemeinschaften. Die Biolandwirtschaft wurde für die multinationalen Unternehmen erst aufgrund von Landreformen zugunsten der Reichen attraktiv, mit denen das Land der armen und marginalisierten Bauern in Besitz genommen werden konnte. Dieser Prozess läuft zurzeit im Punjab, wo die Regierung die armen Bauern zwangsenteignet und das Land den Unternehmen übergibt, welche »biologische« Gemüsesorten und Früchte exportieren wollen. Genau so wie die chemische Agrarwirtschaft und gentechnologisch manipuliertes Saatgut die Bauern in die Schulden und zum Selbstmord treiben, so tötet auch der pseudobiologische profit- und exportorientierte Anbau die Bauern – weil auch er ihnen das Land und die Existenzgrundlage wegnimmt.

Eine Landwirtschaft, welche die Artenvielfalt zerstört, ortsansässige Bauern entwurzelt und lokale Gemeinschaften ohne Nahrung zurücklässt, verdient das Etikett »Bio« nicht. Biologisch sein heißt, fair und gerecht sein. Eine Landwirtschaft, die ganze Landstriche in Friedhöfe für Bauern verwandelt, kann nicht biologisch genannt werden. Biologisch bedeutet Leben schenkend. Der authentisch biologische Anbau schenkt Leben. Der pseudobiologische Anbau beendet Leben. Um authentisch zu bleiben, muss der biologische Anbau biologisch vielfältig sein, er muss in den Händen der Kleinbauern bleiben und er muss die Nahrungssouveränität stärken.

Im Navdanya-Musterbetrieb arbeiten wir nach den folgenden biologischen und »lokalen« Prinzipien:

Nahrung für die Erde und ihre Millionen von Mikroorganismen

Biologisches kann nur biologisch sein, wenn das Recht auf Nahrung der Millionen von Mikroorganismen in der Erde geschützt wird. Dieses Prinzip beinhaltet das Gesetz der Rückführung: Man muss auch Nahrung für die Erde produzieren, nicht bloß Handelsware für den Markt. Doch alle »Entwicklungen« der industriellen Landwirtschaft zielen auf die Erhöhung der Warenproduktion ab – auf Kosten der Erde. Die Grüne Revolution mit ihren chemieintensiven Zwergsorten tötete die Organismen in der Erde und verwendete Bewirtschaftungsmethoden, welche der Erde kein biologisches Material zurückgaben. Genetisch manipuliertes herbizidresistentes Saatgut wie Roundup Ready Soja und

Mais töten absichtlich das Pflanzenmaterial, welches in die Erde zurückgehen würde. Den Markt mit Nahrung zu versorgen, während die Erde ausgehungert wird, öffnet dem Hunger und der Verwüstung Tür und Tor. Wenn wir die Erde ernähren, werden wir auch die Menschen ernähren und sogar ein qualitativ hochstehendes Produkt für den Markt erzeugen.

Nahrung für die Bauernfamilie

Die Tragödie der industrialisierten, globalisierten Agrarwirtschaft ist, dass die Rohstoffmärkte wachsen, die Menschen aber Hunger leiden. Über eine Milliarde Menschen sind ständig hungrig. Die meisten von diesen Menschen leben in ländlichen Gebieten. Viele sind Nahrungsproduzenten. Es mangelt ihnen an Nahrung, weil die Böden verwüstet sind oder weil die chemische Landwirtschaft und das teure Saatgut sie in die Schulden getrieben haben. Oder aber sie leiden Hunger, weil sie Cash Crops, Nutzpflanzen für den Markt, anbauen, etwa Baumwolle oder Kaffee, die nicht genug Geld einbringen, weil der globalisierte Handel die Preise für landwirtschaftliche Erzeugnisse gedrückt hat. Es kann auch sein, dass sie vom Land vertrieben worden sind. Es ist kriminell, dass unsere Annadatas, unsere Nahrungslieferanten, selber Hunger leiden müssen. Darum stellen wir bei Navdanya sicher, dass jede Produzentenfamilie zuerst gesundes und nahrhaftes Essen für den eigenen Haushalt anbaut und nur mit den Überschüssen Handel treibt.

Nahrung für die lokalen Gemeinschaften

Jeder Mensch muss essen. Wenn Nahrung nicht lokal angebaut wird, müssen die lokalen Gemeinschaften sie von weiter weg importieren. Diese Nahrung wird mehr kontaminiert und gepanscht sein und weniger sicher. Wenn die lokalen Gemeinschaften nicht lokales Obst und Gemüse essen, wird die Artenvielfalt von unseren Bauernbetrieben verschwinden, und die kulturelle Vielfalt wird aus unserem Speiseplan verschwinden. Das Land und die Menschen verarmen.

Fernhandel und Export nur mit Spezialprodukten

Jeder Teil der Erde ist produktiv. Und jede Kultur auf dieser Erde hat ihr Nahrungsspektrum dem eigenen Ökosystem angepasst. Die Grundnahrungsmittel sollten so weit wie möglich lokal angebaut werden. Auf diese Weise wird produziert, was für das betreffende Ökosystem am besten geeignet ist, und es passt auch zu der Esskultur, die die betreffende Kultur entwickelt hat.

Bei Nahrungsmitteln sollte der Handel auf diejenigen Produkte beschränkt sein, die nicht lokal erzeugt werden können. Gehandelt werden sollten bloß Nahrungsmittel von hohem Wert und mit einem kleinen ökologischen Fußabdruck bezüglich Land- und Wasserverbrauch.

Verschiedene Gemüsesorten und Früchte wachsen in verschiedenen Klimas. Es ist falsch, Gemüse, das in moderatem Klima wächst, in den Tropen anzubauen und es dann zurück zu den reichen Konsumenten zu fliegen. Diese Praxis entwurzelt die ortsansässigen Bauern, bringt Hunger und Armut und zerstört die biologische Vielfalt der lokalen Landwirtschaft. Auch die Chance der Lokalisierung der Nahrungsproduktion in den reichen Ländern wird so blockiert. Da Früchte und Gemüse verderblich sind, ist ihr Transport über lange Strecken hinweg sehr energieintensiv und trägt zum Klimawandel bei.

In Indien, dem Land der Mangos, wird die Alphonso-Sorte nur in Maharashtra und Goa gegessen und gehandelt, wo diese Mangosorte auch wächst. Und die Dasheri-Sorte wird meist in den nördlichen Gebieten gegessen, wo diese Frucht heimisch ist.

Der globale Handel mit Frischwaren zerstört die biologische Vielfalt von Früchten und Gemüse. In jeder Fruchtschale liegen dieselbe Banane, die Chiquita, und derselbe Apfel, der Washington Apple. Die lokale Nahrungserzeugung ist die beste Garantie für die Erhaltung der Artenvielfalt, der Qualität und des Geschmacks.

Gewürze sind die geeignetsten Kandidaten für den Fernhandel. Es braucht nur winzige Mengen davon, um dem Essen Geschmack zu geben. Gewürze wachsen in sehr spezifischen Ökosystemen. Sie können nicht überall angebaut werden. Ihr Wert bezogen auf ihr Volumen ist sehr hoch. Das kommt den Produzenten zugute, die daneben auch noch Grundnahrungsmittel anbauen können. In Karnataka reservieren Gewürzbauern zehn Prozent ihres Bodens für Gewürzgärten mit Pfeffer, Kardamom und Betelnuss, dazu zehn Prozent für ein Reisfeld für den Eigenkonsum. Diese Gärten gibt es seit Jahrhunderten und sie sind modellhaft für eine Anbauweise, die den Handel unterstützt, aber nicht durch den Handel zerstört wird.

»Handel mit dem Gewürz des Lebens« ist gerechtfertigt, wenn es die Gebenden und die Nehmenden bereichert.

Die Relokalisierung unseres Nahrungssystems ist ein ökologisches und soziales Gebot geworden. Richard Heinberg, ein Peak-Oil-Experte, weist darauf hin, dass dies auch eine Deindustrialisierung der Landwirtschaft bedeutet:

»Was ich unter Deindustrialisierung verstehe, ist in den Grundzügen sehr einfach: Es bedeutet eine radikale Reduktion von fossilen Brennstoffen als Input in die Agrarwirtschaft, begleitet von einer Zunahme des Inputs von menschlicher Arbeitskraft. Dazu kommt eine Reduktion der Transporte; die Nahrungsproduktion richtet sich vornehmlich auf den lokalen Konsum aus. Angesichts der Erschöpfung der Erdölvorräte ist es fast sicher, dass dies geschehen wird. Aber gleichzeitig ist es sehr offensichtlich, dass das Resultat katastrophal sein wird, wenn wir die Deindustrialisierung nicht *planen*.«[52]

Rob Hopkins, der eine neue Bewegung der Übergangskultur inspiriert hat, führt aus, wie die Pläne zur Energiereduktion oder das »Runterfahren« von fossilen Brennstoffen ein »Rauffahren« der Lebensqualität bringen können:

»Das Wichtigste an einem Energiereduktionsplan ist, dass er die Vision einer reichhaltigen energiearmen Zukunft kreiert. Der Ausstieg aus den fossilen Brennstoffen wird ein Unternehmen von noch nie da gewesenen Ausmaßen sein. Doch gleichzeitig bietet dieser Wandel der Gesellschaft eine Chance, sich positiv zu ändern, und zwar in eine Gesellschaft mit mehr Naturverbundenheit, besserer Gesundheit und sinnvollerer Arbeit, mit Zugang zu nahrhaftem Essen, mit einem gestärkten Sozialkapital und mehr Zusammenarbeit.«[53]

Der Klimawandel und die zwei Kohlenstoffwirtschaften

Der Reduktionismus scheint im zeitgenössischen Denken zur Gewohnheit zu werden. Den Klimawandel zum Beispiel diskutieren wir – zumindest in der Weltsprache Englisch – zunehmend im Kontext der *carbon economy* (Kohlenstoffwirtschaft). Wir fordern *zero carbon* (wörtlich: null Kohlenstoff) oder *no carbon* (kein Kohlenstoff), als ob Kohlenstoff bloß in seiner versteinerten Form, als Kohle, unter der Erde existierte. Wir vergessen, dass die Zellulose der Pflanze vor allem aus Kohlenstoff besteht. Es ist eine lebendige Kohlenverbindung, ein Teil des Lebenskreislaufes.

Das Problem ist nicht der Kohlenstoff an sich, sondern unsere zunehmende Nutzung von versteinertem Karbon, also von Kohle, die während Millionen von Jahren entstanden ist. Heute verbrennt die Welt jedes Jahr so viel Biomasse, wie während 400 Jahren angesammelt worden ist; das ist drei bis vier Mal so viel wie im Jahr 1956. Die Pflanzen sind eine erneuerbare Ressource, aber die Kohle ist es aus unserer menschlich begrenzten Perspektive nicht. Es braucht Millionen von Jahren, um das Kohle- und Erdölangebot der Erde zu erneuern.

Vor der industriellen Revolution gab es 580 Milliarden Tonnen CO_2 in der Atmosphäre. Heute sind es 750 Milliarden Tonnen. Diese Anhäufung, eine Folge der Verbrennung fossiler Brennstoffe, verursacht die Krise der Klimaveränderung. Die Menschheit muss dieses Problem lösen, wenn sie überleben will. Es ist die andere *carbon economy*, die sich auf den erneuerbaren Kohlenstoff in unserer biologisch vielfältigen Umwelt abstützt, welche die Lösung anbietet.

Unsere Abhängigkeit von fossilen Brennstoffen hat uns aus dem natürlichen Kohlenstoff-Kreislauf herausgebrochen. Unsere Abhängigkeit von fossilen Brennstoffen hat unser Denken versteinert.

Die biologische Vielfalt ist die Alternative zum fossilen Brennstoff. Für alles, was uns die petrochemische Industrie anbietet, gibt es im Reich der Biologie eine Alternative. Die Kunstdünger und Pestizide, die chemischen Farbstoffe, die

Mobilitäts- und Energiequellen – alle haben eine Alternative in der Welt der Pflanzen und Tiere. Anstelle von Kunstdünger haben wir Hülsenfrüchte, welche Stickstoff fixieren können, und Biomasse, welche von Regenwürmern (Vermikompost oder Wurmhumus) oder Mikroorganismen (Kompost) wiederaufbereitet wird. Anstelle von chemischen Farben haben wir aus Pflanzen gewonnene Farbstoffe. Anstelle des Autos haben wir das Kamel, das Pferd, den Ochsen, den Esel, den Elefanten und das Fahrrad.

Der Klimawandel ist eine Folge des Überganges von der erneuerbaren, auf Artenreichtum sich stützenden Kohlenstoffwirtschaft zu einer nicht erneuerbaren, auf fossilen Brennstoffen basierenden Kohlenstoffwirtschaft. Diesen Übergang nennt man gemeinhin die industrielle Revolution.

Der Klimawandel – zusammen mit der drohenden Erdölverknappung – verlangt als oberstes ökologisches Gebot eine erdölunabhängige postindustrielle Wirtschaft. Doch das industrielle Paradigma ist immer noch der Leitparameter bei der Suche nach einem Weg in die Zukunft ohne Erdöl.

Das kommt daher, dass die Industrialisierung auch zum kulturellen Paradigma und Maßstab für den menschlichen Fortschritt geworden ist. Wir wollen eine Post-Erdöl-Welt, aber wir haben nicht den Mut, uns eine postindustrielle Welt vorzustellen. Als Folge davon klammern wir uns an die Infrastruktur der energieintensiven Erdölökonomie und versuchen, diese mit Erdölsubstituten wie Atomenergie und industriellen Biobrennstoffen zu betreiben. Die schmutzige Atomenergie wird neu als »saubere Energie« angeboten. Die nicht nachhaltige Produktion von Biodiesel und Biobenzin wird als »grüne Alternative« angepriesen.

Die Menschheit macht sich selber und dem Planeten etwas vor, weil sie auf das industrielle Paradigma fixiert ist. Unsere Vorstellungen vom guten Leben basieren auf den Produktions- und Konsummustern, welche im Erdölzeitalter entstanden sind. Wir klammern uns an diese Gewohnheiten, ohne uns daran zu erinnern, dass sie erst in den letzten fünfzig Jahren zu einer gesellschaftlichen Sucht geworden sind. Wir wollen auch nicht daran denken, dass der Unterhalt dieser nicht nachhaltigen Gewohnheiten – und sei es nur für die nächsten fünfzig Jahre – das Risiko beinhaltet, Millionen von Arten auszurotten und die Bedingungen für das Überleben der Menschen auf diesem Planeten zu zerstören. Wir sagen Wohlergehen und meinen bloß das Wohlergehen der menschlichen Gattung; genauer: Es geht uns nur um das Wohlergehen der menschlichen Gattung für die nächsten fünfzig Jahre. Dafür opfern wir die Rechte anderer Spezies und das Wohl zukünftiger Generationen.

Wenn wir das Erdölzeitalter hinter uns lassen wollen, müssen wir unsere Hörigkeit für ein bestimmtes Modell von Fortschritt und Wohlstand ablegen. Wir müssen unsere Partnerschaft mit anderen Gattungen wiederaufnehmen. Wir müssen die andere Kohlenstoffwirtschaft, eine erneuerbare Wirtschaft der Artenvielfalt, wiederaufnehmen.

Erneuerbarer Kohlenstoff und Artenreichtum definieren den Fortschritt anders. Sie bestimmen neu, was es heißt, »entwickelt«, »sich entwickelnd« oder »nicht entwickelt« zu sein. Im Erdölparadigma ist Entwicklung gleichbedeutend mit Industrialisierung – die Nahrungs- und Kleiderproduktion sind industrialisiert worden, ebenso der Wohnungsbau und der Verkehr. Dabei sind die Kosten für die Gesellschaft vernachlässigt worden: der soziale Preis der Vertreibung von Menschen von ihrer Arbeit und der ökologische Preis der

Luftverschmutzung und der Destabilisierung des Klimas. Im Erdölparadigma heißt unterentwickelt sein, dass man Nahrung und Kleidung, Wohnraum und Mobilität ohne Erdöl produziert.

Im Paradigma der Artenvielfalt bedeutet Entwicklung, dass man Raum lässt für andere Spezies, für alle Menschen und für zukünftige Generationen. Unterentwicklung bedeutet, dass man den ökologischen Raum anderer Gattungen und Gemeinschaften an sich reißt, die Atmosphäre verschmutzt und den Planeten gefährdet.

Wir brauchen eine andere Geisteshaltung, bevor wir die Welt ändern können. Dieser kulturelle Übergang steht im Zentrum des Umstiegs in eine erdölfreie Zeit. Was den Übergang blockiert, ist ein kulturelles Paradigma, das die Industrialisierung als Fortschritt wahrnimmt und überdies falsche Vorstellungen von Produktivität und Effizienz hat. Man hat uns gesagt, dass die Industrialisierung der Landwirtschaft nötig sei, um mehr Nahrung zu produzieren. Das ist überhaupt nicht wahr. Der biologisch vielfältige Anbau produziert mehr und bessere Nahrung als die meisten energie- und chemieintensiven Methoden. Uns wurde auch gesagt, dass Städte, die automobilfreundlich gestaltet sind, unsere alltäglichen Mobilitätsbedürfnisse effizienter erfüllen können als Städte, die man für Fußgänger und Fahrräder baut.

Spezialinteressen, die vom Verkauf von Kunstdünger und Diesel, von Autos und Lastwagen profitieren, haben uns einer Gehirnwäsche unterzogen, damit wir glauben, Kunstdünger und Autos bedeuteten Fortschritt. Wir wurden zu Konsumenten ihrer nicht nachhaltigen Produkte reduziert. Dabei könnten wir Produzenten von nachhaltigen und kooperativen Gemeinschaften sein. Wir könnten Partnerschaften bilden – sowohl mit andern Menschen als auch mit andern Gattungen und mit der ganzen Erde.

Die biologisch vielfältige Wirtschaft ist die Alternative zur Erdölwirtschaft. Der Umstieg von erdölabhängigen zu biologisch vielfältigen Systemen reduziert die Treibhausgasemissionen, weil so weniger CO_2 ausgestoßen und mehr CO_2 gebunden wird. Vorerst wird die Auswirkung der Luftverschmutzung weiter spürbar sein, auch wenn wir die Emissionen reduzieren. Deshalb müssen wir biologisch vielfältige Ökologie- und Ökonomiesysteme schaffen, weil nur diese das Potenzial für die Anpassung an unvorhersehbare Klimaschwankungen haben. Und nur diese biologisch vielfältigen Systeme bieten Lösungen an, die sich alle leisten können. Wir müssen zum erneuerbaren Kohlenstoffkreislauf des Artenreichtums zurückkehren. Wir müssen eine »Karbon-Demokratie« schaffen, damit alle Lebewesen ihren gerechten Anteil an nützlichem Kohlenstoff haben und niemand mit einer ungerecht großen Menge der durch CO_2 verursachten Klimaauswirkungen belastet wird.

5. Shakti entfesseln

Unsere Fähigkeit zur Transformation

Die dreifache Krise, die mit dem Klimawandel, der Überschreitung des Ölfördermaximums und der Agrar- beziehungsweise Nahrungskrise auf uns zukommt, verlangt nach einer radikalen Änderung. Wir müssen das Erdölzeitalter hinter uns lassen.

Wenn dieser Wandel jedoch durch das gleiche Paradigma und die gleichen Kräfte geleitet wird, welche die gegenwärtige Klimakrise geschaffen haben, dann werden die Probleme der ökologischen Unnachhaltigkeit und der sozialen und wirtschaftlichen Ungleichheit fortdauern. Unsere Nahrung wird in Brennstoff umgewandelt, um die industrielle Infrastruktur aufrechtzuerhalten. Das Land der Armen wird das nächste Ölfeld abgeben. Aber es gibt gar nicht genug Boden, um die ständig zunehmende Zahl von Automobilen und den ständig zunehmenden Energiebedarf mit Brennstoff abzudecken. Wenn man die Rechte der Armen in die Bilanz miteinbezieht, dann gibt es nur einen Weg nach vorne: die Reduktion des Energiebedarfs der Reichen und der nicht nachhaltigen Produktions- und Konsummuster, die eine Altlast der Industrialisierung und der Globalisierung darstellen.

Die mächtigen Unternehmen, die Regierungen und Eliten werden natürlich versuchen, eine Verminderung ihrer Profite und ihrer Macht zu vermeiden und lieber die Armen zahlen zu lassen. Doch ein von oben nach unten strukturiertes Modell für Nachhaltigkeit resultiert in einer Pseudonachhaltigkeit und einem Ökoimperialismus. Wenn die Suche nach Nachhaltigkeit von unten nach oben organisiert ist, schafft sie Erddemokratie, die sich auf lebendige Wirtschaften gründet. Wenn wir unsere lebendigen, aber noch latenten Energien entfesseln, können wir neue wirtschaftliche und politische Möglichkeiten schaffen. Aber wir können diese neu entstehenden Möglichkeiten nur dann wahrnehmen, wenn wir den Paradigmenwechsel von der mechanistischen Weltsicht mit ihren begrenzten und begrenzenden Kategorien der mechanistischen Energie wagen. Der Umstieg ins Post-Erdöl-Zeitalter muss sich auf die lebendigen Energien konzentrieren – vorab auf unsere Energie und Kraft, lebendige Demokratien und lebendige Wirtschaftsweisen zu schaffen.

Ein Universum, das mit den Paradigmen und dank der Energiequellen des mechanischen Industriezeitalters funktioniert, enteignet und verdrängt Milliarden von Menschen. Schließlich wird es für die Menschheit als Gattung unmöglich, länger Teil der zukünftigen Evolution des Planeten zu sein.

Die Klimadebatte hat sich bisher fast ausschließlich um die Begriffe »Wachstum« und »industrielle Entwicklung« gedreht. Beide Ideen begrenzen das Gespräch unnötig. Das mechanistische Paradigma besagt, dass es Wachstum braucht, um die Armut zu beseitigen, dass es die »industrielle Entwicklung« braucht, damit die Armen des Südens den Lebensstandard der Reichen im Norden erreichen können. Doch wie die Beispiele in diesem Buch gezeigt haben, werden heute im Namen des Wirtschaftswachstums sowohl die Menschen wie die Natur ärmer gemacht. Indien verzeichnet ein neunprozentiges Wirtschaftswachstum, während die Regierung

Kleinbauern in den Selbstmord treibt, während sie für den Bergbau oder den Bau von Fabriken und Sonderwirtschaftszonen Stammesgesellschaften entwurzelt und jeden Zentimeter natürlichen Flussverlauf eindämmt. Wenn man diese Natur und diese Menschen als Maßstab für Wirtschaftlichkeit nehmen würde, dann müsste dieses Wachstum als Zerstörung verbucht werden. Wir müssen über die mechanistischen Paradigmen der Industrialisierung und der neoklassischen Ökonomie hinausgehen. Nur so können die Rechte der Armen verteidigt werden. Nur so haben auch zukünftige Generationen noch eine Chance, auf diesem Planeten zu leben.

Zu lange sind ausgerechnet diejenigen Mittel und Methoden, welche die Armen gefährden, als Lösung gegen die Armut angepriesen worden. Die industriellen Produktionssysteme, welche die Menschen verdrängen und die Ressourcen dieser Erde vergeuden, erreichen gegenwärtig das letzte Dorf und den letzten Berg Indiens. Und die globalisierte Wirtschaft, die immer noch davon ausgeht, dass permanentes Wachstum möglich ist, lagert die Umweltverschmutzung und die Ressourcenbelastung einfach an die Armen aus. Um die Themen Energienutzung und Klimawandel von Grund auf anzugehen, müssen wir schauen, was mit den Menschen und der Erde geschieht.

Lebendige Systeme, lebendige Energien

Im vorherrschenden Paradigma ist Energie gleichbedeutend mit Erdöl und Kohle, die aus der Erde abgebaut, über Tausende von Kilometern transportiert und in Elektrizität umgewandelt werden, um Neonschilder zu erleuchten oder als

Brennstoff für Geländewagen Verwendung zu finden. Es ist wichtig, sich daran zu erinnern, dass Energie noch anderes bedeuten kann: Shakti, die Schöpfungskraft des Universums; die Sonne, die unser Leben mit Energie versorgt; das Wasser, das als segensreicher Regen, als Flut oder als Tsunami zu uns kommt; die Luft und der Wind, welcher die Wolken bewegt und das Klima schafft. Energie ist nicht bloß Erdöl und Erdgas. Energie ist ein alles durchdringendes Lebenselement.

Je umfassender unser Energieparadigma ist, desto größer sind die Wahlmöglichkeiten von uns Menschen. Die Fossilbrennstoffe haben unsere Fantasie, unser Potenzial und unsere Kreativität fossilisiert. Wir müssen uns aus dieser Versteinerung lösen, um für uns selbst, unsere Gattung und den Planeten lebensbejahende Lösungen zu finden.

Das mechanistische Paradigma hat uns unsere Freiheit und unsere Fähigkeiten geraubt. Es hat die lebendige Energie mit fossilen Brennstoffen ersetzt; der von der Natur und den Menschen geschaffene Reichtum ist zu Kapital geworden; die Freiheit der Bürgerinnen und Bürger und der Gemeinden ist dem Zwang und der Macht des Unternehmerstaates gewichen. Die Herrschaft des Kapitals regelt jeden Aspekt unseres Lebens – die Gedanken, die wir denken, die Nahrung, die wir essen, die Wohnungen, die wir bauen.

In dieser lebensbedrohlichen Phase der Globalisierung und der Klimakrise müssen wir unsere verborgenen Energien entfesseln, um den Übergang in die Post-Erdöl-Wirtschaft zu schaffen. Dazu müssen wir die Demokratie neu erfinden. Eine Wirtschaft mit erneuerbarer Energie kann nur durch die erneuerbare Energie von freien und selbst organisierten Bürgern und Gemeinschaften geschaffen werden. Der Übergang in die Zeit nach der Erdölabhängigkeit ist nicht bloß ein technologischer Umstieg – es ist vor allem auch ein politisches Umdenken; wir können nicht mehr passiv sein, sondern müssen die Transformation aktiv vorantreiben. Wir haben die Fähigkeit, die Energie und die Kreativität, die für diese Veränderung nötig sind.

Das Leben basiert auf den selbstorganisierten Energien des Universums, von den einzelnen Zellen bis hin zu Gaia, von den Gemeinden bis zu den Ländern. Als lebendige Systeme sind wir Teile eines Netzes von chemischen und energetischen Bewegungen und der Möglichkeit zur Transformation. Leben ist Energie – nicht fossile, versteinerte Energie, sondern *lebendige* Energie.

Nicht Überfluss haben die mechanistische Wissenschaft, die industrielle Technologie und die Marktwirtschaft geschaffen, sondern Mangel – Mangel an Nahrung und Wasser, Mangel an Arbeit und Energie, Mangel an Zufriedenheit und Glück. Diese Faktoren haben zusammengewirkt, um die Abhängigkeit der Menschen von fossilen Brennstoffen zu vergrößern. In diesem Prozess wurde Leben auf der Erde zerstört und eine sinnvolle Arbeit für alle verunmöglicht. Ein falsches Wachstumsparadigma, welches die Reichen noch reicher macht, hat dem Planeten seine Ressourcen entzogen und den Menschen ihre Lebensfreude genommen.

Die reduktionistische, mechanistische Wissenschaft schafft Mangel, weil sie selber die Verbindungen nicht sehen kann, welche den Kreislauf des Lebens unterstützen und aufrechterhalten; sie ist blind für die Energieströme, welche aus der Selbstorganisation kommen. Die industrielle Technologie schafft Mangel, weil sie immer mehr Ressourcen und Energie braucht und die sozialen und ökologischen Kosten dieser Gelüste einfach externalisiert. Wenn diese Technologie Menschen durch fossilen Brennstoff ersetzt (ohne sich um das Wohl der Verdrängten zu kümmern), dann schafft sie auch einen Mangel an Arbeit und Existenzgrundlagen.

Die Marktwirtschaft schafft Mangel, weil sie eine konsumistische Kultur fördert, in der immer mehr Energie produziert und konsumiert wird. Durch diese Maßlosigkeit werden die Armen, werden andere Lebensformen und die zukünftigen Generationen ihres Anteils an Ressourcen und Energie beraubt. Die Vision der Verfechter dieses Paradigmas gehen von der Illusion des unaufhörlichen Wachstums aus. Sie können nicht zugeben, dass ein unaufhörliches Wachstum auch unaufhörlichen Ressourcenverschleiß und unaufhörliche Abfallberge bedeutet.

Die kreative Energie des selbstorganisierten Universums

Energie ist Shakti – die ursprüngliche Schöpfungskraft, die selbstorganisierte, die sich selbst gebärende und erneuernde kreative weibliche Urkraft des Universums. Shakti enthält die Sprachwurzel *sak,* was »die Fähigkeit zu tun« oder »Macht haben« bedeutet. Shakti ist Macht. Shakti ist Kraft. Shakti ist die Personifizierung der ursprünglichen Energie des Universums und die Quelle aller göttlichen und kosmischen Evolution. Sie ist auch die Quelle und die Leiterin aller Kräfte und Möglichkeiten der Natur. Das Universum ist ein Ausdruck von Shakti und ein unendliches Kraftreservoir.

Der alte indische Text *Devi Bhagwat Puran* ist eine Ode an die kreative Energie des Universums; er bezeichnet Shakti als Macht, die in allen Lebewesen präsent ist, als Kraft, unter deren Leitung die Welt ihren Lauf nimmt und dabei den Wünschen von Shakti gehorcht. »Es gibt nichts, was nicht mit mir verbunden ist. Ich bin die Macht hinter allem.«[1]

Schwester Hildegard von Bingen, eine Äbtissin des 12. Jahrhunderts, eine Schriftstellerin und Musikerin, schrieb in ihrem eigenen ganz anderen kulturellen Kontext über diese Kraft:

»Ich bin die höchste feurige Kraft, die ich alle lebendigen Funken entzündet und nichts Tödliches ausgehaucht habe, sondern alles unterscheide, damit es sei. [...] Aber ich bin auch die feurige Lebenskraft von göttlicher Wesenheit, flamme über die Schönheit der Felder, leuchte in den Gewässern, brenne in Sonne, Mond und Sternen. Mit dem luftigen Wind treibe ich alles lebensvoll hoch, als unsichtbare Lebenskraft, die alles erhält. Die Luft nämlich lebt in der Grünkraft und den Blüten, die Gewässer fluten, wie wenn sie lebten, auch der Sonnenball lebt in seinem Licht, und wenn die Mondsichel abnimmt, wird sie vom Sonnenlicht wieder entzündet, da sie gleichsam von Neuem lebt.«[2]

Wenn wir die Energie als Shakti denken, betten wir uns in Gaias Gesetzmäßigkeit ein. Wir entfesseln unsere inneren und äußeren Energien für den radikalen Wandel, den es braucht, um die Klimakatastrophe abzuwenden.

In der indischen Philosophie definieren wir Energie als Satvik (oder Sattva), als Raisik (oder Rajas) und Taamsik (oder Tamas). Diese Energien bestimmen die Qualität der Nahrung, die wir essen, und bestimmen unsere Persönlichkeit. Die drei Energien spiegeln drei Eigenschaften, über die die indische Wissenschaftlerin und Autorin Vinod Verma schreibt:

»Sattva ist die Qualität der Wahrheit, Tugend, Schönheit und Harmonie. Rajas ist die Qualität, die Stärke und Triebkraft beinhaltet. Tamas schließlich ist das, was Bewegung zurückhält, behindert und ihr widersteht. [...] Tamas, Rajas und Sattva repräsentieren deshalb in Bezug zum Körper die physischen, feinstofflichen und spirituellen Aspekte der menschlichen Existenz. Aus kosmischer Sicht steht Rajas für das kreative Prinzip des Universums, Tamas für das vernichtende Prinzip und Sattva für das Prinzip der Energie und des Lebens.«[3]

Satish Kumar ist ein ehemaliger Jain-Mönch und heute Redaktor des Magazins *Resurgence* (Wiederaufleben) und Gründer des Schumacher College in Großbritannien. In seinem Buch *Spiritual Compass: The Three Qualities of Life* (Spiritueller Kompass: Die drei Qualitäten des Lebens) nennt er Satvik, Rajsik und Taamsik als Leitlinien auf unserer Reise zur Nachhaltigkeit und einem »leichten« Leben auf dieser Erde. Er übersetzt Satvik mit »elegant, einfach, natürlich und real; das was tief im Innern wahr ist«. Rajsik wird als »extravagant und überbordend« übersetzt, und Taamsik heißt »dunkel und deprimierend«.[4]

Die Menschheit hat der Taamsik-Energie erlaubt, unser Denken und unser Leben zu beherrschen. Unsere Produktionssysteme und Konsummuster verschlingen den Planeten. Diese entropische Zersetzung bringt unsere Existenz in Gefahr. Die Gesetze der Thermodynamik besagen, dass Energie immer von einem höheren zu einem tieferen Organisationszustand fließt. Eine Bewegung in umgekehrte Richtung braucht Extraenergie. Satvik-Energie hingegen kann uns von tieferen zu höheren Ebenen der Selbstorganisation bringen, vom ökologischen Zerfall zur ökologischen Erneuerung.

Arbeit ist Energie. Zwei Krisen unserer Zeit sind eng miteinander verknüpft, nämlich die Klimakrise und die Krise der Arbeitslosigkeit. Solange wir diese Krisen getrennt sehen, werden wir keine der beiden lösen können. Die Klimakrise wird normalerweise wissenschaftlich zu diagnostiziert und ökonomisch zu lösen versucht. Doch die wirtschaftlichen Lösungen, die angeboten werden, bewegen sich alle im Paradigma des globalen Marktes und des Warentausches. Ein aktuelles Beispiel dafür ist der Stern-Bericht. Die Menschen kommen darin gar nicht vor. Doch wenn die Arbeit der Menschen mit der Arbeit der Erdöl schluckenden Maschinen ersetzt wird, dann ist das ein maßgeblicher Faktor der Luftverschmutzung und der Klimakrise. Wenn man die Arbeit zu den Leuten und die Leute zur Arbeit bringt, kann das ein wichtiger Beitrag sowohl gegen die Krise der »überzähligen« Menschen wie gegen die Krise der Klimastörung sein.

Die expandierende Erdölwirtschaft ersetzte Menschen mit Energie. Einerseits wurden damit die Menschen im Wirtschaftsunternehmen Produktion überflüssig. Das schaffte die Krise der Armut und der Arbeitslosigkeit, der Entbehrlichkeit und der Marginalisierung. Andererseits führte das zum Problem der CO_2-Verschmutzung. Während die Menschen für ihren Unterhalt den erneuerbaren Kohlenstoff der Pflanzen und der Biomasse konsumieren können, muss die Industrie für ihren Energiebedarf fossile Brennstoffe verbrennen; sie gibt dadurch mehr CO_2 in die Atmosphäre ab, als der Planet wiederaufbereiten kann.

Die Industrialisierung ersetzt die erneuerbare Energie der Menschen und Tiere mit nicht erneuerbarer Energie. Obwohl die industrielle Produktion mehr Ressourcen frisst, als sie braucht, um die produzierenden Menschen zu ernähren, wird der Ersatz der Menschen durch benzinbetriebene Maschinen als Produktivitätsgewinn bezeichnet.

Der gesamte wissenschaftliche und technologische Fortschritt wird durch dieses enge und verzerrte Verständnis von Produktivität geleitet; eine Produktivität, die die sozialen Kosten – die Zerstörung von Lebensgrundlagen – und die ökologischen Kosten – die Zerstörung des Ökosystems – einfach externalisiert.

Die Wirtschaftspolitik will die Expansion der Industrialisierung und die Abhängigkeit von fossilen Brennstoffen unterstützen. Deshalb subventioniert sie die Kunstdünger in der industriellen Agrarwirtschaft und die Exporte im globalen Nahrungssystem. Petrochemikalien werden subventioniert; Erdöl und Kohle werden subventioniert. Neben diesen direkten Subventionen gibt es auch noch indirekte Zuschüsse. Ein gutes Beispiel dafür ist die Bereitstellung der massiven Infrastruktur der Erdölwirtschaft, vorab der Autobahnen. Das Nonplusultra der Subventionen ist die militärische Sicherung der Erdölförderung, ein eigentlicher Erdölkrieg. Sozial, ökologisch und wirtschaftlich sehr teure Systeme für die Produktion von Nahrung, Energie und Verkehr werden künstlich verbilligt. Diese Subventionen für globalisierte und industrialisierte Nahrung lassen lokale, biologisch erzeugte Nahrung vergleichsweise teuer erscheinen; Subventionen für Privatautos und den Luftverkehr lassen die Zugreise teuer erscheinen; Subventionen für Supermärkte lassen lokale Geschäfte teuer erscheinen.

Diese ökonomischen Verzerrungen führen zu sozialen und kulturellen Verzerrungen. Die Kreativität und Produktivität vieler Menschen wird verschwendet, und die kreative Arbeit wird als Arbeit zweiter Klasse angesehen, als altmodisch und überholt. Handwerkerinnen und Handwerker sollen der industriellen Herstellung von Petroprodukten weichen; die Kleinbauern sollen der industriellen Agrarwirtschaft Platz machen. Und mit dem Verschwinden der kreativen Arbeit verschwinden auch das Wissen und die Fertigkeiten, die wir brauchen, wenn wir eine Wirtschaft ohne Erdöl anstreben wollen.

Wir müssen unsere Wahrnehmung und unsere Definition von körperlicher Arbeit ändern. Der Ersatz von Menschen durch Maschinen ist als Befreiung der Menschen von der Arbeit definiert worden. Körperliche Arbeit galt als Plackerei und Entwürdigung. Als die kommunistische Regierung von Westbengalen die Hand-Rikschas gesetzlich verbot, rechtfertigte sie diese Maßnahme mit dem Argument, sie wolle eine »entwürdigende« Arbeit abschaffen. Die Rikscha-Betreiber organisierten einen Protest und sagten, an ihrer Arbeit sei nichts Entwürdigendes. Ohne Arbeit zu sein, das sei entwürdigend. Als Monsanto das Breitspektrumherbizid Roundup einführte, das »alles Grüne tötet, mit dem es in Kontakt kommt«, sagte die Firma, sie würde die Menschen vom Unkrautjäten befreien. Die Zerstörer von Arbeit und Arbeitsplätzen stellen ihre Zerstörung immer als Befreiung dar. Doch es ist keine Befreiung, wenn man seiner Produktivität beraubt wird. Es liegt keine Würde darin, wenn man entbehrlich gemacht wird.

Wenn wir den Umstieg vom Erdöl zu einer andern Energienutzung schaffen wollen, müssen wir die Menschen und die menschliche Energie in die Wirtschaft zurückbringen. Wir müssen die körperliche Arbeit respektieren und ihr wieder Würde zugestehen. Der Klimawandel gibt uns eine deutliche Warnung: Der Ersatz von Menschen mit fossilen Brennstoffen ist ökologisch nicht nachhaltig. Die sozialen und kulturellen Zerrüttungen sollten ebenfalls als Warnung gesehen werden. Denn auch sozial ist es nicht nachhaltig, den Menschen die Arbeit wegzunehmen.

Auf verschiedenen Ebenen muss das menschliche Arbeitspotenzial in die Energiegleichung und in das Leben von uns Menschen zurückgeholt werden. Zuerst geht es um die innere Energie der Menschen in all ihren Dimensionen – spirituell, kulturell, emotional, intellektuell, physisch. Wenn diese Kraft angezapft wird, ist sie die größte Energiequelle, die wir haben. Sie ist unerschöpflich, erneuerbar und ständig wachsend. Die menschliche Energie zusammen mit der Energie der Sonne, der Pflanzen und Tiere, dem Wind und der Luft, dem Ozean und dem Wasser, dem Boden und der Erde sind sowohl Grundlage der Arbeit und der Existenzsicherung als auch die Quelle von nachhaltiger und erneuerbarer Energie.

Das Gesetz der Entropie und das Prinzip der Entstehung

Im größeren ökologischen Zusammenhang führt das mechanistische Wachstum aufgrund von Maschinentechnik zur materiellen und spirituellen Verarmung. Es ist entropisches Wachstum – Wachstum, das Abfall und Verschmutzung produziert. Der Klimawandel ist das Resultat der zunehmenden Verschmutzung und der zunehmenden Entropie.

Im Buch *The Entropy Law and Economic Progress* (Das Entropiegesetz und der wirtschaftliche Fortschritt) schrieb

Nicholas Georgescu-Roegen, ein ehemaliger Professor an der Vanderbilt University und Pionier unter den ökologischen Ökonomen, bereits 1971:

»Die neoklassische Wirtschaftslehre ist mechanistisch und gleicht darin der klassischen Mechanik. Sie kann weder das Vorhandensein ständiger Veränderung in der Natur erklären, noch kann sie dies als unabhängige Entität akzeptieren. Die Natur, auf der auch die Wirtschaft und die Industrie aufbauen, wird total unterschätzt. Die neoklassischen Ökonomen zogen die Natur nicht in ihre Berechnungen mit ein, weil sie sozusagen ›gratis‹ war. Diese Haltung ›no deposit no return‹ – was so viel heißt wie ›Einwegflasche ohne Pfand‹ – passt bestens zur Weltsicht des Geschäftsmannes. Wenn man nur aufs Geld schaut, dann kann man auch nur Geld sehen, das von einer Hand zur nächsten geht, und bedauerlicherweise kann das Geld nie aus dem Wirtschaftsprozess hinausfinden. Vielleicht war auch die Leichtigkeit, mit der sich die Länder, in denen die modernen Ökonomien wuchsen und gediehen, Rohstoffe sichern konnten, mit ein Grund dafür, dass sie bezüglich des wichtigen Wirtschaftsfaktors Natur so blind blieben. Nicht einmal als diese gleichen Länder um die Kontrolle über die natürlichen Ressourcen der Welt zu kämpfen begannen, erwachten die Ökonomen aus ihrem Schlummer.«[5]

Die mechanistische Weltsicht und der Industrialisierungsprozess haben den übermäßigen Abbau und den übermäßigen Verbrauch von Ressourcen gefördert. Und trotzdem haben sie die Energie und die Ressourcen, die sie nutzen, und den Abfall und die Verschmutzung, die sie produzieren, aus ihrer Berechnung von Produktivität und Profit entfernt. Das hat sich dreifach ausgewirkt: Die natürlichen Ressourcen wurden erschöpft; die Verschmutzung nahm drastisch zu; Menschen, Gemeinschaften und Kulturen wurden zerstört.

Das vorherrschende Paradigma mag die Anhäufung von Abfall ignorieren, aber die geförderten menschlichen Aktivitäten gehorchen trotzdem dem Gesetz der Entropie. Der Begriff »Entropie« wurde vor über hundert Jahren vom deutschen Physiker Rudolf Clausius eingeführt. Er beschreibt im Wesentlichen die Bewegung eines Systems in Richtung Chaos.

Georgescu-Roegen illustriert Entropie mit dem einfachen Beispiel von Kohle, die zum Antrieb einer Eisenbahnlokomotive verwendet wird. Das Verbrennen der Kohle erzeugt Dampf, der die Lok antreibt und den Zug in Bewegung bringt. Diese Umwandlung von Kohle einerseits in Bewegung und andererseits in Asche gehorcht dem ersten Gesetz der Thermodynamik – der Erhaltung von Masse und Energie. Aber es findet noch eine andere Veränderung statt, welche dem Gesetz der Entropie oder dem zweiten Gesetz der Thermodynamik folgt. Georgescu-Roegen schreibt:

»Zu Beginn des Prozesses, vor der Verbrennung, ist die chemische Energie der Kohle frei, in dem Sinn, dass sie uns zur Produktion von mechanischer Arbeit zur Verfügung steht. Im Laufe des Prozesses jedoch verliert die freie Energie ihre Eigenschaft nach und nach. Schließlich verschwindet sie komplett im System, wo sie *gebundene* Energie bleibt, das heißt Energie, welche nicht mehr für den gleichen Zweck genutzt werden kann.«[6]

Die Entropie misst die gebundene Energie eines Systems. In einem System mit einem hohen Anteil an Entropie ist alle oder die meiste Energie gebunden. Auf ein System mit niedriger Entropie trifft das Gegenteil zu. Der Zerfall der Energie vom freien in den gebundenen Zustand wird auch als Übergang von Ordnung zu Unordnung oder Chaos bezeichnet. In einer geordneten Struktur ist die Energie frei, während eine Struktur mit gebundener Energie chaotisch und desorganisiert ist.

Das Leben hat die Fähigkeit, dem qualitativen Zerfall, dem die leblose Materie unterworfen ist, zu widerstehen. Man kann Leben geradezu als die Fähigkeit definieren, Ordnung zu schaffen, freie Energie zu schaffen, Vielfalt zu schaffen und sich dem Gesetz der Entropie zu entziehen.

Georgescu-Roegen hat die Möglichkeit des Lebens, sich von hoher zu niedriger Entropie zu bewegen, »entropische Unbestimmtheit« genannt:

»Ohne entropische Unbestimmtheit wäre es einem Lebewesen nicht möglich, seine Entropie konstant zu halten. Noch könnte es den Entropieverlauf umdrehen, von hoch zu niedrig. Vor allem aber wäre es für Lebewesen unmöglich, niedrige Umweltentropie anzubieten und diese in so erstaunlich vielfältiger Weise zu nutzen wie das Bakterium, der Hummer, der Schmetterling, der Steppenläufer (Tumbleweed), der Homo sapiens und so weiter in einer potenziell unbegrenzten Aufzählung.«[7]

Georgescu-Roegen nannte das Prinzip, das Leben in neuen Mustern zulässt, »das Prinzip der Entstehung von Neuheit durch Kombination«. Lebendige Energien erlauben uns, aus der offensichtlichen Zerstörung und Verschwendung auszubrechen, die der mechanischen Energie innewohnt. Wir werden zu Mitschöpfern und Mitproduzenten im kreativen Erneuerungsprozess der Natur.

Der Reduktionismus, welcher sich auf die einzelnen Teile konzentriert, kann die unerwartete Kreativität der natürlichen Prozesse nicht sehen oder verstehen. Die unerwarteten geordneten Muster, welche aus ungeordneten Elementen geschaffen werden, nennt man »neu entstehende Eigenschaften« *(emergent properties).* Der bedeutende Entwicklungsbiologe Brian Goodwin führt aus:

»Man weiß jetzt, dass neu entstehende Eigenschaften in der Natur weitverbreitet sind, vor allem in lebenden Systemen. Viele der verblüffendsten Eigenschaften des Lebens, etwa die Art und Weise, wie komplexe Organismen aus dem Zusammenwirken von vielen Zellen während der embryonischen Entwicklung entstehen, oder gemäß welchen Mustern Spezies im Verlaufe der Evolution aussterben, sind unerwartete Resultate eines bestimmten Interaktionsmusters zwischen verschiedenen Komponenten eines komplexen Systems.«[8]

Eine solche Genese ist charakteristisch für alle lebendigen Systeme. Wenn sich eine Gesellschaft aufbauend auf der lebendigen Energie ihrer Bürgerinnen und Bürger organisiert, dann ist die lebendige Demokratie ein neu entstehendes Phänomen. Das Unmögliche wird möglich, aus Hoffnungslosigkeit entsteht Hoffnung, inmitten des ökologischen und sozialen Ruins werden unsere kreativen Energien entfesselt.

Menschen haben als lebendige Geschöpfe die Wahl zwischen zwei Alternativen – Entropie oder Emergenz. Die Entropie sperrt uns in die mechanistische Weltsicht ein, die auf einer mechanistischen Wissenschaft, einer mechanistischen Produktion und einer mechanistischen Wirtschaftsweise basiert; ihr Mythos vom unbegrenzten Wachstum bringt Tod, Zerfall und Zersetzung. Emergenz verlässt sich auf die ökologische Wissenschaft, die ökologische Produktion und die ökologischen lebendigen Wirtschaftsformen, welche uns durch biologische und kulturelle Vielfalt menschliche Bereicherung schenken. Die Wahl, die wir treffen, wird darüber entscheiden, ob wir als Gattung überleben oder nicht. Unsere Möglichkeiten sind durch das gegenwärtige Wahlangebot nicht für immer beschränkt; auch in der Gesellschaft gibt es neu auftretende Qualitäten, unvorhersehbare Formen, die aufgrund neuer Verbindungen, neuer Netzwerke und neuer Solidaritäten entstehen.

Die Hoch-Entropie-Reise, welche die Menschheit im Namen von illusionärem Wachstum und Fortschritt unternommen hat, hat keine Zukunft. Wir müssen unsern Weg und unsere Ziele neu bestimmen. Diese Ziele können nicht mehr durch eine reduktionistische Wissenschaft, durch industrielle Technologien und durch eine neoliberale Wirtschaft gesetzt werden. Diese Ziele können nicht mehr eng als Wirtschaftswachstum und Konsumismus definiert sein. Das Ziel hat die Erhaltung der Erde, aller Lebewesen und der zukünftigen Generationen zu sein.

Der Rechtsprofessor Edgar Cahn, der die Begriffe »Zeitgeld« und »Zeitbank« in die Diskussion eingeführt hat, schreibt:

»Wir Menschen bewohnen eine ökologische Nische auf diesem Planeten. Niemand von uns bezahlt den ›vollen Preis‹. Wir alle ziehen Nutzen aus einem gemeinsamen Stammkapital: Das angesammelte Wissen und die Entdeckungen unserer Vorfahren, der Genpool, der sich als überlebensfähig erwiesen hat, und das Ökosystem, das uns mit einem breiten Spektrum von lebenswichtigen Gütern und Dienstleistungen versorgt, dienen uns allen als Lebensgrundlage. Unsere Fähigkeit, dieses Jahrtausend zu überleben, hängt davon ab, ob wir unser Erbe als Ausbeuter und Plünderer vergeuden oder aber als treuhänderische Sachverwalter bewahren, entwickeln und bereichern …

Die Herausforderung, der die Menschheit jetzt gegenübersteht, ist die Schaffung einer gesunden ökologischen Nische: Gemeinschaften, die hegen und pflegen, Raum, der nicht giftig ist, Austausch, der nicht auszehrt, Beziehungen, die auf Sorge und Liebe aufgebaut sind, ein Geschäftsgebaren, das angetrieben ist von der erneuerbaren Energie des Mitgefühls, des Einfühlungsvermögens und der Gegenseitigkeit.«[9]

Die Mehrfachkrise der Klimaunsicherheit, der Energieunsicherheit und der Nahrungsunsicherheit schafft die Erfordernis, aber auch die Chance, die Grenzen des mechanistisch-industriell-kapitalistischen Paradigmas zu überwinden, das unser Potenzial systematisch vermindert hat, auch wenn es sich als Fortschritt verkaufte.

Die Wege aus der Krise leuchten nicht in den Chefetagen der globalen Unternehmen auf, welche die Welt heute beherrschen und welche weitgehend verantwortlich sind für die Verbrechen gegen die Natur und gegen die Menschheit. Die Industrialisierung der Nahrung und der Landwirtschaft hat die menschliche Gattung auf die schiefe Bahn der Selbstzerstörung und Selbstvernichtung geführt.

Die Bewegung für biologisch vielfältige, ökologische und lokale Nahrungssysteme geht gleichzeitig die Klimakrise, die Energiekrise und die Nahrungskrise an. Vor allem bringt sie die Menschen in die Landwirtschaft zurück und fordert die Nutzpflanzen als Nahrung und grundlegende Energiequelle zurück. Neue Arten des Denkens und Handelns, des Seins und des Tuns entwickeln sich aus den kreativen Alternativen, die in kleinen Gemeinschaften, auf Bauernbetrieben und in Städten ausprobiert werden.

Wir müssen die erneuerbare Energie der Ökologie und des Teilens, der Solidarität und des Mitgefühls pflegen und vergrößern, wenn wir der destruktiven Energie der Gier entgegenwirken wollen, welche auf allen Ebenen Mangel schafft – Mangel an Arbeit, an Glück und Zufriedenheit, an Freiheit und sogar einen Mangel an Zukunft.

Das Klimachaos, die brutale wirtschaftliche Ungleichheit und die soziale Zersetzung zusammen stoßen die menschlichen Gemeinschaften an den Rand des Abgrunds. Wir können diese Prozesse der Zerstörung, Zerrüttung und Vernichtung unangefochten weiter walten lassen. Oder aber wir können unsere kreativen Energien entfesseln, um einen Systemwechsel zu bewirken und unsere Zukunft als Gattung und als Teil der Erdfamilie zurückzugewinnen. Wir können entweder weiter schlafwandeln bis zum Untergang, oder aber wir erwecken das Potenzial des Planeten und von uns selbst zu neuem Leben.

Anmerkungen

Einführung – Dreifache Krise, dreifache Chance

1 Richard Heinberg, *Öl-Ende. »The Party's Over«. Die Zukunft der industrialisierten Welt ohne Öl.* Erw. u. aktualisierte Neuausg., Riemann, München 2008.
2 Jeremy Legget, *Peak Oil. Die globale Energiekrise, die Klimakatastrophe und das Ende des Ölzeitalters*, Kiepenheuer und Witsch, Köln 2006.
3 Jonathan Walter (Hrsg.), *World Disasters Report: Focus on Reducing Risk*, International Federation of Red Cross and Red Crescent Societies, Genf 2002.
4 Jared Diamond, *Kollaps. Warum Gesellschaften überleben oder untergehen*, S. Fischer, Frankfurt a.M. 2006.
5 David Bosshart, *Billig. Wie die Lust am Discount Wirtschaft und Gesellschaft verändert*, Redline Wirtschaft, Redline Verlag, München 2004, S. 9.

1. Die Politik des Klimawandels

1 IPCC, *Climate Change 2007: Synthesis Report. Contribution of Working Groups I, II and III to the Fourth Assessment Report of the Intergovernmental Panel on Climate Change*, Genf 2007.
2 Ebd.
3 Ebd.
4 Ebd.
5 Ebd.
6 World Meteorological Organization, »Top 11 Warmest Years on Record Have all Been in Last 13 Years«, in: *ScienceDaily*, 13. Dezember 2007, www.sciencedaily.com/releases/2007/12/071213101419.htm.
7 Ebd.
8 Ebd.
9 Ebd.
10 Ross Gelbspan, »Nature Fights Back«, in: *What Lies Beneath: Katrina, Race, and the State of the Nation*, South End Press, Cambridge Mass. 2007.
11 Robert Henson, *The Rough Guide to Climate Change*, Rough Guides, London 2006, S. 128.
12 Ebd.

13 Navdanya, »Conference Proceedings«, Conference on Himalayan Glaciers and Rivers, New Delhi, 11. Februar 2008.

14 Krishna Kumar, Vortrag an der Climate Change India Conference 2008 in Pune, 22.–23. April 2008.

15 Das Sandip, »Central India in Grip of Worst Ever Drought«, in: *Down to Earth*, 14. Juni 2007, www.indiaenvironmentportal.org.in/node/35282.

16 »Public Hearing on Agrarian Crisis and Farmers Suicides in Bundelkhand« (organisiert von Navdanya), Banda, 7. Dezember 2007.

17 Navdanya, »Report on Bundelkhand: Drought, Hunger and Indebtedness«, Januar 2008.

18 Humberto R. Maturana, Francisco J. Varela, *Der Baum der Erkenntnis. Die biologischen Wurzeln des menschlichen Erkennens*, Goldmann, München 1996.

19 Anm. d. Übers.: vgl. Vandana Shiva, *Erd-Demokratie. Alternativen zur neoliberalen Globalisierung*, Rotpunktverlag, Zürich 2006, S. 39 - 48.

20 Nicholas Stern, »What Is the Economics of Climate Change?«, *Stern Review on the Economics of Climate Change* (London, 31. Januar 2006), zitiert nach Larry Lohmann, »Carbon Trading«, in: *Development Dialogue*, No. 48 (September 2006), S. 73.

21 Larry Lohmann, »Carbon Trading«, in: *Development Dialogue*, No. 48 (September 2006), S. 73.

22 Daniel H. Cole, *Pollution and Property: Comparing Ownership Institutions for Environmental Protection*, Cambridge University Press, Cambridge, England 2002, S. 86.

23 James Kanter, »London Financiers Pull Gold from Green: Carbon Emissions Open New Markets«, in: *International Herald Tribune*, 21 Juni 2007.

24 Larry Lohmann, »Carbon Trading«, in: *Development Dialogue*, No. 48 (September 2006), S. 73.

25 Ebd.

26 Ebd.

27 Nicholas Stern, *Stern Review: The Economics of Climate Change* (London, 31. Januar 2006), S. 326.

28 Larry Lohmann, »Carbon Trading«, in: *Development Dialogue*, No. 48 (September 2006), S. 167.

29 Nicholas Stern, »Short Executive Summary«, in: *Stern Review: The Economics of Climate Change* (London, 31. Januar 2006), S. ix.

30 James Kanter, »London Financiers Pull Gold from Green: Carbon Emissions Open New Markets«, in: *International Herald Tribune*, 21. Juni 2007.

31 Reuters, »Global Carbon Market Tripled in 2006, World Bank Says«, in: *International Herald Tribune*, 2. Mai 2007, www.iht.com/articles/2007/05/02/business/carbon.php.
32 Larry Lohmann, »Carbon Trading«, in: *Development Dialogue*, No. 48 (September 2006), S. 256.
33 »Going for the Nuclear«, in: *International Herald Tribune*, 2.–3. Februar 2008.
34 James Lovelock, *Gaias Rache. Warum die Erde sich wehrt*, List, Berlin 2007, S. 133.
35 Jon Hughes, in: *Ecologist*, Juni 2006.
36 Ebd.
37 Ebd.
38 www.sea-us.org.au/disc-guide/disc-guide-f.html#F.1.
39 Jharkhand Organization Against Radiation (JOAR) und Bindrai Institute of Research, Study and Action (BIRSA), »Report from JOAR«, Jharkhand 2004.
40 Jon Hughes, »The Nuclear Dossier«, in: *Ecologist*, Juli–August 2006.
41 Ebend.
42 Praful Bidwai, »No Nukes for Peace«, in: *Times of India*, 10. August 2007, http://timesofindia.indiatimes.com/Opinion/Editorial/No_Nukes_for_Peace/articleshow/2269519.cms.
43 Srinivas Laxman, »Finally Nuke Czars Get Say in N-Deal«, in: *Times of India*, 17. Dezember 2006.
44 »It Is a Deal That Makes Sense to US« (excerpts from a briefing by US Under Secretary for Political Affairs R Nicholas Burns on the status of the US-India civil nuclear co-operation initiative), in: *Business Standard*, 29. Juli 2007, www.business-standard.com/india/storypage.php?autono=292613.
45 Siddharth Varadarajan, »Same Facts, Two Fact Sheets«, in: *The Hindu*, 29. Juli 2007.
46 Praful Bidwai, »No Nukes for Peace«, in: *Times of India*, 10. August 2007, http://timesofindia.indiatimes.com/Opinion/Editorial/No_Nukes_for_Peace/articleshow/2269519.cms.
47 George Monboit, »Bush's Change on Climate is Illusory«, in: *The Hindu*, 31. Januar 2007.
48 P.J. Crutzen, »Albedo Enhancement by Stratospheric Sulphur Injections: A Contribution to Resolve a Policy Dilemma?«, *Climate Change*, Nr. 77, 2006, zitiert aus: William J. Broad, »How to Cool a Plant (Maybe)«, in: *New York Times*, 27. Juni 2006.
49 ETC Group, »The World Torpedoes Ocean Fertilization«, Pressemeldung, 30. Mai 2008, www.etcgroup.org/en/materials/publications.html?pub_id=694.

50 Ebd.
51 Ebd.
52 Michael Beher, »How Earth Engineering Can Save the Planet«, in: *Popular Science*, Juni 2005.
53 ETC Group, »The World Torpedoes Ocean Fertilization«, Pressemeldung, 30. Mai 2008, www.etcgroup.org/en/materials/publications.html?pub_id=694.
54 Lawrence Summers, Memo, 12. Dezember 1991.
55 John Vidal, David Adams, »China Overtakes US as World's Biggest CO2 Emitter«, in: *The Guardian*, 19. Juni 2007, www.hubbertpeak.com/cn/ChinaOvertake-sUS_AsTopCO2Emitter.pdf.
56 Charles Fishman, *The Wal-Mart Effect*, Penguin, New York 2006, S. 102-103.
57 Ebd., S. 103.
58 Andrew Simms, Victoria Jackson, Joe Smith, *ChinaDependence: The Second UK Interdependence Report*, Open University and New Economic Foundation, London 2007, S. 9.
59 Christian Aid, »Coming Clean: Revealing the UK's True Carbon Footprint«, Februar 2007, S. 6.
60 Henderson Global Investors, *The Carbon 100: Quantifying the Carbon Emissions, Intensities and Exposures of the FTSE 100*, Trucost and Henderson, London 2005, S. 13.
61 »PM to Announce Automotive Mission Today«, in: *Business Standard*, 29. Januar 2007.
62 »SEZs and Stakes for All«, in: *Financial Express*, 25. Januar 2007.
63 »The Great Unraveling: Cotton Suicides«, in: *The Economist* (US), 18. Januar 2007.
64 Buddhadeb Bhattacharya, Rede in Kolkata, 3. Januar 2007.
65 »China Unveils Action Plan to Address Climate Change«, in: *The Hindu*, 5. Juni 2007.
66 »Climate Report Says India Vulnerable, but Is Delhi Listening?«, in: *Indian Express*, 3. Februar 2007.
67 C.G. Weeramantry, *Tread Lightly on the Earth: Religion, the Environment and the Human Future*, World Future Council, 2008.

2. Heilige Kühe oder heilige Autos

1 Automotive Mission Plan der indischen Regierung, 2006.
2 Abhay Singh und Anand Krishnamoorthy, »India Poised to Grow Faster than China Among Top Automakers«, www.bloomberg.com, 25. Mai 2007.
3 Ebd.

4 »Renault, Bajaj on Global Drive«, *The Economic Times*, 27. Juli 2007.

5 Rina Chandran, »Small and Cheap Are the New Buzzwords as Car Makers Line Up«, in: *Mint*, 28 Juni 2007.

6 Alistaire Scruthen, »People's Car Spurs Green Nightmare«, in: *Mint*, 28. Juni 2007.

7 Automotive Mission Plan 2006 - 2016 der indischen Regierung, 2007.

8 Navdanya, »Implications of Unchecked Automobile Growth«, 2006.

9 Chandrachur Ghose, »The Anatomy of Congestion«, in: *Down to Earth*, Vol. 11, No. 24, 5. Mai 2003.

10 Ebd.

11 Automotive Mission Plan 2006 - 2016 der indischen Regierung, 2007.

12 Deepak Joshi, Suprotip Ghosh, »Small Wonder«, *Hindustan Times*, 11. Januar 2008.

13 Keith Naughton, »Honey, I Shrunk the Car«, in: *Newsweek*, 24. März 2008.

14 Adil Jal Darukhanawala, »It's a Car, not an Apology«, in: *Times of India*, 10. Januar 2008.

15 Prasad Nichenametla, »Now, Environmentalists Target Tata Car Project«, in: *Business Standard*, 3. Januar 2007.

16 BJP-Kampagne.

17 Mahatma Gandhi, *Wege und Mittel*, Elster/Rio, Baden-Baden/Zürich 1996, S. 52.

18 Ebd., S. 60.

19 Ebd., S. 83f.

20 Michael Replogle, »Non-Motorized Vehicles in Asian Cities«, in: World Bank Technical Report 162, Washington D.C. 1992, S. 162.

21 Ebd., xii.

22 Group Transport 2000 Plus, *Transport in a Fast Changing Europe*, Brüssel 1990.

23 Ebd.

24 Wolfgang Sachs, *Die Liebe zum Automobil. Ein Rückblick in die Geschichte unserer Wünsche*, Rowohlt, Reinbek 1984, S. 63.

25 Zitiert nach: Kurt Kaftan, *Der Kampf um die Autobahnen*, Wigankow, Berlin 1955, S. 21.

26 Wolfgang Sachs, *Die Liebe zum Automobil. Ein Rückblick in die Geschichte unserer Wünsche*, Rowohlt, Reinbek 1984, S. 70.

27 *Die Straße*, Nr. 19, 1936.

28 M.K. Gandhi, *Young India*, Dezember 1928, S. 422.

29 Michael Replogle, »Non-Motorized Vehicles in Asian Cities«, in: World Bank Technical Report 162, Washington D.C. 1992, S. 12.

30 Vandana Shiva, Radha Holla Bhar, *The Ecological History of Indian Agriculture*, Vol. II, Navdanya, New Delhi 2005.

31 Roopee Sahaee, »National Rehabilitation Policy: Many Loopholes«, in: *Economic and Political Weekly*, 8. Februar 2003.

32 Sanjay Dutta, »Land Was all Maya in U.P. Enquiry Finds Taj Expressway to Be the Biggest Land Scam«, in: *The Times of India*, 10. Dezember 2003.

33 Amit Goel, »Fast Track Route to Loot«, in: *The Pioneer*, 22. Januar 2004.

34 Ravi Sharma, »A Controversial Project«, in: *Frontline*, Chennai, 30. Januar 2004.

35 Ashish Khaitan, »Engineer Killed, NH-19, Project Stays Unfinished«, in: *Hindustan Times*, 24. Dezember 2003.

36 Ashish Khaitan, »Six Whistle Blowers Killed in U.P. in Two Years«, in: *Hindustan Times*, 21. Dezember 2003.

37 Institute of Road Traffic Education, New Delhi.

38 Dinesh Mohan, »The Thrill that Kills«, in: *Mid Day*, 28. Februar 2004.

39 Chetan Chandra, »Highway Accident Rate on the Rise«, in: *Hindustan Times*, 23. Februar 2004.

40 Ranjan Roy, »Our Deadly Cities«, in: *Times of India*, 29. Juli 2007, S. 20.

41 Vijay Upadhyay, »28 Black Spots on Mathura Highway«, in: *Pioneer*, 29. Juli 2007, S. 4.

42 Chetan Chauhan, »Pollution Causing Mutation«, in: *Hindustan Times*, 20. Dezember 2006.

43 Maneesh Pandey, »Here's a Smoke Alarm for You«, in: *Times of India*, 25. September 2006.

44 J.N. Pande et al., »Outdoor Air Pollution and Emergency Room Visits at a Hospital in Delhi«, in: *Indian Journal of Chest Diseases and Allied Sciences*, Vol. 44 (2002), S. 13–19.

45 Vibha Varshney, »Out of Breath«, in: *Down to Earth*, Vol. 12, No. 20, 15. März 2004.

46 Chandrachur Ghose, »The Anatomy of Congestion, in: *Down to Earth*, Vol. 11, No. 24, 5. Mai 2003.

47 Ebd.

48 Aditi Tandon, »Lead Poison Along National Highway No. 1«, in: *The Tribune*, 10. September 2006.

49 Ebd.

50 »Rajasthan Donkey Fair Losing Charm Due to Rapid Mechanization«, in: *Asian News International*, 4. Oktober 2005.

51 N.S. Ramaswamy, »The Importance of DAP in the Third World«, www.heritagecartman.co.in/artpdf/Draught%20Animal%20Power.pdf.

52 Ebd.
53 J.P. Mittal, N.S.L. Srivastava, »The Role of Human and Draught Animal Power in Crop Production«, Protokoll eines Workshops in Harare, Simbabwe, 18.–22. Januar 1993.
54 M. Henriksson, E. Lindholm, »The Use and Role of Animal Draught Power in Cuban Agriculture: A Field Study in Havana Province«, in: *Minor Field Studies*, Vol. 100, 2000.

3. Biobrennstoff oder Bionahrung

1 M.A. Trossero, »Wood Energy: The Way Ahead«, in: *Unasylva*, Vol. 53, No. 211, 2002, S. 5.
2 www.fao.org/newsroom/en/news/2006/1000282/index.html.
3 Paul Wolfowitz, »The Clean Energy Challenge«, Conference on Biofuels for Transportation, Washington D.C., 7. Juni 2006.
4 www.fao.org/newsroom/en/news/2006/1000385/index.html.
5 Associated Press, »Energy Companies Rethink Palm Oil as Biofuels«, in: *International Herald Tribune*, 27. März 2007.
6 Sarah Parson, »The Problem with Palm«, in: *Plenty*, 14. November 2006; Jeremy Hance, »Biofuels versus Native Rights: Planned Logging of Woodlark Island for Biofuels Opposed by Islanders and Scientists«, Mongabay.com, 12. November 2007.
7 *World Rainforest Movement Bulletin*, No. 112, November 2006, S. 22.
8 Fargione et al., »Land Clearing and the Biofuel Carbon Debt«, in: *Science*, Vol. 319, No. 5867, 29. Februar 2008, S. 1235–1238.
9 Ebd.
10 David Pimentel, »False Solutions«, IFG Conference on The Triple Crisis, Washington D.C., September 2007.
11 D. Pimentel, T.W. Patzek, »Ethanol Production Using Corn, Switch Grass and Wood; Biodiesel Production Using Soybean and Sunflower«, in: *Natural Resources Research*, Vol. 14, No. 1, 2005, S. 65–76.
12 David Pimentel, »False Solutions«, IFG Conference on The Triple Crisis, Washington D.C., September 2007.
13 Miguel A. Altieri, Elizabeth Bravo, »The Ecological and Social Tragedy of Crop Based Biofuel Production in the Americas«, in: *Food First*, 20. März 2007.
14 David Pimentel, »False Solutions«, IFG Conference on The Triple Crisis, Washington D.C., September 2007.
15 Ebd.

16 Martin Wolf, »Biofuels: A Tale of Special Interests and Subsidies«, in: *Financial Times*, 30. Oktober 2007.

17 David Pimentel, »False Solutions«, IFG Conference on The Triple Crisis, Washington D.C., September 2007.

18 D. Pimentel, T.W. Patzek, »Ethanol Production Using Corn, Switch Grass and Wood; Biodiesel Production Using Soybean and Sunflower«, in: *Natural Resources Research,* Vol. 14, No. 1, 2005, S. 65–76.

19 Mae-Wan Ho et al., *Which Energy? 2006 Institute of Science in Society Energy Report*, ISIS, London 2006, S. 24.

20 Sergio Ulgiati, IFG Conference on The Triple Crisis, Washington D.C., September 2007.

21 Greenpeace, »Eating up the Amazon«, Amsterdam, April 2006, S. 13.

22 *World Rainforest Movement Bulletin,* No. 112, November 2006.

23 Greenpeace, »Eating up the Amazon«, Amsterdam, April 2006, S. 8.

24 Greenpeace, »How the Palm Oil Industry is Cooking the Climate«, Amsterdam, November 2007.

25 George Monbiot, »If We Want to Save the Planet, We Need a Five-Year Freeze on Biofuels«, in: *The Guardian*, 27. März 2007.

26 ETC Group, WWF, UK Food Group, Grain, and Cargill.

27 Fidel Castro Ruz, »Die Internationalisierung des Völkermordes«, *Granma,* 3. April 2007, www.granma.cubaweb.cu/secciones/reflexiones/ale-002.html.

28 Aditya Chakraborty, »Secret Report: Biofuel Caused Food Crisis«, in: *The Guardian*, 4. Juli 2008.

29 Internationaler Währungsfonds, *World Economic Outlook April 2007: Spillovers and Cycles in the Global Economy*, IWF, Washington D.C. 2007, S. 44.

30 »Against the Grain: Making a Killing From Hunger«, in: *Grain*, April 2008, www.grain.org/articles/?id=39.

31 John Feffer, »Mother Earth's Triple Whammy: Why North Korea Was a Global Crisis Canary«, www.tomdispatch.com, 17. Juni 2008.

32 Reuters, »Global Food Crisis Looming on Biofuels«, in: *Economic Times*, September 2007.

33 »Full Tanks at the Cost of Empty Stomachs: the Expansion of the Sugarcane Industry in Latin America«, 28. Februar 2007, www.mstbrazil.org/?q=sugarcan-eindustrybrazillatinamericamstanalysis2007

34 Rozy Corroll, Oliver Balch, »Soya King Changes Face of Pampas«, in: *The Observer*, 17. Juni 2007.

35 Marcos Colchester et al., »Promised Land: Palm Oil and Land Acquisition in Indonesia«, Savit Watch, World Agroforestry Centre, 17. November 2006.

36 CGIAR, »Study Warns that China and India's Planned Biofuel Boost Could Worsen Water Scarcity, Compete with Food Production«, Colombo, 11. Oktober 2007.

37 *World Bank, World Development Report 2008: Agriculture for Development*, Washington D.C. 2007, S. 8.

38 P. Vivekanandan, »Towards a Pastoral Policy: For the Protection of Pastoralists' Rights and for Conservation of Local Animal Breeds«, in: A.V. Balasubramaniam, T.D. Nirmala Devi (Hrsg.), *Traditional Knowledge Systems of India and Sri Lanka*, Centre for India Knowledge Systems, Chennai 2006, S. 120.

39 Ashok Sharma, »Group of Ministers Approves National Biofuel Policy«, in: *Financial Times*, 10. Juli 2008.

4. Erde, nicht Erdöl

1 Bloomberg, »Against the Grain: Making a Killing From Hunger«, in: *Grain*, zitiert nach BBC, 14. April 2008.

2 »Action to Meet Asian Rice Crisis«, in: *Grain*, zitiert nach BBC, 17. April 2008.

3 Bloomberg, »Against the Grain: Making a Killing From Hunger«, in: *Grain*, April 2008.

4 »During a World Food Crisis, Monsanto Just Raised the Price of Corn Seed $ 100 a Bag«, Organization for Competitive Markets, 22. Juli 2008.

5 Ernst Ulrich von Weizsäcker, Amory Lovins, Hunter Lovins, *Factor Four: Doubling Wealth, Halving Resource Use*, Earthscan, London 1997, S. 50.

6 Nicholas Stern, »Executive Summary«, in: ders., *Stern Review: The Economics of Climate Change*, London, 31. Januar 2006, S. iv.

7 G. Barney, *The Global 2000: Report to the President*, Penguin, Hamondsworth 1980, zitiert nach: Ernst Ulrich von Weizsäcker, Amory Lovins, Hunter Lovins, *Factor Four: Doubling Wealth, Halving Resource Use*, Earthscan, London 1997.

8 »Energy Use in Organic Farming Systems«, MAFF Project OFO 182, 1996 - 2000; R. Lal, »Soil Carbon Sequestration Impacts on Global Climate Change and Food Security«, in: *Science*, Vol. 304, 2004, S. 1623–1627.

9 Paul Hepperly, »Organic Farming Sequesters Atmospheric Carbon and Nutrients in Soils«, The Rodale Institute, 15. Oktober 2003.

10 Caroline Lucas, Andy Jones, Colin Hines, »Peak Oil and Food Security: Fueling a Food Crisis«, in: *Pacific Ecologist*, No. 14 (Winter 2007), S. 13.

11 Dale Allen Pfeiffer, *Eating Fossil Fuels: Oil, Food, and the Coming Crisis in Agriculture*, New Society Publishers, Gabriola Island, BC, 2006, S. 20.

12 Ebd.

13 »The Energy and Agriculture Nexus«, Environment and Natural Ressources Working Paper No. 4, FAO, Rom 2000, S. 17.

14 Tim Appenzeller, »Aus der Traum vom billigen Öl«, in: *National Geographic Deutschland*, Juni 2004.

15 Danielle Murray, »Rising Oil Prices Will Impact Food Supplies«, in: Caroline Lucas et al., *Fuelling and Food Crisis: The Impact of Peak Oil on Food Security*, Dezember 2006, S. 4.

16 Vandana Shiva, *Violence of the Green Revolution*, Zed Books, London 1991.

17 J. DeVries, G. Toenniessen, *Securing the Harvest: Biotechnology, Breeding and Seeding Systems for African Crops*, CABI, Oxford 2001, S. 36.

18 Bloomberg, »Against the Grain: Making a Killing from Hunger«, in: *Grain*, April 2008.

19 Caroline Lucas et al., *Fuelling and Food Crisis: The Impact of Peak Oil on Food Security*, Dezember 2006.

20 Louise E. Howard, *Sir Albert Howard in India*, Faber and Faber, London 1953, S. xv.

21 Vandana Shiva, *Biodiversität. Plädoyer für eine nachhaltige Entwicklung*, Haupt, Bern 2001.

22 Vandana Shiva, *Violence of the Green Revolution*, Zed Books, London 1991, S. 114 - 116.

23 Dale Allen Pfeiffer, *Eating Fossil Fuels: Oil, Food, and the Coming Crisis in Agriculture*, New Society Publishers, Gabriola Island, BC, 2006, S. 24.

24 Stephen Bentley, Revenna Barker, »Fighting Global Warming at the Farmers Market«, Food Share Research Action Report, Foodshare, Toronto 2005.

25 Maria Giampietro, David Pimentel, »The Tightening Conflict: Population, Energy Use and the Ecology of Agriculture«, NPG Forum Series, 1995.

26 Andy Jones, *Eating Oil: Food in a Changing Climate*, Sustain/ELM Farm Research Center, London 2001.

27 Saritha Rai, »India to Import Wheat After Six-Year Hiatus«, in: *New York Times*, 30. Juni 2006.

28 Srinivas 2003.

29 Global Trade Information Services, Inc.

30 Jeremy Lawrence, »The Real Cost of a Bag of Salad: You Pay 99p. Africa Pays 50 Litres of Fresh Water«, in: *Independent*, 29. April 2006.

31 Vandana Shiva, *Monocultures of the Mind: Perspectives on Biodiversity and Biotechnology*, Zed Books, London 1995, S. 73.

32 David Pimentel, »Study Backs Operating Efficiency of Organic Sector«, in: *Food Production Daily*, 15. Juli 2005.

33 Eric Holt-Giménez, »Measuring Farmers' Agroecological Resistance After Hurricane Mitch in Nicaragua: A Case Study in Participatory, Sustainable Land Management Impact Monitoring«, in: *Agriculture Ecosystems and Environment*, Vol. 93 (2002), S. 87–105.

34 Laura Sayre, »Organic Farming Combats Global Warming – Big Time«, Rodale Institute, 10. Oktober 2003; Nadia Scialabba, Caroline Hattam, *Organic Agriculture, Environment and Food Security*, FAO, Rom 2002.

35 Vandana Shiva, *Biodiversity Based Organic Farming: A New Paradigm for Food Security and Food Safety*, Navdanya, New Delhi 2006.

36 Die Resultate beziehen sich auf jene Bauern, die mindestens vier Jahre lang biologischen Landbau betrieben haben.

37 Edward Goldsmith, »How to Feed People Under a Regime of Climate Change«, in: *World Affairs Journal* (Winter 2003).

38 Charles Darwin, *The Formation of Vegetable Mould through the Action of Worms with Observations on their Habits*, Faber and Faber, London 1927.

39 *Principles of Organic Farming*, Navdanya, New Delhi 2006, S. 99.

40 Vandana Shiva, *Staying Alive: Women, Ecology, and Development*, Zed Books, London 1988, S. 107f.

41 Sir Albert Howard, *Mein landwirtschaftliches Testament*, Siebeneicher, Berlin/Frankfurt a.M. 1948, S. 25f.

42 Navdanya-Studie zu Monokultur vs. biologische Vielfalt.

43 *Biodiversity Based on Organic Farming*, Navdanya, New Delhi 2006, S. 27.

44 Debal Deb, *Industrial Versus Ecological Agriculture*, Navdanya, New Delhi 2004.

45 Akshat, *Rice Varieties of India*, Navdanya, New Delhi 2006.

46 Kanak, *Wheats of India*, Navdanya, New Delhi 2006; ders., *Forgotten Foods*, Navdanya, New Delhi 2006.

47 ETC Group, »Gene Giants Grab ›Climate Genes‹: Annual Global Food Crisis, Biotech Companies are Exposed as Climate Change Profiteers«, ETC Group Pressemeldung, 13. Mai 2008.

48 Greenpeace, *Eating up the Amazon*, Holland, April 2006.

49 Ebd.

50 Felicity Lawrence, »Should We Worry About Soya in Our Food?«, in: *The Guardian*, 25. Juli 2006.

51 Michael Pollan, *The Omnivore's Dilemma: A Natural History of Four Meals*, Penguin, New York 2006, S. 136f.

52 Richard Heinberg, »The Essential Re-localization of Food Production«, in: *One Planet Agriculture: The Case for Action*, Soil Association, Bristol 2007, S. 13.

53 Rob Hopkins, »A Vision for Food and Farming in 2030«, in: *One Planet Agriculture: The Case for Action*, Soil Association, Bristol 2007, S. 21f.

5. Shakti entfesseln

1 D.R. Rajeshwari, *Shakti Iconography*, Intellectual Publishing House, New Delhi 1989, S. xi.

2 Hildegard von Bingen, *Welt und Mensch. Das Buch »De operatione Dei«*, Müller, Salzburg 1965.

3 Vinod Verma, *Ayurveda. Der Weg des gesunden Lebens*, O.W. Barth, München, Wien 1992, S. 210f.

4 Satish Kumar, *Spiritual Compass: The Three Qualities of Life*, Green Books, Devon 2007, S. 12.

5 Nicholas Georgescu-Roegen, *The Entropy Law and the Economic Process*, Harvard University Press, Cambridge MA 1971, S. 2.

6 Ebd.

7 Ebd.

8 Brian Goodwin, *Nature's Due: Healing Our Fragmented Culture*, Floris Books, Edinburgh 2007, S. 36.

9 Edgar S. Cahn, *No More Throw-Away People: The Co-Production Imperative*, Essential Books, Washington D.C. 2004, S. 200f.